阅读的快乐，不在于读什么书，不在于读书的环境，
而在于阅读之后有什么可与别人分享

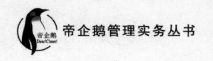

帝企鹅管理实务丛书

人力资源管理实务全书

杨 明 ◎编著

人民邮电出版社

北 京

图书在版编目（CIP）数据

人力资源管理实务全书 / 杨明编著. -- 北京：人
民邮电出版社，2012.8
（帝企鹅管理实务丛书）
ISBN 978-7-115-28640-6

Ⅰ. ①人… Ⅱ. ①杨… Ⅲ. ①人力资源管理－通俗读
物 Ⅳ. ①F241-49

中国版本图书馆CIP数据核字(2012)第129959号

内 容 提 要

　　本书从人力资源管理的基本概念和原理入手，围绕人力资源管理如何服务企业发展这条主
线，介绍了组织架构设计与团队建设、工作分析、人力资源规划、员工招聘与选拔、员工培训与
开发、绩效管理、薪酬管理、职业生涯管理、劳动关系管理等方面的知识和具体的实践方法。
　　本书可供企业管理者特别是人力资源部门的相关管理者参考。

帝企鹅管理实务丛书

人力资源管理实务全书

◆　编　　著　杨　明
　　责任编辑　任忠鹏
　　执行编辑　张婷婷

◆　人民邮电出版社出版发行　　北京市崇文区夕照寺街 14 号
　　邮编　100061　电子邮件　315@ptpress.com.cn
　　网址　http://www.ptpress.com.cn
　　北京隆昌伟业印刷有限公司印刷

◆　开本：700×1000　1/16
　　印张：21.25　　　　　　　　　　2012 年 8 月第 1 版
　　字数：280 千字　　　　　　　　2012 年 8 月北京第 1 次印刷

ISBN 978-7-115-28640-6

定价：45.00 元

读者服务热线：(010)67185923　印装质量热线：(010)67129223
反盗版热线：(010)67171154
广告经营许可证：京崇工商广字第 0021 号

>>>>>> **前 言**

    人力资源管理是对人力资源进行有效开发、合理配置、充分利用和科学管理的制度、法令、程序和方法的总和。它贯穿于人力资源的整个运动过程，包括人力资源的预测与规划，工作分析与设计，人员的选择录用、合理配置和使用，还包括对人员的智力开发、教育培训、绩效考核、薪酬激励以及提高人的科学文化素质和思想道德觉悟等内容。

    在人类所拥有的一切资源中，人力资源是第一宝贵的资源，是现代管理的核心。不断提高人力资源开发与管理的水平，不仅是当前发展经济、提高市场竞争力的需要，也是一个国家、一个民族、一个地区、一个单位长期兴旺发达的重要保证，更是一个现代人充分开发自身潜能、适应社会、改造社会的重要前提。

    人力资源管理既要考虑组织目标的实现，又要考虑员工个人的发展，强调在实现组织目标的同时实现个人的全面发展，最大限度地开发与管理组织内外的人力资源，促进组织的持续发展，维护与激励组织内部人力资源，使其潜能得到最大限度的发挥，使其人力资本得到应有的提升与扩充。

    整体而言，人力资源工作要和战略、技术、产品等其他要素联系起来。人力资源工作必须要推动绩效，其使命是推动落实企业的战略和经营目标。因此，绩效管理是人力资源管理工作的中枢。

人力资源作为企业最宝贵的财富，在企业发展中将起到举足轻重的作用。要充分发挥人力资源的价值和作用，就必须加强人力资源的开发与治理工作。人力资源开发与治理中一个很重要的问题就是要对人力资源的价值进行计量。假如不对人力资源的价值进行计量，就不能正确反映人力资源价值量，人力资源的效绩也就无法定量，收益分配、价值核算以及激励约束机制的建立等都因缺乏科学根据而无所适从。所以说，人力资源价值计量是人力资源开发与治理的核心。

现代人力资源管理的意义可以从三个层面，即国家、组织、个人来加以理解。目前，"科教兴国"、"全面提高劳动者的素质"等国家的方针政策，实际上谈的就是一个国家的人力资源开发管理。在一个组织中，只有求得有用人才、合理使用人才、科学管理人才、有效开发人才，才能促进组织目标的达成。针对个人，人力资源管理需要解决潜能开发、技能提高、适应社会、融入组织、创造价值、奉献社会等问题。

本书主要针对企业组织介绍现代人力资源管理，结合实际情况，在概述了人力资源管理的概念和内容之后总结归纳了组织架构设计与团队建设、工作分析、人力资源规划、员工招聘与选拔、员工培训与开发、绩效管理、薪酬管理等方面的过程和管理经验，内容全面具体，切合实际，具有较强的实用性，为人力管理工作人员和学习者提供了科学依据。

编者

第一章　人力资源管理概述

第三章　工作分析

第四章　人力资源规划

CONTENTS 目录

CONTENTS 目录

第八章 薪酬管理

CONTENTS 目录

人力资源管理概述

一、人力资源的特征和分类

人力资源，又称劳动力资源或劳动力，是指能够推动整个经济和社会发展、具有劳动能力的人口总和。

1. 人力资源的特征

作为一种特殊的资源形式，人力资源具有不同于其他资源的特殊性，表现在以下几个方面。

（1）生物性

人力资源的载体是人，因此，它是有生命的"活"的资源，具有天然生理构成的方方面面和出生、成长、死亡的自然生理发展过程。

（2）时效性

人力资源的形成和开发、利用都要受时间方面的限制：从个体角度来说，作为生物机体的人，有其生命周期；从社会角度来说，人力资源也有培养期、成长期、成熟期和老化期。在人的发育成长期之前，体力和脑力还处在一个不断增强和积累的过程，这一时期人的体力和脑力还不足以用来进行价值的创造，因此还不能称之为人力资源。当人进入成熟期，体力和脑力的发展都达到了可以从事劳动的程度，可以创造财富，因而也就形成了现实的人力资源。当人进入老年期，其体力和脑力都不断地衰退，越来越不适合进行劳动，也就不能再称为人力资源了。生命周期和人力资源的这种倒"U"形关系决定了必须在人的成年时期对人力资源进行开发和利用，否则就浪费了宝贵的人力资源。自然资源则不同，自然界的物质资源如果不能开发利用，一般来说它还会长久地存在，不会出现"过期作废"的现象。对自然资源而言，只存在开发利用的程度问题。

（3）可变性

和自然资源不同，人力资源在使用过程中发挥作用的程度可能会有所变动，从而具有一定的可变性。一方面，人在劳动过程中会因为自身心理状态的不同而影响到劳动效果；另一方面，人在一生中，智力会随着年龄的变化而变化，有高低之分。所以，智力的不断开发，是人力资源开发和管理的重要组成部分。

（4）再生性

资源可以分为再生资源和不可再生资源两大类，人力资源是可再生资源。人类的繁衍生息，使人力资源取之不尽，用之不竭，而人力资源的再生性又不同于一般生物资源的再生性，因为只有人脑才有高级思维活动。

（5）能动性

人力资源是人所具有的能力，而人总是有目的、有计划地在使用自己的脑力和体力。这是人和动物的本质区别。比如，在蜂房的建筑上，蜜蜂的本事使许多以建筑为业的人感到惭愧。但是，最拙劣的建筑师和最灵活的蜜蜂相比也显得优越：建筑师在用蜂蜡构成蜂房之前，已经在他的大脑中把它构成。劳动过程结束时得到的结果，已经在劳动过程开始时存在于劳动者的观念中。正因为如此，在价值创造过程中，人力资源总是处于主动的地位，是劳动过程中最积极、最活跃的因素。人具有主观能动性、潜在可挖掘性，其意识可强化，观念可创新。这些特点都是人力资源管理的基础。

（6）社会性

人生活在群体当中，是社会性的高级动物。从宏观的角度看，人力资源总是与一定的社会环境相联系，人所具有的体力和脑力明显地受到时代和社会因素的影响，从而具有社会性。从本质上看，人力资源是一种社会资源，不但会产生经济效益，更会产生社会效益。

2. 人力资源的作用

（1）人力资源是财富形成的关键要素

人力资源作为一种"活"的资源，不仅同自然资源一起构成了财富的源泉，而且还在财富的形成过程中发挥着关键性的作用。社会财富由对人类的物质生活和文化生活具有使用价值的产品构成；自然资源不能直接形成社会财富，还必须有一个转化的过程，人力资源在这个转化过程中起到了重要的作用。人们将自己的脑力和体力通过各种方式转移到自然资源上，改变了自然资源的状态，使自然资源转变成为各种形式的社会财富，在这一过程中，人力资源的价值也得以转移和体现。应该说，没有人力资源的作用，社会财富就无法形成。此外，人力资源的使用量也决定了财富的形成量。一般来讲，在其他要素可以同比例获取并投入的情况下，人力资源的使用量越大，创造的财富就越多；反之，创造的财富就越少。正因为如此，才说人力资源是财富形成的关键要素。

（2）人力资源是经济发展的主要力量

人力资源不仅决定着财富的形成，而且还是推动经济发展的主要力量。随着科学技术的不断发展，知识技能的不断提高，人力资源对价值创造的贡献力度越来越大，社会经济发展对人力资源的带领程度也越来越大。著名经济学家库兹茨于 1961 年在对美国的资本形成进行研究时发现，在总资本不断增加的情况下，实物资本的投入却不断减少。1869 ~ 1888 年期间，美国的资本与产出比为 3.2，1909 ~ 1928 年间为 3.6，但到了 1946 ~ 1955 年这一比率下降为 2.5。以美国经济学家 P·R·罗默和 R·E·卢卡斯为代表人物的新经济理论认为，现代以及将来经济持续、快速、健康增长的主要动力和源泉不再是物质资源，而是知识、技术等人力资源。著名经济学家西奥多·W·舒尔茨认为，人力资源既能提高物质资本，又能提高人力资本生产率。因为随着时间的推移，人力资源可以使劳动者自我丰富、自我更新和自我发展。同时，通过劳动者品性、能力、操作技能和工艺水平的提高，可增进对物质资本的利用率和产值量，人力资源和人力资本的不断发展和积累，直接推动物质资本的不断更新和发展。统计数据也表明，美国国民收入的增长中，36% 是靠科学技术知识的应用而获得的，而发达国家国民生产总值中科技知识的贡献率达到了 60% ~ 80%。在许多产品中，物质资源的原材料价值所占比例越来越小。例如，集成电路的价值中，原材料仅占 2%；计算机价值中，原材料价值不到 5%；乐器的价值中，原材料的价值已从原来的 60% 降到 40%。

正因为人力资源对经济发展的巨大推动作用，目前世界各国都非常重视本国的人力资源开发和建设，力图通过不断提高人力资源的质量来实现经济和社会的快速发展。注重人力资源能力的开发和培育，注重人力资源能力建设及充分正确发挥，已成为我们把握机遇、应对新挑战、实现科技进步、实现经济和社会发展的关键。

（3）人力资源是企业的首要资源

企业是指集中各种资源，如土地、资金、技术、信息、人力等，通过有效的方式加以整合和利用，从而实现自身利益最大化并满足利益相关者要求的组织。在现代社会中，企业是构成社会经济系统的细胞单元，是社会经济活动中最基本的经济单位之一，是价值创造最主要的组织形式。企业的出现，是生产力发展的结果，而它反过来又极大地提高了生产力水平。

企业要想正常地运转，就必须投入各种资源，而在企业投入的各种资源中，人力资源是第一位的，是首要的资源。人力资源的存在和有效的利用能够充分地激活其他物化资源，从而实现企业的目标。著名的管理学大师彼得·德鲁克曾指出："企业只有一个真正的资源：人。"汤姆·彼得斯也曾指出："企业或事业唯一真正的资源是人。"而小托马斯·沃特森的话则更形象："你可以拿走我的机器，烧毁我的厂房，但只要留下我的员工，我就可以有再生的机会。"由此可以说，人力资源是保证企业最终目标得以实现的最重要也最有价值的资源。

通过以上分析可以得知，无论是对社会还是企业而言，人力资源都发挥着极其重要的作用。因此，我们必须对人力资源引起足够的重视，创造各种有利的条件保证其作用的充分发挥，从而实现财富的不断增加、经济的不断发展和企业的不断壮大。

二、人力资源管理的概念和内容

1. 人力资源管理的定义

目前，我国的教材所采用的人力资源管理的定义不尽相同，不同的学派有不同的见解，本书所采用的定义是南京大学国际商学院赵曙明教授在《国际人力资源管理》中所写的："所谓人力资源管理，主要指的是对人力这一资源进行有效开发、合理利用和科学管理。"从开发的角度看，它不仅包括人的智力的开发，也包括人员的思想文化素质和道德觉悟的提高；不仅包括人力的现有能力的充分发挥，也包括人力潜在能力的有效挖掘。从利用的角度看，它包括对人才的发现、鉴别、选拔、分配和合理使用。从管理的角度看，它既包括对人力资源的预测与规划，也包括对人力的组织与培训。总之，人力资源管理需对人力资源的形成、开发、利用、管理等进行系统控制。

人力资源管理是一门新兴的边缘学科，是人才学、劳动经济学、教育学、管理心理学和行为科学的有机结合，但又和上述各学科的研究角度不同。经过多年的发展，人力资源管理已经形成自有的、体系完备的、科学的学科，属于宏观管理学中的一个分支。

以上基本概念，我们可以理解为以下几点。

（1）人力资源管理并不直接管理社会劳动过程，并不是简单地对人和事进行管理，而是对社会劳动过程中的人和事之间的相互关系进行管理，是谋求社会劳动过程中人与事、人与人、人与组织的相互适应，做到人尽其才。

（2）人力资源管理是通过组织、协调、控制、监督等手段进行的。组织就是在知人、识事的基础上，根据因事择人的原则，使人和事结合起来。协调就是根据人与事各自的变化发展及时地调整二者之间的关系，保持人事相宜的良好状态。控制就是采用行政的、组织的、思想的种种办法，来防止人与事、人与人、人与组织关系的对抗。监督就是对组织、协调、控制人力资源活动的监察。整个监督要对人力资源的管理过程公开化，增加透明度，做到人力资源管理法制化，依法管理。

（3）人力资源管理是一个动态的管理过程。它不是使人消极地、被动地适应工作，而是要根据每个人的能力特点和水平，把人安排在一个恰当的岗位上，人尽其才。为此，要采用科学的方法和手段，准确测评人的能力和水平。所以，人力资源管理不是一个消极的、静态的管理过程，而是一个积极的、动态的管理过程。

2. 人力资源管理的内容

人力资源管理的内容主要包括以下 9 条。

（1）理论与指导基本原理

这是对人力资源开发与管理的理论提升与指导实践的总结与归纳。一门科学没有理论基础是不行的，必须有系统的逻辑体系与内在的理论框架，也只有在实践中检验理论与发展理论，才能更好地指导人力资源实践的发展。

（2）系统设计与职务分析

一个系统只有在建立合理系统结构的基础上才能有效地进行职务与工作分析。什么岗位对系统最为重要，什么岗位需要什么样的人力资源，需要多少符合岗位要求的人力资源，这都需要科学地进行系统设计与岗位工作分析。

（3）制定人力资源发展规划

企业要发展必须制定科学合理的发展战略规划，而支持企业战略发展规划得以实现的两个支持平台，一是财物规划，另一个是人力资源规划。从社会发展来看，人力资源规划是最重要的规划，离开了人力资源规划的支持，企业的一切规划都不能付诸实施。人力资源发展规划要做好长期规划、中期规划与短期规划，预测人力资源发展趋势与人力资源供求状况，制定人力资源培训、储备与使用的发展规划。

（4）人力资源的招聘与培训

它要求在合理的系统机构下，建立合理的人员招聘与录用调配管理机制，在公开、公正、公平的原则下为企业寻找最好的、最适合的人才。同时，要建立企业有效的培训机制与体系，建立有特色、实用的培训途径与方法，以提高劳动生产率为标准，做好培训效果的测评对比工作，做好投入与产出的综合评价工作。

（5）制定员工职业生涯计划

企业的高层管理人员和人力资源职能部门要与员工相互沟通，关心员工个人职业发展的愿望与个人目前工作的关系，共同制定员工个人职业生涯发展规划，使员工感到自己是企业的一员，激发他们的奉献精神与创新精神。同时，为员工个人价值的体现与身份、地位的象征建立期望与要求，并从组织角度上建立发展与培养员工的保证机制。

（6）绩效考评

绩效考评必须根据工作说明书及规定建立科学、合理的员工考核机制，以科学合理的考核标准对员工的工作进行评价并作出结论。绩效考评要建立双向考评机制，即上下考评与横向考评相结合，保证考评公开、公平、公正。同时，绩效考评要切实与提拔、晋升、裁员以及工资、福利等相结合，保证考评能真正促进员工积极、向上、进取的精神，促进员工自身的发展。

（7）薪酬与激励

薪酬是推动企业战略目标实现的重要工具之一。它对员工的工作态度、吸引人才与留住人才都非常重要。同时，它是企业成本项目之一，必须重视企业的支付能力和赢利能力。薪酬也是员工地位和成功与否的标志。要对不同人才实行不同的薪酬与激励，企业不同发展时期应该实行不同的激励措施与薪酬制度，保证企业人才的创造力。

（8）公平就业与职业安全

要重视法律环境对企业发展及安全的重要作用，要了解国家相关法律、法规。人力资源管理的实践要求健全公平就业与职业安全的法律法规制度，保护员工的安全和健康，做好员工劳动保护、劳动保险、医疗保险等相关标准与制度，保护员工的各项合法权益。

（9）人力资源投资与人力资源会计

人力资源管理的实践要求企业必须建立人力资源投资与人力资源会计工作，以更好地做好人力资源成本的研究和使用，建立人力资源价格体系，逐步开展人力资源投入与产出效益的核算与评价工作。这也是人力资源职能工作发展的方向之一。

3. 人力资源管理的地位和作用

我国虽然物质资源丰富，但由于人口众多，人均拥有资源量很低，因此，今后的经济增长将面临严峻的资源短缺压力。要继续保持经济的快速增长，必须加强人力资源的开发和管理。美国经济学家西奥多·W. 舒尔茨曾提出这样的理论：在经济增长中，人力资源的作用大于物质资本的作用。我国专家的研究成果表明，在基本预测中，当把投向物质资本的资金减少的部分改为人力资本以后，每年的 GDP 平均增长率都增加近 0.1 个百分点。因此，从总体和长远来看，增加人力资本的投入，减少物质资本的投入，对经济增长更为有利。把我国的人口负担转变为人力资源优势，进而转变为有用的人力资本，是人力资源开发和管理的责任。忽视了这一点，就难免会使经济增长后劲不足。与发达国家相比，我国人才资源难以称得上丰富，人才资源密度仅为 5.5%。因此，加大人才资源的开发力度、加强人力资源管理势在必行。我国目前不仅缺乏"人才"，更缺乏高效的"人力资源管理"和优秀的"用人机制"。因此，各级领导应充分认识人力资源开发在管理中的决定性作用。人力资源管理政策在整体上是否适合经济发展的战略、环境、技术，不是操作意义上的人力资源管理问题，而是战略层面上的人力资源管理问题。由于人力资源管理具有全局性、长远性、重要性等特性，所以人力资源管理具有战略地位。

（1）人力资源管理的地位

1）人力资源是现代经济增长的战略资源

所谓战略资源，即经济发展依赖的资源，是指导和决定经济发展全局的重要资源。人力资源是现代经济增长的战略资源，这是因为：一是现代经济发展不是取决于物质资源的多少，而是取决于人力资源的多少，人力资源所凝聚的人力资本存量决定一个国家、地区、企业经济增长的速度和后劲，这是以人力资本为依托的经济发展模式的特点；二是一个国家缺乏甚至没有物质资源时，只要有一支高技术、高知识含量的人力资源队伍，就可以进行高附加值的生产，推进经济迅速增长。比如，二战中战败的日本在财产损失 42%、工业设备损失 44%、完全丧失海外市场、能源全部依赖进口、经济全面崩溃、物质资源贫乏的情况下，仅用了 30 多年的时间就重新崛起，就是采用高科技、高附加值生产的原因。20 世纪 50~70 年代的 20 年间，日本的国民生产总值增加了近 30 倍，一跃成为世界经济强国。日本已故首相大平正芳曾说："战后日本经济复兴是靠人的头脑、进取心、纪律性和不屈不挠的精神这些无形的资源发展起来的。受过高等教育并精通业务的人们，是日本最有价值的资源。"战败后的德国成为世界经济强国、亚洲"四小龙"的腾飞等，均走的是以人力资源为依托的经济发展之路。联合国开发计划署的《1996 年度人力资源开发》报告指出：一个国家国民生产总值的 3/4 靠人力资源，1/4 靠资本资源。世界经济发展充分说明，人力资源是现代经济增长的战略资源。

2）人力资源是现代经济增长的决定因素

经济的发展是伴随着技术进步而发生的。现代经济增长是依靠高科技来推动的。高科技使组织由资本密集型、劳动密集型转向知识密集型，使人类进入了知识密集型时代。高质量的人力资源作为现代科学技术知识的载体，是现代经济增长的决定因素，这是因为：现代经济依靠科学、技术、知识而发展，而科学、技术、知识是劳动者创造的；第三次技术革命不同于以往的技术革命。前两次技术革命是以资本的扩张为特征，人力资源的作用未突出显现，而第三次技术革命，则是以最新科学成就和知识为基础，所以，它是人力资源的智慧、知识、技能的结晶；科学、知识、技术对现代经济的推动作用，只有通过人力资源的劳动过程才能实现。

（2）人力资源管理的作用

1）人力资源管理是保证国家政权巩固和发展的重要条件之一，是国家行政管理的核心。

国家政权需要由人来掌握，行政管理工作需要由人来做。因此，是否有一定数量的合格人员来执行国家公务，就成为国家政权能否巩固和发展的重要因素。选好人才，用好人才，处理好人与事、人与人、人与组织之间的关系是非常重要的问题。

2）人力资源管理对于开发人的智能、调动人的积极性和创造性、推动经济和社会的发展具有重要作用。

生产力是推动经济和社会向前发展的基本动力，而人是生产力中最基本、最活跃、最关键的因素。提高人的素质，充分调动人的积极性和创造性，合理利用人力资源，是提高生产力水平的主要途径。这些都离不开对人的管理。在人力资源管理过程中，通过考核、奖惩、晋升等活动以及薪酬制度、福利制度等制度，来激发各类人员的积极性和创造性，合理地满足员工的物质需求和精神需求。

3）人力资源管理是挖掘人才资源、加强人才建设的重要途径。

一个国家的经济发展水平取决于这个国家的人才资源与物质资源以及两者的结合状况。因此，人才的挖掘、培养和科学合理的使用是人力资源管理的基本任务。

我国公民的受教育程度以及智力、能力的开发程度与现代化建设的要求仍有很大的差距，因此，挖掘、开发、培养人力资源，充分利用人力资源，对我国经济和社会的发展将起到决定作用。高效的人力资源管理是一个国家、一个组织、一个企业的核心竞争力，也是挖掘人才资源、加强人才建设的重要途径，因此，重视人力资源管理显得十分重要。

三、人力资源管理原理

了解人力资源管理原理，有利于实现人力资源开发与管理的顺利进行，有利于组织目标的实现。人力资源管理原理主要包括：同素异构原理、能级层序原理、要素有用原理、互补增值原理、动态适应原理、激励强化原理、公平竞争原理、信息催化原理、主观能动原理、文化凝聚原理。

1. 同素异构原理

同素异构原理是来自化学中的一个原理，意思是指事物因其成分的排列次序不同和结构上的变化而引起不同的结果甚至发生质的变化。

最典型的例子是石墨与金刚石，两者由同样数量的碳原子组成，但因碳原子之间的空间关系不同，结构方式不同，从而形成了物理性能差别极大的两种物质：石墨（软）、金刚石（十分坚硬）。

再如甲醚和乙醇（酒精）具有相同数目的碳原子、氢原子和氧原子（C_2H_6O），但由于空间排列不同，形成了两种不同的物质：甲醚（气体），不溶于水；乙醇（液体），溶于水。甲醚与乙醇同素异构图如图 1-1 所示。

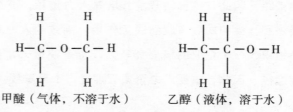

甲醚（气体，不溶于水）　　乙醇（液体，溶于水）

图 1-1　甲醚与乙醇同素异构示意图

把自然界的同素异构原理移植到人力资源开发与管理领域，意思是指同样数量的人，用不同的组织网络联结起来，形成不同的权资结构和协作关系，达到正确处理劳动者之间关系的目的，充分发挥每个劳动者的技能、专长和积极性、创造性，可以取得完全不同的效果，即优化组合人力资源。

用系统理论来分析，组织结构的作用在于使人力资源形成一个有机的整体，可以有效地发挥整体功能大于个体功能之和的优势，也可以叫做"系统功能原理"。我们经常讲一个组织内耗大，不能形成合力，做的是减法，即 $1 + 1 < 2$，就是指组织结构不合理，破坏了系统功能。而另一组织凝聚力大，容易形成合力，做的是加法、乘法，即 $1 + 1 > 2$，甚至于以一当十，就是指合理的组织结构，可以充分发挥人力资源的潜力，发挥出组织的系统功能。

2. 能级层序原理

能级和能位的概念出自物理学。能位（能级）表示事物系统内部按个体能量大小形成的结构、秩序、层次。将能级层序原理引入人力资源开发与管理领域，主要是指具有不同能力的人，应摆在不同的职位上，给予不同的权力和责任，使行为能力与职位相对应。实现能级对应，必须做到以下三点。

（1）不同的能级应该表现出不同的权、责、利和荣誉，即在其位，谋其政，行其权，尽其责，取其利，获其荣，对失职者应惩其误。

（2）能级管理必须按层序进行。现代组织中的"级"不是随便组合的，而是要形成"用最少的人办最多的事，多一个人就多一个故障因素"的现代观念。

（3）各类能级的对应是一个动态过程。人有各种不同的才能，领导者必须知人善用。随着时间的推移、事业的发展，各个职位及其要求在不断变化，人们的素质和能力也在不断变化，因此，必须经常不断地调整"能"与"级"的关系。

总之，岗位能级必须是合理而有序的，人才运动又必须合理却往往无序，二者相结合，才能使能级层序原理变成现实。

3. 互补增值原理

由于人力资源系统每个个体的多样性、差异性，在人力资源整体中具有能力、性格等多方面的互补性，通过互补可以发挥个体优势，并促进整体功能优化。

（1）知识互补

不同知识结构的人思维方式不同，他们互为补充，就容易引起思想火花的碰撞，从而获得最佳方案。

（2）气质互补

在气质方面应刚柔相济，比如一个组织中既要有踏踏实实的"管家型人才"，也要有敢闯敢冲的"将军型人才"和出谋划策的"协调型人才"。

（3）能力互补

即一个组织中应集中各种能力的人才，既有善于经营管理的，也有善于公关协调的，还有善于搞市场营销的和做行政人事的等。

（4）性别互补

既发挥女性细心、耐心的优势，又展示男性粗犷、坚强的一面，各展其优，各取所长。

（5）年龄互补

一个组织中，既要有经验丰富、决策稳定的老年人，也要有精力充沛、反应敏捷的中年人，还要有勇于开拓、善于创新的青年人。不同年龄段的人相互补充，组织效率会更高。

（6）关系互补

每个个体均有其特殊的社会关系，一个集体中，各人的社会关系重合不多，具有较强的互补性，那么从整体上看，就易于形成集体的社会关系优势。有意识地应用互补增值原理，往往会收到事半功倍之效。

4. 激励强化原理

激励的过程实质上就是激发、调动人的积极性的过程。激励强化指的是通过对员工物质的或精神的需求欲望给予满足的承诺，来强化其为了获得满足就必须努力工作的心理动机，从而达到充分发挥其积极性，使其努力工作，产生实现组织目标的特定行为的结果。

根据这一原理，除了应注意人的能力、技术、知识、专长等方面的因素外，更应注意对人的动机的激发，即对人的激励。

5. 公平竞争原理

公平竞争指对竞争各方从同样的起点、用同样的规则公正地进行考核、录用和奖惩的竞争方式。

要使竞争产生积极的效果，应具备三个前提。

（1）竞争必须是公平的。公平包含公道和善意两层意思。

（2）竞争有度。没有竞争或竞争不足，会死气沉沉，缺乏活力。但过度竞争则适得其反：一是使人际关系紧张，破坏协作，甚至"以邻为壑"；二是产生内耗、排斥力，损害组织的凝聚力。掌握好竞争的度是一种领导艺术。

（3）竞争必须以组织目标为重。竞争分为良性竞争和恶性竞争。良性竞争的特点是以组织目标为重，个人目标与组织目标结合得好或包含在组织目标之中。而恶性竞争则将组织目标弃之不顾，完全以个人目标为动力，或组织目标与个人目标一致性很差，个人为了在竞争中取胜，不惜损害他人利益，损害组织目标。这种竞争必然会损害组织的凝聚力，且难于实现组织目标。运用公平竞争原理，就是要坚持公平竞争、适度竞争和良性竞争三项原则。

6. 文化凝聚原理

人力资源开发与管理的一个重要方面是提高组织的凝聚力。组织的凝聚力强，才能吸引人才和留住人才，才有竞争力。

凝聚力包括两个方面：一是组织对个人的吸引力，或个人对组织的向心力；二是组织内部个人与个人之间的吸引力或黏结力。组织凝聚力不仅与物质条件有关，更与精神条件、文化条件有关。工资、奖金、福利、待遇这些物质条件是组织凝聚力的基础，没有这些就无法满足成员的生存、安全等物质需要。

组织目标、组织道德、组织精神、组织风气、组织哲学、组织制度、组织形象等精神文化条件，是组织凝聚力的根本，缺了就无法满足成员的社交、尊重、自我实现、超越自我等精神需要。

一个组织的凝聚力，归根结底不是取决于外在的物质条件，而是取决于内在的共同价值观。依靠建立良好的群体价值观，建设优良的组织文化来凝聚干部职工，才会取得事半功倍的效果。

20 世纪 80 年代兴起的组织文化理论和组织文化热，为文化凝聚原理提供了新的理论武器和丰富的实践经验。我们应该吸取国外的先进经验，结合我国的实际，创造出文化凝聚人才的成功模式。

四、人力资源管理的角色定位和职责

1. 人力资源管理的角色定位

随着经济全球化及知识经济时代的到来，以美国人力资源管理者为代表的西方企业人力资源管理者已经意识到，他们需要从企业的行政管理人员转变为企业的战略伙伴。在雷蒙德·A·诺伊等人所著的《人力资源管理：赢得竞争优势》一书中，作者给出了人力资源部门角色变化的实证数据，具体见表 1-1。

表 1-1　人力资源管理部门角色的变化

	现在的时间比重	5~7 年前的时间比重
保持人事记录	16%	21%
审核控制	13%	18%
人力资源服务提供者	30%	33%
产品开发	18%	15%
战略经营伙伴	21%	12%

表 1－1 表明人力资源部门在行政管理事务（如人事记录、审核控制、提供服务等）方面所花费的时间比重越来越小；互联网等技术的进步使得企业人力资源管理部门在保持人事记录方面的重要性越来越小，而人力资源的产品开发和战略经营伙伴职能的地位正日益上升。

这也说明了应提高人力资源管理的战略地位，实现人力资源管理与企业经营管理系统的全面对接。人力资源管理部门及其人员在企业中扮演着战略伙伴、管理专家、员工激励者和变革推动者四种角色。

（1）战略伙伴

战略伙伴是指人力资源管理部门和管理者要参与企业战略的制定，并推动战略的执行，确保人力资源管理服务与企业战略的一致性。

（2）管理专家

人力资源管理部门和管理者在工作中要设计并执行各种人力资源管理政策和程序，承担诸如人员招聘、甄选、绩效评估、薪酬管理等相关的职能管理活动，负责向直线经理提供支持和建议，提高组织人力资源开发与管理的有效性。

（3）员工激励者

人力资源管理者要重视与员工的沟通，并及时了解员工的需求，通过各种手段提高员工的满意度和忠诚度，激发员工的工作热情。

（4）变革推动者

这一点强调人力资源管理部门要参与组织的变革与创新，提高员工对变革的适应能力，妥善处理组织变革（并购与重组、组织裁员、业务流程再造等）过程中的人力资源管理实践，推动组织变革的进程。

总之，人力资源管理部门通过上述的角色定位，必然能够有效地支撑企业的核心竞争力，帮助企业在激烈的市场竞争中获取竞争优势。

2. 人力资源管理的职责

随着人力资源管理工作的职能化和专业化，企业都设有专门处理人力资源管理工作的部门。然而，并非仅仅由人力资源管理部门承担该种职能性的责任，人力资源方面的工作是由人力资源管理专业人员和直线经理共同承担和完成的，即所有的管理者都参与日常性的人力资源管理实践。但是许多企业往往对人力资源管理专职人员与直线经理的职责划分不清，其实两者之间是团队工作的关系。直线经理除了指挥下属完成生产任务、销售等组织的基本目标，还要负责本部门具体的人力资源管理工作。人力资源管理专业人员则被授权以协助和建议的方式支持直线经理去实现这些基本目标。

一位专家曾说过："直接与人打交道几乎是任何直线经理都不可避免的工作职责，从总裁到最底层的管理人员莫不如此。"组织中直线管理人员的人力资源管理职责包括：把合适的人配置到适当的工作岗位上，引导新雇员进入组织，培训新雇员适应新的工作环境，提高每位员工的工作绩效，争取实现创造性的合作并建立和谐的工作关系，解释公司政策和工作程序，控制人力资源成本，开发每位员工的工作技能，提升并维持部门内员工的士气，保证员工的健康以及改善工作的环境。

雷蒙德·A·诺伊等人在其著作中列举了美国的公司中人力资源管理人员通常履行的职责，具体内容见表1-2。

表1-2　人力资源管理人员的职责

雇用和招聘	面试、招聘、测试、临时性人员调配
培训与开发	新员工上岗培训、绩效管理技能培训、生产率强化
报　酬	工作描述、工资与薪金管理、高级管理人员的报酬、激励工资、工作评价
福　利	保险、休假管理、退休计划、利润分配、股票计划
雇员服务	雇员援助计划、雇员的重新安置、被解雇雇员的新职业介绍
员工关系与社区关系	员工的态度调查、劳工关系、公司出版物、劳动法的遵守及惩戒
人事记录	信息系统、记录
健康与安全	安全检查、毒品测试、健康、锻炼
战略规划	国家化人力资源、人力资源预测、人力资源规划、兼并与收购

上述对人力资源管理职责的界定，带有浓厚的美国色彩，与美国的劳动力市场环境、劳动立法、社会文化有着非常密切的联系，很多职责不完全适合中国企业人力资源管理者的职责界定。有专家对中国企业进行了分析研究，提出了中国企业人力资源管理者应承担的职责，见表1-3。

表 1-3　中国企业人力资源管理者应承担的职责

人力资源规划	配合公司战略，制定公司人力资源规划和方针政策；提出公司 3~5 年的人力资源战略；建立和执行公司的人力资源管理政策和制度
组织结构和岗位设置	根据公司发展状况，对公司组织结构和岗位设置进行设计和调整
人员调配	根据组织结构和人员变动情况，调配人员；优化公司的人力资源配置，提高公司人力资源的有效性
人员招聘	根据各部门用人需求，负责公司的人员招聘，组织人员的甄选和录用
培训与开发	制定员工培训计划，组织员工培训，组织培训效果的评估
绩效管理	制定、监督和管理公司的绩效管理体系
薪酬管理	制定、监督和管理公司的薪酬与福利体系
员工关系管理	建立公司与员工之间的沟通了解渠道和方法；管理员工的劳动合同
企业文化建设	组织对公司文化的提炼、传播，提高公司凝聚力
人力资源数据库建设与管理	建立相关行业专家数据库，为解决公司的人力资源问题提供信息

同时，由于人力资源管理已经上升到战略高度，在大型企业里，企业的高层决策者也开始更多地参与到人力资源管理活动中。高层决策者主要从战略的高度来考虑人力资源管理活动，并对中高层经理进行管理，其职责包括：人力资源战略的制定、中高层经理的选拔录用、企业人力资源管理规划的审核、企业文化的塑造和发展、部门关系的协调以及运行风格的确定等。

总之，现代人力资源开发与管理已经成为每一位管理者不可缺少的工作组成部分，而不仅仅是人力资源管理专职人员的责任。无论是基层管理者还是总经理，无论是生产主管、销售经理还是人力资源经理，所有的工作都要通过人去完成。随着组织结构扁平化和工作的团队化，直线经理已经成为人力资源开发与管理的主要责任者，高层决策者已经从战略层面介入人力资源管理，人力资源管理专职人员的责任在于辅助直线经理与高层决策者更好地完成组织目标。

3. 人力资源管理专业人员应具备的技能

为了完成上述职责或扮演好角色，人力资源管理专业人员应该具备一定的专业能力。图1-2显示了人力资源管理专业人员需要扮演的角色及需要具备的能力。

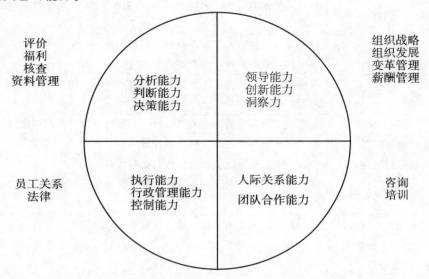

图1-2　人力资源管理专业人员所承担的角色和所应具备的能力

在图1-2中，圆形的外部边缘所列举的是人力资源管理人员需要扮演的角色，而圆形内部的每个象限中所列举的是人力资源管理人员应具备的能力，这两部分是相对应的。圆形的右上半部分说明人力资源管理人员为了有效地实施组织战略、组织发展、变革管理和薪酬管理等职能，应具备领导能力、创新能力和洞察力。右下半部分则表明，人力资源管理人员要在企业咨询和培训工作中发挥作用，就应该具备相应的人际关系能力和团队合作能力。圆形的左半部分显示了人力资源管理人员扮演行政管理和控制角色所必须具备的分析能力、判断能力、决策能力、执行能力、行政管理能力和控制能力。

4. 人力资源管理部门的组织结构

人力资源管理部门的组织结构在一定程度上反映了人力资源管理部门

的地位，体现了人力资源管理的工作方式，也决定了对人力资源管理人员的需求。

人力资源管理部门传统的组织结构往往是按照直线职能制来设置的，也就是说按照人力资源管理的职能设置相应的部门和岗位。

对于小型企业来说，由于工作量不大，所以往往没有设置独立的人力资源管理部门，而是将这部分职能合并在总经理办公室、综合管理部等其他部门中，但是一般会有专门的人力资源管理人员，见图1－3。

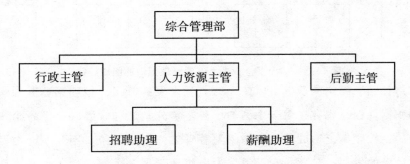

图1－3　小型企业人力资源管理部门的组织结构

对于大中型和特大型企业来说，人力资源管理部门往往是单独设立的。这又分为两种情况：一种是人力资源管理部门的层次只有一个（见图1－4），大中型企业多是这样；另一种是人力资源管理部门的层次有多个（见图1－5），特大型企业多是这种情况。

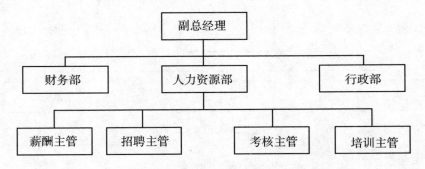

图1－4　大中型企业人力资源管理部门的组织结构

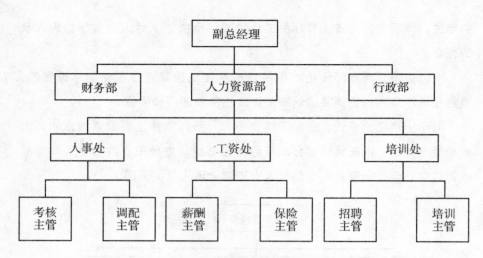

图1-5 特大型企业人力资源管理部门的组织结构

　　这种组织结构的设置可以使人力资源管理的分工比较明确，有利于经验的积累，但是也存在着一系列的问题。首先，这种设置容易使各个职能部门的衔接脱钩，造成整个人力资源管理工作不成系统，不利于人力资源整体效应的发挥。其次，它混淆了人力资源管理各个层次的工作，不利于人力资源管理地位的转变。最后，这种设置没有真正以客户为导向，不利于发挥人力资源管理对企业经营的支持作用。

　　近年来，随着流程再造思想的推广与普及以及计算机与网络技术的发展，人力资源管理部门的架构也发生了根本性的变化，产生了一种以客户为导向、以流程为主线的新的组织结构形式，见图1-6。

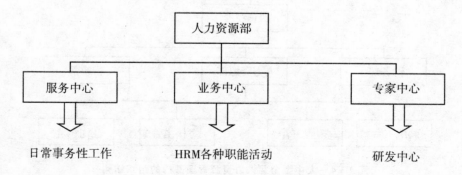

图1-6 企业人力资源管理部门的新型组织结构

在这种新型组织结构中，人力资源管理部门以一种服务提供者的身份出现，内部的工作人员划分为三个部分：第一部分是服务中心，主要完成一些日常的事务性工作，如办理手续、解答政策和接受申诉等，对服务中心人员的素质要求相对较低；第二个部分是业务中心，主要是完成人力资源管理的各种职能活动，如招聘、薪酬管理和培训等，对业务人员的素质要求相对较高；第三个部分是专家中心，相当于人力资源管理部门的研发中心，主要负责出台相关的制度政策，向其他部门提供相关的咨询等，对专家中心人员的素质要求最高，他们必须精通人力资源管理的专业知识，应当是该领域的专家。通过这种转变，业务中心和专家中心的人员摆脱了日常事务性工作的纠缠，可以集中精力从事高附加值的工作。这有助于更好地发挥人力资源管理部门的作用，提升人力资源管理部门的地位。

五、人力资源开发的意义和内容

1. 人力资源开发的意义

人力资源开发成为管理的核心，是人类自我管理中，在扬弃传统管理弊端基础上找到的一条正确的管理道路。

（1）人力资源开发是人类社会文明发展的需要

21世纪，人类社会已进入了一个新的发展时期，人类社会文明发展所依赖的战略资源发生了巨大变化，已经由自然资源、资本资源转向人力资源及其开发。当今，人力资源（主要是指智力资源、"头脑资源"）的开发和有效利用，已成为世界各国求生存、图发展的必由之路，成为国家富裕、发达和民族强盛的关键。

新的科学技术革命急需大批适应当今社会经济发展不同行业、不同部门、不同层次需要的各类人才（其中包括国家公务员），他们需要被配置在适当的岗位上，充分发挥智慧潜能，然而，传统的干部人事管理已显得不能适应这种形势。换言之，尊重知识、尊重人才、尊重创造，充分挖掘人的内部潜力，开发人的智力资源，推动人才合理流动，是现代人力资源管理的基本任务。因此，现代人力资源管理就要冲破传统的以事为中心的静态管理模式，立足于人才、智力资源的开发利用，运用当代科学技术新成果，以管理新理论、新方法和新手段为主导，建立干部人事管理结构新系统，追求系统的整体功能和效益，逐步建立一套现代化、科学化和法制化的国家公务员制度以及企事业人事制度，并不断加以改革和完善。实践表明，培养造就一支庞大的高素质的各类专业技术人才、经营管理人才、优秀的政治家和行政管理专家及其后备人才队伍，是摆在各国政府面前的一项重要、艰巨而又复杂的任务。因为，这是一支决定国家、地区、系统、单位、企业宏观效益和整体命运的队伍。

在一定程度上，衡量一个国家综合国力的主要标志，就是该国拥有的各类人才（特别是高级人才）的数量与质量，以及培养造就这些人才和人力资源开发的投资、设施、规模和效益的状况。因此，在当代社会，哪个国家能充分发掘人的智慧潜能，充分开发并有效利用人力资源，哪个国家就能够得到迅速发展，就能在国际竞争中立于不败之地，就能步入发达国家行列。

（2）人力资源开发是迎接科技革命挑战的需要

20世纪90年代以来，一场新科学技术革命在世界范围内蓬勃发展。一批以现代科学为基础的高新技术，包括信息技术（群）、新材料技术（群）、新能源技术（群）、生物技术（群）、空间技术（群）、海洋工程技术（群）、微电子技术（群）、激光技术（群）、智能机器人技术等日益崛起。这场高新技术革命，内容之丰富，发展之迅猛，影响之深远，都超过了以往任何一次科技革命。这场新科技革命使人类进入新的飞跃发展时代。面对新科学技术革命，我们的战略决策是抓住机遇，迎接挑战。为此，必须充分认识和高度评价科学是一种在历史上起推动作用的革命力量，科学是社会生产力，生产力中包括科学在内的科学论断和原理；必须明确科学是统一的，不仅包括自然科学也包括社会科学，尤其是管理科学。其中，人力资源管理和有效开发利用，已成为这场新科学技术竞争、经济竞争、综合国力竞争的关键。实践表明，如果只有自然科学技术的进步，而没有社会科学的进步，尤其是人力资源管理科学的进步，人类社会是不会得到协调发展的。

总的来看，以往的技术革命是以经验为基础，以资本的扩张、人的肢体的灵巧为主要特征的技术，而新的科学技术革命是以最新科学的成就为基础，以智能的扩张、人脑潜能的拓展为主要特征的高技术。新科学技术革命使社会技术基础从资本或劳动密集型转向知识、智能技术密集型。当前，谁拥有的知识多，谁就能在世界事务中拥有强有力的发言权；谁掌握的技术先进，谁就获得了真正的强国地位；谁培养的出类拔萃的人才多，谁就在科学技术进步中处于领先地位。因此，各国无一不在教育投资、职工培训、人才培养、人力资源开发和有效利用方面下工夫，花大力气，对其给予了高度重视。

当代兴起的新的科学技术革命的新特点，要求各国的人才战略、人才政策、人才培养、人才资源管理及开发、人力资源利用与社会的发展相配套、相适应。只有充分理解了当代新科学技术革命的特点，才能在发现人才、培养人才、使用人才方面不断更新旧观念，确立新思想、新观念，才能运用新理论、新方法、新手段去改革传统的干部人事制度，把工作重点转变到人力资源开发上来，变管理为开发，变管理为服务。

（3）人力资源开发是推动经济持续增长的决定力量

马克思主义认为，人是生产力中最具有决定性的力量，是先进生产力的创造主体。生产力的各项要素只有同具有一定科学知识、生产经验和劳动技能的人相结合，才能促进生产力的发展和人类社会的进步。人力资源开发就是通过提高劳动者的综合素质，提高劳动生产效率，来推动社会经济的发展。

进入 21 世纪，经济全球化已成为历史潮流，为中国的经济发展带来前所未有的机遇的同时又带来了新的挑战。尤其在加入世贸组织后，中国已直接面对着在更大范围和更深程度上参与国际竞争的挑战和压力。现代竞争的根本是人才的竞争、人的综合素质的竞争，人力资源正成为驱动经济发展的核心要素。

因此，中国要在国际经济发展竞争中赢得优势、取得主动，就必须把人力资源开发作为基础性、决定性的战略任务摆在突出重要的位置。加强人力资源开发，加快培养各类人才，为增强我国综合竞争力提供强有力的智力支撑，是为我国经济可持续发展扩大智力资源储备的必然选择和重要途径。

（4）人力资源开发是组织生存和发展的关键因素

21 世纪企业之间的竞争，不仅是雄厚的物质资本的竞争，而且也是雄厚的人才资本的竞争。激烈的市场竞争需要大量各类经营管理和专业技术人才，而人力资源的开发、员工培训工作是达到快出人才、多出人才、出好人才的重要途径。激烈的市场竞争对人才的需要千变万化，对各层次人才的培养提出越来越高的要求，仅仅依靠正规的、专门的大中专院校教育，是难以满足社会需要的。特别是我国教育经费有限，办学能力远远不能适应社会的需求，而且专门人才的培养周期长，中专和大学专科一般要二三年，大学本科要四五年。更不用说刚分配到工作岗位的大中专毕业生，也不可能立即成才，也应经过实际工作锻炼和接受必要的教育培训，才能成为名副其实的专门人才。

因此，在职人员的提高，就是当前大力资源开发的一项十分紧迫的任务。只有依靠本地区、本部门、本单位广泛地开展培训，逐步提高员工的科学文化水平和工作技能，走在实践中培训成长之路。

加强人力资源开发，强化员工培训，是调动员工积极性，提高工作效率的有效方法。无论是国有企业还是民营企业的工作人员，大多数都渴望自己有所成就，都渴求能够不断地充实自己，完善自己，使自己的潜力能够充分发挥出来。这种自我实现的需要一旦得到满足，将会产生深刻而又持久的工作动力。大量实践证明，安排工作人员去参加培训，到世界各地去考察学习，到先进单位去跟班学习，或脱产到高校深造、进修、学习访问，都是满足员工学习愿望的途径。经学习和培训的员工，不仅提高了素质和能力，而且改变了工作态度和工作动机，提高了工作效率。只有加强人力资源开发，通过必要的培训手段，使员工更新观念、增长知识、提高能力，才能更好地适应新形势下的工作要求，做到人适其事、事竞其功。

2. 人力资源开发的内容

（1）"头脑资源"开发

人力资源开发主要指人的知识智力资源、人的"头脑资源"的开发利用，即人才的培养、智力投资、人的素质的提高。换句话说，就是指把人力资源由潜能转变为财富。当今，智力资源、"头脑资源"的开发和有效利用，已成为高新科学技术革命的必要前提，成为世界各国求生存、图发展的必由之路，成为国家富裕发达、民族强盛的关键。因此，世界各国无不重视科学知识的普及及其有效利用，无不重视知识分子和各类人才的培养教育，无不把智力、"头脑"的开发放在首位。

人力资源开发的好坏，最终体现在这个社会的效率的高低上，而效率的高低又最终取决于人力资源开发的深度与广度。人力资源开发、人才开发，说到底就是开发人脑——这是一个无尽的宝藏。

人力资源研究学者认为开发人脑的内容有以下 7 个方面。

1）知识、信息的灌输、积累和储存。

2）优良品格和精神状态和培育和养成。

3）智慧的启发。

4）方法的掌握。

5）技能的训练。

6）审美能力的育成。

7）体魄的强健和身体素质的灵巧和谐。

一句话，减少人头脑的浪费、智力的浪费、人才的浪费，充分挖掘人的智慧潜能，充分调动人的积极性、创造性，有效地开发、利用人力资源，这是搞好人力资源管理的重要课题。

（2）"人的潜力"开发

我们知道，人的能力有现有能力和潜在能力之分。人才有崭露头角、已被人们注意和认识的人才，也有尚未被发现、挖掘，未露锋芒的潜人才。企业对前者往往乐于接受并委以重任，而对后者往往重视不够，或者不愿花费时间、精力去关注，更不愿意投入财力去挖掘、培养。实际上对企业、对国家来说，前者固然重要，但后者也很重要。新加坡之所以能在短短几年里一跃成为"亚洲四小龙"之一，诀窍就在于成功地进行了人力资源深度开发。他们提出了"治贫先治愚"、"先富脑袋，再富口袋"的治国方略。他们的经验很有参考借鉴意义。

现在越来越多的企业认识到，"人的潜在能力"开发是企业的制胜"法宝"；在当今时代激烈竞争中，"人的潜力"、"人的智慧潜能"是在国际竞争中立于不败之地的"王牌"，是提高企业经济效益和社会效益的关键。因此，对人才资源、人力资源的深度开发，主要是对员工潜力的开发利用，这是企业可持续发展的关键要素。

开发"人的潜力"的具体措施，表现在对企业"潜人才"的发现和培养过程中。潜人才，是指已作出创造性成果，但由于条件限制，尚未被社会发现和承认的人才。一个人处于潜人才阶段时，能否被及时发现并得到有效培养和使用，对于他以后的发展具有十分重要的意义。对于企业来说，"潜人才"是一支比"显人才"更大的队伍，更值得开发。一个企业有了"潜人才"开发举措，就有了"可持续发展"的基础。

（3）"高潜人才"开发

开发"高潜人才"是一项重要战略举措。当人们在积极挖掘人的智慧潜能，重视潜人才的开发时，一些发达国家已着手开发"高潜人才"，并把它作为一项重要战略。

"高潜人才"通常指追求最高层管理职位的具有潜力的高水平的管理者。

"高潜人才"应是最具忍耐力、应变力，并有很强的实践能力和协调能力，愿为企业、公司的利益作出个人牺牲的高水平管理者。"高潜人才"一般在40岁之前就可以领导一个主要职能部门或一个重要地区分部。

"高潜人才"通常是从一个可供选择的名单中按照严格程序筛选出来

的，将来可能成为企业、公司的领导人。对甄选出的人要进行严格、详细的审查，并提供发展机会。如借助工作轮换给"高潜人才"提供领导工作经验；通过精心设计的工作岗位、职务，使"高潜人才"一步步地得到提升；把具有丰富知识和技术的"高潜人才"送到著名高等学府、工商管理学院、研究院（所）进行深造，或举办短期研讨会，为"高潜人才"提供非正式培训；把"高潜人才"派往某些知名的有影响力的企业、公司的高层领导人那里，与他们一起工作。对"高潜人才"候选人一般通过能力和业绩进行评估。在欧洲对"高潜人才"的鉴定和选择，一般采用推选体系，即由公司的管理评估委员会按照一套正规的严格的标准和程序进行推选。评估中，特别注意被推选者是否具有丰富的实践经验和经历，尤其看重是否具有跨国工作经历。

一些企业、公司为了得到具有丰富知识和技能、丰富实践经验和经历，并有良好行为和态度的"高潜人才"，除从内部推选外，还注意从外部招选。普通的做法是到著名的大学去招聘大学生。有的则是从其他公司、企业中挖一些有经验的管理者。

（4）"创造能力"的开发

狭义的创造是指对整个人类社会进步过程的价值创新；科学上的新发现、技术上的新发明、艺术上的新杰作等，都是前人不曾实现过的创造活动，能对人类社会产生新的价值。广义的创造是指个体发展过程中对个人生活的价值创新。一个人如果对某一问题的解决富于创造性，不管这一问题及其解决过程前人是否提出过，都可以看作是广义的创造。

创造具有主体性、新颖性、突破性、价值性、艰巨性、实践性等特点。

创造力是人的知识、技能、智力、智慧及个性、品格的统一与综合，是一系列连续的高水平的思维活动。它反映了创造主体（个人或团体、机关或事业单位、企业或国家）在创造活动中表现出来并发展起来的各种能力的总和，是人类大脑思维功能和社会实践能力的综合表现。具体地讲，创造力包括创造性思维的能力及为实施创造所需要的一切能力的总和。其中，创造性思维能力，就是想前人之未想的创新设想的能力；实施创造所需要的能力，即干前人所未干的能力。

创造力是一种潜在能力。因此，尽管创造力"人皆有之"，现实生活中仍是没有创造成果的普通人居多，有创造成果的人才偏少。造成人们创造力大小不同的原因，除开先天因素和环境的影响外，在很大程度上取决于个人对创造力的认识程度和开发深度。

创造力是可以开发而且也是能够开发的一种潜力。近20年，国际上对人类潜能的开发日益显示出关注之势。就一个国家而言，对国民创造力及智能开发是一项维系国运日盛的战略举措。一些西方国家纷纷把开发人的创造潜力作为提高公民素质的战略举措，除民间有关机构在这方面大力推动外，政府也在这一方面加快了步伐。就个人而言，创造力的开发也是一项毕生的任务。个人创造潜能的开发大体包括两个方面：一是创造精神、创造品格的塑造与创造性思维的培养，这些是创造潜能开发的法则和基础；二是有关基础知识的积累与更新、对创造理论的理解与把握、对创造规律的认识与运用、对创造技法的学习与领会，这些是有关创造潜能开发的方法与技巧。

从组织管理角度讲，创造力开发的主要内容包括五方面：一是激发创新意识，二是培养创造性人才，三是训练创造思维，四是实践创造技法，五是优化创新环境。

（5）人的全面发展

"人的全面发展"是新世纪人力资源开发的最高命题。

人力资源开发、深度开发，不仅仅是为了推动人类社会发展、科技进步和经济增长，更重要、更本质的是为了"人的发展"、人本身的进步与发展、人的自由与幸福。"人的全面发展"就是指每个人在体能、知识、智力、智能、技能、潜能和心理能力等方面的整体发展、综合发展，实质是人的智慧潜能的开发。人的潜力来自人的素质的不断提高。人的素质包括以下几个方面。

（1）人的体质，包括身体素质、营养状况、精神状态、忍耐力、抗病力、对自然和社会环境的适应力等方面。

（2）人的智质，包括记忆力、理解力、思维能力、应变能力、接受能力、感知力、条理性等方面。

（3）人的文化素养与受教育程度，包括学历、文化知识总量、分析能力、创新能力、决策能力、经营能力、组织管理能力、再学习能力、演讲能力、社交能力、预测能力、未来感知力、写作能力等方面。

（4）人的伦理道德和心理素质，包括忠诚正直、团结友爱、谦虚谨慎、有事业心、有鲜明工作观、有奉献精神等方面。

人的这些素质的育成和不断提高，有赖于人类社会环境的培育和发展以及各个人的全方位参与，如社会经济发展、科学技术研究、文化教育体育卫生事业的发展、社会决策、社区发展等。

"人的全面发展"作为新世纪的最高命题，根本意义在于人真正认识到自身的价值，认识到人作为人类社会发展所依赖的战略资源、"第一资源"的重要地位和作用，认识到人所拥有的知识、创新能力、智慧潜能成为推动高新科技迅猛发展、知识经济高速增长、人类社会前进的源泉和动力，认识到人拥有的知识是唯一可以不断增值的、无限的、可再生的、体现收益递增规律的、为全社会共享的资源，认识到人的知识、智慧、潜能是一切事业成败的关键，认识到"资本至上"的时代已经结束，"智慧至上"的时代已经到来。

第二章

组织架构设计与团队建设

一、组织架构分析

1. 组织架构的框架分析

（1）组织架构的根本问题

任何一个经济组织都离不开市场。经济组织从市场上以较低的价格购买原材料或半成品，然后生产出成品并以较高的价格卖出去，从而实现目标。如果这一产出的全部过程不能由一个人完成，那么一定程度上将必然存在着交易。当然，所有的交易之达成都会有不可避免的代价，即产生交易费用。

交易费用的存在，使组织需要考虑的第一个问题是：既然市场和组织都可以组织交易，那么哪些交易应该放在市场中去，哪些交易应该纳入组织内部？这实际上就是我们经常所讲的："一个组织的规模应该有多大？"在考虑一个企业具体的组织架构时，问题可以演变为：组织应该设置哪些部门？配备多少人员？哪些业务应该内部掌控，哪些业务应该外包？回答这些问题的要点在于，这些问题通过市场架构解决和通过企业组织架构解决的交易费用相比孰高孰低。

不管是利用市场架构还是企业组织架构，都必须解决信息与激励的问题。市场架构可以从以下两个方面解决信息与激励问题。第一，通过市场交易中的价格竞争，资源的决策权力将得到重新安排，最能出价的人将掌握资源；第二，市场也提供了一种机制——所有者享有决策行为的财富效果，将对采取有效行为产生重要激励。

在企业组织架构中，信息和激励问题不是一个简单的问题。由于获取资源不再是通过价格竞争，而是计划指派，所以将会导致低能力的资源使用者伪装成高能力者以欺骗手段来掌握更多的资源，或者由于决策者没有掌握相应的具体知识，从而可能导致资源的错误配置。这可以称作信息问题。另外，即使资源被高能力者掌握，或者决策者掌握了相关信息，但是缺乏外部激励因素也很难保证资源使用者会竭尽全力地做出尽可能优的决策。这可以称作激励问题。信息问题和激励问题，是组织在设计其架构时需要考虑的另外两个重要问题。

总结起来，一个组织在设计其架构时必须考虑以下三个问题。

1）组织的规模，即尽可能在市场外部治理和组织内部治理之间谋求最佳的成本与收益平衡。

2）最大限度地增加决策者所掌握的有利于决策的相关信息。

3）最大限度地增加促使决策者更有效地利用这些信息的激励因素。

任何一个企业彻底解决组织的规模问题、信息问题和激励问题，都不是一件容易的事。因此，我们常常看到组织的规模并没有一个明确的标准，也找不到完全没有信息问题和激励问题的组织。但是，这不意味着我们对组织面对的上述问题的答案是悲观的。因为人类已经在解决上述问题方面创造了很多有效的办法：可以按照公司制、合伙制和个人独资的形式来组建企业，且每一种情况下，都有多种可行的组织架构可以采用。当然，所有的方法都会产生相应的成本与收益。但是，要达到以最小的成本生产出顾客所需要的产品的目标，我们就必须全面而深刻地理解企业的组织架构，以便审慎地对待各种组织架构。

（2）组织架构的关键要素

组织架构是由企业的高层管理者设计并付诸实施的一系列正式合约，以及由公司引导的一系列非正式合约联结而成的。这些合约通常决定了决策权力的分配、控制以及由此而来的经济后果。

决策权力是所有组织的核心命题。尽管某些公司利用转移价格进行某些资源分配，但绝大多数公司和任何公司的绝大多数资源仍旧是通过管理决策来分配的。比如，CEO 通常会通过行政命令将经理从一个部门调换到另一个部门。公司高层本身也需要决定大多数决策应当由自己还是由下级经理代为做出，以及中层经理是否应将某些权力下放给员工。

决策权力下放使员工获取支配某些资源的权利，但问题是员工通常并非这些资源的所有者。那么，怎样才能使员工不至于滥用这些资源？为解决诸如此类代理问题，管理者必须设计并形成公司的控制系统，也就是说，管理者还必须考虑设计组织架构的另外两个方面——奖励和业绩评估系统。

（3）组织架构的决定因素

什么在组织架构中起着决定作用呢？决定公司最优组织架构的因素主要来自公司的经营环境和经营战略。具体地说，经营环境决定了经营战略，经营战略决定了组织架构，而组织架构是服务于公司战略的。这与近年来的战略性组织管理和战略性人力资源管理的观念是一致的。

经营环境由三个方面组成：一是技术，技术影响公司产品、生产方法和信息系统；二是市场，市场的竞争和波动影响公司的优势、劣势和战略调整；三是政府干预，政府的限制可能对公司战略产生重大影响。

上述的环境要素决定着公司的战略选择，比如公司发展的基本目标、公司的产品定位、公司的客户群定位、公司凭借什么获取和保持竞争优势等都由它们决定。

2. 组织架构的要素

企业要想构建一个好的组织架构，离不开三个基本要素：权力分配、报酬、业绩评估体系。这里我们简单介绍一下这些要素。

（1）决策权力的分配

一般将决策系统分为集权决策系统和分权决策系统两种。

在集权决策系统中，绝大多数重要决策由组织上层的个人做出。而分权决策系统中，许多决策是由下层人员做出的。集权决策和分权决策各有其成本和收益，采取哪种方式决策应当视成本收益而定。但是近年来的趋势是更大程度的分权，这归因于全球性竞争加剧和技术进步的加速。与集权、分权选择同理，决策权力应当分配到何种程度也取决于分权的边际成本和边际收益。从实务上讲，要考虑的因素主要包括知识的分布以及协调和控制的成本。

一般而言，在以下环境中分权的收益比较高：环境（包括技术、市场条件和政府干预）变化迅速；公司业务品种繁多或高度分散化；公司规模较大；市场竞争的加剧。

当公司将决策权分配给团队时，至少包括三个方面的目的：管理、建议行动及制造产品。团队决策有时可以提高生产率，但有时也会遭遇问题。一般地，在相关知识比较分散、团队决策的控制成本相对较低时，团队决策是有效率的。

与决策权力相关的是组织下级单位。组织架构理论认为，在以下情况下按职能组合下级单位最有效：公司规模较小，产品品种数量较少，外部环境比较稳定。同样，一些正规的模型可以考察企业根据地区、产品或其他标准组织下级单位的优势与不足。比如，矩阵式的组织可使员工注重整个业务过程而不是狭窄的职能领域，网络组织有助于信息的流通以及工作群之间的相互合作。20世纪90年代以来的趋势是给予员工更多的权力和更宽泛的任务分配，且许多企业的组织结构从职能单位向以产品为中心转化。这些变化主要源于竞争加剧和技术进步的加速。

（2）报酬与奖励系统

以前的组织理论文献对报酬系统的研究认为，与其说是企业设计工资报酬，不如说是企业在寻找符合市场水平的工资报酬。因为企业自身并不具备确定报酬的能力。企业在产品市场的竞争为工资确定了上限，企业在劳动力市场的竞争为工资确定了下限。工资太低会导致企业得不到所需要的人员，工资太高无疑会提高企业的人工成本。那么，企业如何制定自身的工资标准呢？首要的仍然是确定基准，即寻找类似企业展开薪酬水平调查，以确定初步的工资水平。在这个水平下，再通过向公司申请工作的人数、员工辞职比率以及公司现有员工可更换新工作岗位的性质，来衡量现有工资水平是否合理。一般地，过高的工资水平对应于过多的申请人数和很低的离职率；反之，过低的工资对应于较少的申请者和较高的离职率。

具有一定规模的企业，在用工时通常会与员工签订合同。合同在一定程度上使得企业可以采取各种变化的方式来支付报酬，即通过各种报酬支付方式来激励员工，比如延期报酬、效率工资、递增的工资计划、股票期权以及将工资与晋升联系等报酬支付方式，或将报酬的相当一部分以福利方式支付。当然，我们必须强调，激励报酬的形式不仅是货币的，还可以包括员工所认为的任何有价值的东西，比如获得带薪假期、晋升机会、荣誉头衔、更好的办公条件等。正规的模型同样可以用于考察货币与非货币报酬对员工效用的影响，比如，如果两者之间可以相互替代且边际替代率递减，那么单纯的货币报酬或单纯的非货币报酬在同样的成本约束下都不会达到员工的最大效用。

如果监督机制不健全，员工就有可能懈怠。为了防止员工的机会行为，就有必要将员工的报酬与其绩效联系。如果绩效难以直接衡量，则需要采取替代考核办法反映其绩效，或者通过相应的机制设计迫使员工分担风险，从而激励员工。目前，随着委托代理理论的发展，这一方面的研究实际上已经取得长足进步。

（3）管理者必须掌握员工努力的边际生产率

管理者估计员工边际生产率的方法之一是进行动作——时间研究，或者分析过去的业绩。需要注意的是，动作—时间研究的应用必须保证没有随机事件的干扰，而利用过去的数据可能导致"棘轮效应"。

在生产过程中，管理者还可以通过许多其他方式来衡量员工的产量。比如通过员工之间的相对绩效评估来显示员工的真实生产能力。但是，这种方法需要防止员工与员工之间的串谋行为。

有时候，测量产出非常困难。比如，测定一个教师的产量就非常困难。产出测定的困难无疑使绩效评估也变得非常困难，此时企业就不得不采取其他办法。主观业绩评估就是一种常用的方法：定期通过上层经理进行工作评价，且通常结合员工的产量进行考察。但是，主观的评价通常会存在一些争议。因此，现在的企业似乎更愿意采取看来较为客观的主观评估方法，包括客户满意度调查、360度评估等。比如对教师的评估，不少学校采取学生评价、同行评价、领导评价相结合的方式。但是，这些评估远不能称为完美。

在集体操作或流水线操作的情况下，个人绩效难以确定，团队评估就成恰当的评估方法了。实际上，有时候采取团队评估的方式还可以造就代理人监督代理人的局面，因为团队中不努力、试图搭其他成员工作便车的成员很可能遭到其他成员的抵制、批评，甚至排挤。

对个人的绩效评估和对部门的绩效评估同样重要。公司可以将决策权力分配给成本中心、费用中心、收入中心、投资中心以及利润中心。这些中心都将按照相应的会计指标来评估业绩并实施奖励。其中，成本中心的业绩评估通常强调产量既定下成本最小，或成本既定下产量最高。费用中心与成本中心类似，只不过其产量不易观察。产量难以观察意味着对这些部门服务的享受是免费的，因此对费用中心服务的需求有可能比公司的产量增长得快。收入中心则应追求在给定产品价格以及推销费用预算的情况下，销售收入最大。利润中心的绩效标准通常是实际的利润。投资中心的绩效则强调回报率。

部门绩效评估容易出现恶性的绩效标准。在恶性的绩效标准下，各部门为追求自身的绩效而不考虑公司和关联部门的绩效。通常公司也有一些应对办法来避免恶性绩效标准，比如实施上级协调控制、关联部门评估以及对内部会计数据进行评估等。

决策权力分配、报酬和奖励系统、个人和部门的绩效评估是组织架构的三个关键方面。它们互相支撑，不可分割：没有合理的权力分配，则绩效得不到保证；没有报酬和奖励，则员工的行为就会轻率；没有绩效评估，则员工的行为得不到考核，机会行为就会产生。

二、组织架构设计

1. 组织架构设计的原则

一般情况下，组织架构设计包括以下几个原则。

（1）统一指挥原则

组织设计要使企业组织最高层的决策顺利地贯彻下去，要明确指挥系统内上下级之间的权力和责任关系，不能让组织结构内存在"越权指挥"和"政出多门"的结构环节。

（2）集权与分权原则

组织设计既要遵循集中统一管理的原则，也要使各管理层次和各部门有相应的自主权，充分发挥主观能动性。在不改变组织整体结构的情况下，可自行调整部门范围内的组织工作。通过增强组织结构的灵活性，提高组织结构对外部环境的适应能力。

（3）精简原则

组织结构的设计要与企业经营内容和规模相适应，要根据任务设置机构。管理层次根据垂直管理分工的必要性设定，要便于各管理层之间的沟通和联系。部门按管理职能的内容和性质设置，要有明确的职责。部门内人员的配备要因事设岗，要有足够的工作量。

（4）分工协作原则

组织设计要明确企业组织内各管理层、各个部门及其岗位的职权、职责内容。每个职位都要有具体明确的权限，同时又要规定这一职位所要承担的责任。

（5）管理幅度原则

组织设计要根据不同的组织结构和管理人员及被管理对象的具体情况，通过分析影响管理范围设定的直接因素与间接因素，确定企业组织各级管理层上，一个管理人员可以最多领导多少人员。

（6）部门化原则

部门化是指将企业所有工作任务进行分工，按照类别进行分组，以便于同类的工作可以协调进行。工作分类的基础是部门化。企业组织结构设计划分部门的基本方法有职能部门化、产品部门化、工艺过程部门化、地区部门化和客户部门化等几种。其中，职能部门化以同类性质的管理活动作为划分基础，设置生产部、技术部、供销部、行政部等职能部门；产品部门化按产品类别划分部门，如设置肥皂事业部、洗涤剂、事业部等；顾客部门化以顾客的类型划分部门，如设置男装部、女装部、童装部等。

（7）机动原则

因为受着企业内外部环境的影响，尤其是市场经济环境的制约，所以企业组织结构设计工作不可能是一劳永逸的。企业组织结构要根据内外因素的变化适时调整与改进，才能使企业的组织保持活力。

2. 组织架构设计的程序

（1）确定组织设计基本思路

先要根据企业组织的任务、目标以及内外环境条件确定企业组织设计的基本思路及一些主要原则，如确定企业组织结构形式是职能制式还是事业部制式，确定部门划分是职能部门化还是产品部门化。以此作为下一步组织设计工作的基本依据。

（2）设计步骤

1）职能设计。确定完成企业组织的任务和目标所必需的各项管理职能；确定企业组织总的管理职能和结构，并分解为具体的管理业务；对管理工作的管理流程进行总体设计。

2）职能分解。采用逐层分解的办法，将企业组织的基本职能分解为管理层上工作岗位的具体工作任务。这是组织结构设计的基础工作。工作岗位是管理工作过程的必要环节，又是组织结构的基本单位。由岗位组成科室，再由科室组成部门以至整个管理系统。

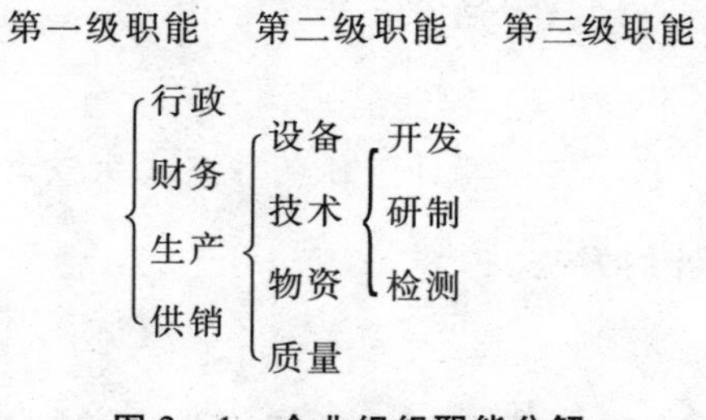

第一级职能　　第二级职能　　第三级职能

```
     ┌ 行政
     │ 财务   ┌ 设备   ┌ 开发
     ┤ 生产 ──┤ 技术 ──┤ 研制
     │        │ 物资   └ 检测
     └ 供销   └ 质量
```

图 2 - 1　企业组织职能分解

如果图 2 - 1 中，第一级职能中的"生产"管理，分解为第二级的"设备、技术、物资、质量"四项管理职能；而其中的"技术"则可分为

"开发、研制、检测"等第三级管理职能。

3）职务分析。通过分析，确定企业组织各个职务的性质、内容、工作方法以及任职条件。

4）制定控制程序。为保证企业组织结构能够按照设计要求正常运行，以企业组织目标为导向，检查组织设计是否偏离组织目标；制定企业组织正常运作时的标准工作规范；制定企业组织运作程序出现偏差时，进行相应调整工作的规范。

5）编制企业组织图、组织文件和工作规范。

①组织图。用图表示企业组织的层级、职能部门、职务关系以及管理范围。内容主要有：组织的结构、管理层级和管理幅度；主要的工作关系、工作流程和职务范围；不同部门之间的关系及其上下关系；计划、预算和资源分配的框架。

②组织文件。它是组织图表示不清或不能图示的，为明确组织运行和实施管理而制定的规定、章程和制度。主要内容是：组织名称、性质和业务范围；组织结构的建制和部门划分；部门职责和职权的内容；部门定员定编；职务说明书和职务规范制度；组织和管理工作制度。

③工作规范。是指企业正常运作的工作标准，主要是：

生产技术标准——对产品或工程在质量、技术、规格等方面的规定；

生产技术规程——对生产过程、产品设计、生产操作、设备使用、产品检验等方面有关程序的规定；

定额标准——在一定技术生产条件下，对人、财、物和时间的占用与消耗的标准；

管理标准——对各项专业管理工作的业务、方法和程序的具体规定。

3. 组织架构设计的方法

（1）职能设计

职能设计就是根据企业经营的生产活动内容，对企业的经营管理业务进行总体设计，规定合理的结构比例。职能设计是企业组织设计的首要工作，是科学地设计企业组织架构的基础和前提。

1）基本职能设计

从系统工程的角度看，企业人、财、物等资源和产、供、销等业务，都各自构成动态的循环系统过程。企业作为从事生产经营活动的组织，为了获得生存和发展，必须对其进行系统的、有效的管理，这也就形成了企业对生产经营的基本管理职能。比如，工业企业的基本职能一般包括工程与技术、财务与行政、生产与供销、研究与发展等方面的内容。

2）关键职能设计

关键职能是指企业的基本职能中对企业发展起关键作用的职能，也就是指对企业的战略目标的实现起到重要作用的，执行不好会使企业遭到巨大损失，甚至危及企业生存的职能。

3）专业职能部门的设置

设立专业职能管理部门实质上就是对专业管理职能进行划分，实现管理职能部门化的过程。专业职能部门设置的步骤如下。

①首先使管理职能专门化，对企业组织管理职能进行分工。

②对管理职能进行合理的划分，将企业组织管理工作分解为各种专门性的管理工作。

③合理地划分管理职能，相应设置必要的职能机构。

（2）管理幅度设计

也就是设定企业组织各级管理层的管理范围，设计时主要参考如下因素。

1）管理工作内容复杂，要求创造性较强，管理幅度宜小；管理属于简单重复的程序性工作，管理幅度可大。

2）授权合理，下级易于发挥积极性和创造性，在职权范围内独立地工作，可增大管理幅度；反之，宜小。

3）管理地区越广，如跨地区公司、跨国公司等，管理幅度越小；反之越大。

4）管理者及被管理者素质越高，管理幅度越大；反之，越小。比如，下级人员的素质高，能准确理解上级的意图，主动独立地完成自己的任务，无需上级较多的指导和监督，就可以加大上级的管理幅度。

（3）管理层次设计

管理幅度是决定企业组织层次的基本因素之一，但并非惟一的因素。还应考虑如下两方面因素。

1）企业管理职能的纵向结构

管理层次的实质是企业组织管理工作纵向的分工，包括对经营领域、产品结构、规模、生产技术特点等方面分工的内容。因而管理层次的设计必须依据企业管理职能纵向分工而定。

2）效率原则

管理幅度是有限的，即管理层次不能太少，否则就会降低企业组织的运行效率。但管理层次过多，除了管理费用增加之外，管理工作在趋向复杂化的同时效率降低，使得企业组织运行的效率降低。

企业组织管理层次一般设计的步骤如下。

①按照企业管理职能的纵向分工，确定基本的管理层次。

企业的规模较小，管理内容简单，一般只需设置决策层、专业管理层和作业管理层；企业的规模较大，管理层次就多一些，比如设置总公司和分公司机构的，还需分别设置管理层次。

②按照管理幅度推算管理层次。

一般的计算方法是：企业共需员工 1000 人左右，中高层有效的管理幅度为 5~8 人，基层的有效管理幅度为 10~15 人。

按较大的管理幅度计算：第一层的人数为 8 人，第二层为 $8 \times 8 = 64$ 人，第三层为 $64 \times 15 = 960$ 人，全部人员加起来为 $8 + 64 + 960 = 1032$ 人。这已包含了企业组织的所有人员，需设置三个组织层次。

按较小的管理幅度计算：第一层 5 人，第二层为 $5 \times 5 = 25$ 人，第三层为 $25 \times 5 = 125$ 人，第四层为 $125 \times 10 = 1250$ 人。全部人员加起来为 $5 + 25 + 125 + 1250 = 1405$ 人，前三个层次只包含了 155 人。这时，需设置四个层次。

③根据实际情况确定具体的管理层次

在实际操作中还需根据人员素质等具体情况确定企业组织的管理层次。比如在管理者能力较强但下属人员能力相对较弱或其积极性的发挥受阻碍时，管理幅度不宜过大，否则，导致管理效率降低。另外，企业整体的管理层次可以按上述程序进行，但对某些比较特殊的部门就要根据其特点设置管理层次。比如企业战略发展和技术开发研究部门，就不必强求与生产经营部门同样的管理层次。

（4）岗位设计

岗位就是企业员工在企业组织结构中特定的具体的分工协作的位置。岗位反映了从事具体工作的人员与其他相关人员的协作方式，是分工协作体系中的一个环节。

1）岗位的内容

工作岗位由职务、职责、职权和薪酬构成：职务即岗位必须完成的工作任务，也就是干什么、干多少；职责即工作的责任，也是企业组织对岗位工作任务完成状况的约束；职权即完成工作的条件，比如对企业内一定人力、财力、物力的支配权；薪酬即相应的工作报酬和工作待遇。

2）岗位分类

不同产业、不同行业的企业有不同的岗位，每一个企业内部也有多种多样的工作岗位。那么，对企业内多种多样的岗位如何管理，责、权、利又如何确定？

实际操作中，企业岗位分类一般采用的是按相似归类的方式，即通过分析找出工作岗位之间的相似性和差异性，并分成不同的类型，然后进行分类管理。以此作为依据，确定相同类型岗位对其工作人员的素质、能力等上岗条件要求及其相同的工作待遇。

按业务性质和难易程度，可以将工作岗位分成不同的系列和等级，按业务性质划分形成职系与职组，按难易程度划分形成职级与职等。职系和职组是工作岗位的横向分类，职级与职等是工作岗位的纵向分类，如表2－1所示。

表 2 - 1　企业岗位划分类别

职系	按业务性质对工作岗位进行分类，把业务性质相同或相似的划为相同职系。职系是最基本的岗位分类，一个职系相当于一个专门职业。比如企业内所有的财务会计人员属于一个职系。职系是确定上岗资格条件、员工的使用和晋升等的重要依据
职组	相似的职系的分类，是职系归类的扩大化。比如企业中的机械制造技术人员是一个职系，电子控制技术人员也是一个职系，但可以归入企业工程技术人员同一个职组
职级	按工作的难易程度、责任轻重等条件，对同一职系的岗位分类，相同或相近的划为相同的职级。职级是岗位等级的基本分类，是同一职系中的等级划分，是确定员工的薪酬待遇的重要依据
职等	按工作的难易程度、人员素质水平等条件，对不同职系的岗位的分类。相同或相似的划为同一职等。职等是确定不同职系工作岗位的共同性、员工报酬和待遇的重要依据

　　岗位分类的过程就是岗位设计的过程。岗位分类实质上就是分析企业所需人员在企业组织结构内每一个位置的作用和地位，由此确定工作岗位的责、权、利以及任职条件、报酬待遇等。

三、团队建设

1. 团队力量是巨大的

　　没有完美的个人，只有完美的团队。团队中每个人没有一个是完美无缺的，都有优点和缺点，都有优势和不足，只有互相结合、互补、相融，才能形成完美的团队。团队精神是横向动力，个人工作能力是推动企业发展的纵向动力，团队造就个人，个人成就团队。

　　随着全球经济一体化进程的加快，社会分工越来越细，仅靠个人单打独斗的时代已经过去，竞争已不再是单独的个体之间的斗争，而是团队与团队的竞争、组织与组织的竞争，许许多多困难的克服和挫折的平复，都不能仅凭一个人的力量，而必须依靠整个团队。

实践证明，企业成败的关键还在于组成团队的"人"这个核心因素。如何提高人的素质，如何发挥群体和团队精神的作用，形成积极向上的企业文化，使企业内有亲和力、凝聚力，外有竞争力，是企业保持稳步、快速发展的重要因素。

时代需要英雄，更需要伟大的团队。一个人的智慧再高，能力再强，也无法创造出一个高效团队所能产生的价值。所以，一味强调个人力量、个人作用的观念本身就已经渐渐被时代所淘汰。团队合作的重要意义在以企业为竞争主体的市场经济条件下表现得越来越充分。

在 2002 年的世界杯中，虽然西班牙球队拥有豪华的明星阵容，但最终兵败韩城，教训可谓惨痛。在这个问题上，当时的韩国队主教练希丁克非常清楚，真正让西班牙栽跟头的其实是西班牙球队自己。正是因为西班牙球队球员都太注重个人价值，在球队内形成无形的激烈竞争，才会使各位队员在彼此之间生出防范甚至是嫉妒之心，最终在这样一个 11 人协同作战的方阵中无法形成正常的团队协作精神，最终遭到淘汰的厄运。

由此，早在希丁克训练韩国球队队员之时，他就已反复强调"团队"的真正要义所在，并且一再指出："在组织中，团队绝对比个人优先。要警惕伤害团队协作的个人技术。"

他曾经对个人技术好的队员多次发出警示："太过自信往往会踢起个人球，会使团队打法与全体战术崩溃。你需要再冷静一下！"

希丁克一贯信奉的成功哲学是："23 名球员是一个整体！"

当然，为了在比赛中取胜，明星球员对于整个球队来说确实是必不可少的，但如果团队的整体力量因"明星球员"而瓦解，那无疑是本末倒置的做法，取胜也就更困难了。由此，即便是在某场重要赛事上取得了胜利，希丁克也不会专门对某位球员进行个别表扬。他只会说："今天能取得胜利是所有球员相互合作的结果！"或者是："我们队的优点是，不管是上场比赛的队员还是没上场的队员，都在相互协助和支持。"又或是："我自始至终称赞以勇猛斗志进行战斗的全队同伴。不管有没有上场进行比赛，所有的球员都是最棒的！"

希丁克的执教理念，在于他深刻地认识到，想要打造一支成功的足球队，就必须要让球队的每位成员都真正体会到"没有完美的个人，只有完美的团队"这一真理。

"没有完美的个人，只有完美的团队"，这种观点已经得到了很多人的认可。

在 2004 年的雅典奥运会上，中国女排在冠军争夺赛中那场惊心动魄的胜利也恰恰证明了这一点。奥运会女排比赛开始之前，意大利排协技术专家卡尔罗·里西先生在观看中国女排训练后很肯定地认为，中国女排在奥运会上的关键人物是身高 1.97 米的赵蕊蕊。她发挥的好坏将决定中国女排在奥运会上的最终成绩。不幸的是，在中国女排参加的第一场奥运会比赛中，中国女排第一主力赵蕊蕊因腿伤复发，无法上场。外界都感叹中国女排的网上"长城"坍塌，实力大减，没有了赵蕊蕊的中国女排不再是夺冠大热门。

中国女排只好一场场去拼，在小组赛中，中国队还输给了古巴队，很多行家都不看好中国女排夺冠。但是，中国女排还是杀进了决赛。在与俄罗斯女排争夺冠军的决赛中，身高仅 1.82 米的张越红一记重扣穿越了2.04 米的加莫娃的头顶，砸在地板上，宣告这场历时 2 小时零 19 分钟、出现过 50 次平局的巅峰对决的结束。经过了漫长的、艰辛的 20 年以后，中国女排再次摘得奥运会金牌。

那么，中国女排凭什么在奥运会上战胜了那些世界强队？凭什么在决赛中反败为胜战胜世界顶尖球队俄罗斯队？陈忠和在赛后接受采访时深情地说："我们没有绝对的实力去战胜对手，只能靠团队精神，靠拼搏精神去赢得胜利。用两个字来概括队员们能够反败为胜的原因，那就是'忘我'。"

企业团队精神的培育和形成并非一朝一夕，需要从企业基础工作的各个方面着手加以营造和培育，让细微处见精神。应倡导学习性组织，不断提升员工能力。企业团队精神的培育和形成，最终需要员工的各种行为来体现，因此，企业员工能力的高低直接影响到团队精神的建设、先进企业文化的建设、企业精神的培育，需要从企业外部引进一大批具有实际工作经验的高素质人才作为补充，吸收不同企业文化的长处、优点去丰富和发展自己的企业文化，更需要通过倡导学习性组织，以各种方式的培训和互动学习，进一步提升内部员工的工作能力，让他们积极参与到团队精神建设的各种活动中来，并在活动中真正理解和接受团队精神，从而在今后的工作中体现、丰富团队精神。经过不断学习、强化培训，让企业团队精神真正融化在企业员工的血液里。

2. 如何打造高绩效的团队

在一个团队中，合力的大小与领导者管理的法则密不可分。这就好像一个人手的五指，可以松散地张开，也可以握紧形成拳头，而只有形成拳头才能显示力量。这个握紧的法则是管理中的重要法则。

没有合作的团队必败无疑。良好的团队合作，不仅能体现出一种为达到既定目标自愿合作、协同努力的集体精神。还将产生一股强大而持久的力量。这也是现代企业成功的必要条件之一。

组成一个团队也必须具备一些前提条件。这些前提主要指的是组成团队的外部环境、应该实现的任务以及对团队目标和对具体实施方法的理解。

有了共同目标，一个成功的团队就会非常清楚自己存在的原因。这主要是让团队成员明白他们组成一个团队在战略上的意义，并让他们能够从一个更深远的战略计划上来看待自己的角色，从而理解团队的成功会给整个企业的战略带来什么。掌握自己的命运是一个成功的团队所应具备的强烈意识。他们对自己的行为负有责任，对自己研制的产品负有责任。而作为领导，也应该很认真地对待员工的提议和意见。这样一来，可以助推成功的加速，而失败则可以使团队进行重新分析和学习。

然而任何团队都需要企业的支持，特别是来自企业领导的支持。有时，企业的某些部门会对"团队"抱怀疑态度。这时，管理者就应该依靠"诚信"来保护团队，要把团队所从事的活动向企业的其他人进行解释和表述，并在整个企业内开展一定的讨论。在团队的运行过程中，当他们出现困难或问题时，应该给予鼓励；当他们出现疑惑或者焦虑时，应该给予信心；当他们取得成功时，应该给予相应的赞赏。

团队应该把团队的目标分解成一些可以测定的方向和阶段，并让这些方向和阶段被每个成员理解、被上级领导认可。当度量的标准达成一致并确定下来以后，团队的运作就不会有模糊的地方了。当然，这些方向和标准不是立刻就能够达到的，但它们一旦确立就可以直接地指导整个团队工作了。

在一个成功的团队中，人们可以很好地合作，而且没有相互冲突。但是这并不是说团队成员之间就没有分歧或是争吵。只是说，彼此之间不应该因为意见的分歧而破坏了团队目标的实现。他们能够互相尊重彼此的意见，能够公开、坦诚地表达自己的思想，并不吝啬表述自己的不同意见。这时团队就需要鼓励成员参与到团队交流中，以提高成员的人际交往能力。成员们不仅发表自己的观点和经验，更重要的是，他们愿意贡献出自己的时间和能力。在处理一个问题时，大家的积极参与，有利于成员获得更广阔的知识和更直接的帮助。这种参与性常常意味着一旦团队成员承担了某个项目，就能很好地完成这项任务。

在对信息进行一定的评估后，团队就应该可以产生相应的决策。重要的是，一个团队可以更方便地收集信息。他们会仔细地研究备选方案，并估计可能出现的结果是具有创造性的，还是有待改进的，抑或是可行并应该迅速加以实施的。

成员们应该遵从于决策。在一个团队中，有可能某些成员彼此之间并不欣赏相互的行事风格，但面对团队的决策，大家都会以决策为先，在实际工作中互相支持帮助。

成功的团队总是会不断产生新的观点，不断改进做事的方式，并始终保持创造性的思维模式。成员们的思想融合在一起以后，就会产生一种类似于"递推"的过程，即一种观点引发了另一种观点，再引发下一种观点……成员们在不同的观点中，再做进一步的发挥和改进，新的思想就这样诞生了。

不但要独立创造思维，好的团队也应鼓励其成员与外界进行充分的交流。这里的"外界"主要指的是企业的其他部门。这样，就可以使企业的其他员工了解这个团队，知道这个团队目前在干什么，干到什么程度了，还需要做出怎样的改进。这样会有效地减少企业其他部门的猜忌和怀疑，保证本团队在企业中不被孤立，并与其他部门相互合作，减少可能存在的外界对团队不友好的态度。

一个部门要想建设成一支优秀的团队，首先就得要为这个团队注入一种激情。这样才能挖掘员工的聪明与潜力，并将他们的力量团结起来，成为一支像解放军那样的无往不胜的团队。

有些工作本身就是枯燥重复的，而且还是在严肃严谨的环境下完成的。改变工作性质本身也许是困难的，但是作为中基层领导却可以通过增加工作趣味的方法，来增强工作的吸引力。

在管理中，管理者也许会经常听说"鲇鱼效应"。"鲇鱼效应"源于民间故事，是说聪明的渔民出海捕鱼时，总先准备几条活跃的鲇鱼，一旦把捕来的鱼放入水箱后，便把鲇鱼也放进去，这些游速快的鲇鱼到了新的环境开始到处乱窜，把整箱鱼都搅得上下浮动，也使水面不断波动，从而使氧气充分与水溶和，鱼就不会因缺氧而大量死亡，可以活得更久。比如在工作中引入竞争机制，如劳动竞赛、小组评比等等，都是很好的增加员工工作趣味的好方法。

现在的员工多为年轻人，而年轻人是绝不会只满足于一种简单单调的工作环境的。企业管理者想要调动起他们的兴趣和积极性，就需要开动脑筋，在工作中经常进行一定程度的"改变"，用改变带来刺激，用刺激带来趣味，用趣味"拉动"员工。

3. 打造优秀团队不可缺少的要素

在所有的组织中，很少有团队能够发挥出全部潜力，且不同的团队发挥出的潜力不尽相同。这就如同考试分数，有满分的，有 50 分的，有 0 分的。这些区别，实质上就是企业组织中管理者领导能力上的区别。对管理者而言，这是个生死攸关的问题，牵一发而动全身：如果团队运转不灵，就会使整个公司放慢脚步、脱离正轨，甚至完全瘫痪。如果能打造优秀的团队，那么员工的潜能就能最大限度的释放，客户的需求就能准确把握，市场环境变化趋势就能准确预测，企业也将在诸多领域内取得更出色的业绩。以下主要从三个关键要素展开论述。

（1）求贤若渴，知人善任

组建班子，确定高层团队的人员组成是主要领导者的职责，往往也是调节团队绩效的最有力的杠杆。比如可口可乐公司的首席执行官就说过，即使是将全球可口可乐公司的工厂全部烧掉，只要留下高层团队的人才，一个全新的可口可乐公司又将快速地出现在世人面前。曹操在攻打徐州时，袁绍责备曹操为何要夺其徐州，曹操笑答别说一个小小的徐州，只要你有本事，天下都是你的，何足一个徐州乎？曹操说这番话的底气，就建立在于高层团队的优势上。在官渡之战前因家庭背景、人脉积累、资源运用方面曹操与袁绍相比都处于绝对的劣势，曹操本人对战胜袁绍心中无底，在战略型谋士荀攸分析袁绍必败的十大因素后，才有了一定的信心。在战胜袁绍后获得手下给袁绍的信件，不追究责任、付之一炬的举措，充分说明了曹操求贤若渴、知人善任的胸襟。

一支高层团队应由适当的人员组成。高端人才可遇而不可求，是抢手货。高端人才才智过人、特立独行，但必然会有这样或那样的毛病。作为最高管理者，如果没有容人之量，构建高层团队只是海市蜃楼。另外，还要确定整个团队以及其中各个成员必须做出怎样的贡献才能实现组织制定的绩效目标，然后对团队进行必要的变动。比如很多企业组织运行链条中，必定会有一个或多个部门或个人影响组织的运行效率，造成组织的绩效低下，此时管理者必须想方设法淘汰掉链的部门或个人，提高组织的运行能力，促进高层团队的优秀性。否则，高层团队可能会长久处于绩效低下的状态。

（2）突出重点，量力而行

很多高管团队努力想要找到自己的目标和重心。现实中，企业组织规模大，管理成本高，配备各类型专业人才，要求相对比较高的管理能力。各位人才为了显示自己在组织中的地位与作用，就可能不会从全局上考虑问题。企业制定出来的战略规划若考虑各方的需要，必然面面俱到，但大而全的战略规划往往毫无重点、执行难度极大。据有关单位调查，只有38%的人表示自己的团队将重心放在了在高管团队眼里真正有价值的工作上，只有35%的调查对象表示自己的高层团队为围绕战略开展有效的工作，认为重要的不同项目分配了适量的时间加以推动。

他们做了多少与战略无关的事情？他们做了多少与增值无关的事情？他们消耗了企业多少资源？他们浪费了多少企业成长的时间与机遇？在很多时候，高管团队并没有确定并执行优先任务，而是试图面面俱到。

有时候，他们分不清哪些问题需要他们集体行动，不知道如何发挥组织的协同效能，不知道有些项目只需监督即可，不能将好钢用在刀刃上，使有限的资源、能力、时间最大化地利用。这些缺陷导致高管团队的议程被排得满满的，不是"文山"，就是"会海"，精力被分散，重点被偏离。没有哪个高管团队能应付得当。在很多时候，与团队没多大关系的会议，让团队成员感到纳闷：他们何时才能回到"真正的工作"上去。这就是大企业病产生的根源。当出现这类运转不灵的现象时，首席执行官通常需要做出反应；高管团队的成员有属于自己业务单位目标以及个人的职业激励机制，如果没有大家的一致努力，他们不太可能整理出一份条理清晰的高管团队优先任务清单。没有重点突出的业务优先清单，就不可能有轻重缓急之分，必然是"胡子眉毛一把抓"。

（3）加强互动，完善流程

组织的规模大了，领导团队的核心成员很难见上一面，更别说单对单地、直接深入地交换意见。加上每人在组织内都是个头面人物，身段是不能放低的，那么相互之间交流互动就极少了。因此，首席执行官必须不懈地关注团队是否具备有效的互动机制。目前，这类机制的缺失是一个常见的问题。

要纠正互动机制运作不灵的问题，需要重点关注这些问题并采取干预措施，最好是在低效模式一露苗头时就加以处理。量身订制符合企业自身实际的运行流程，以科学合理地规范企业的运营流程。

每一个高管团队都是独一无二的，每一位首席执行官也需要应对一组同样独特的难题。企业愿景、价值观、人才观、企业文化、经营理念、组织哲学、企业行为等等，使得构建高管团队的难度不小。要组建一支卓有成效的高管团队通常需要良好的诊断，然后还要进行一系列研讨会和现场工作，以便在团队专注于高难度业务问题的同时使团队能够顺利互动。当首席执行官认真保证自己的高管团队有意愿、有能力帮助公司实现战略目标，保证团队始终专注于正确的主题，并认真管理团队的互动机制时，那就很有可能收到实效。最优秀的高管团队将共同担负责任，培养保持和改进自身效能的能力，从而建立起持久不衰的绩效优势，以实现构建高效高管团队的目标。

四、学习型组织的第五项修炼

在学习型组织的领域里，有五项新技术正逐渐汇聚起来，使学习型组织演变成了一项创新。彼得·圣吉称这五项学习型组织的技能为五项修炼。这五项修炼是创建学习型组织、改造传统权威控制型组织的先决条件。

1. 第一项修炼：自我超越

自我超越是建立学习型组织所需要的五项修炼的第一项修炼，是学习型组织的精神基础。这里的自我超越是指个人成长的学习修炼，它要求在有明确目标的基础上进行个人学习，集中精力，培养耐心，客观地观察现实，把自己的最高理想作为生存目标。真正了解自我超越的人，能够不断实现内心深处最想实现的愿望。他们对生命的态度就如同艺术家对艺术作品一般，全心投入、不断创造和超越，是一种真正的终身"学习"。自我超越不是你个人所拥有的某些能力，而是一个过程、一种终身的修炼。高度自我超越的人，会敏锐地警觉自己的无知、力量不足和成长极限，但这绝不会动摇他们高度的自信。

整个组织的学习意愿和能力，来自于组织中个人的学习意愿和能力，没有个人的学习作基础，组织就无法真正地学习和成长。除非组织中每个层次的人都追求自我超越，在不断学习中产生和延续创造性张力，努力发展本身、超越自我，否则就难以建立学习型组织。

自我超越的修炼包括以下内容。

（1）建立个人愿景

愿景是一幅人们想创造且方向正确的未来蓝图，是一幅整体的图像。它说明了工作的意义与目的、工作背后的价值观以及人们工作的理由。愿景是人们的需求、欲望、价值观和信念的结晶体。它的重点在最终的结果和价值观，而不是某些达到愿景的特殊方法。创造愿景不仅是预测未来，更重要的是引发人们的创造力。个人愿景是个人发自内心的追求及其终极目标，是个人工作和生活的精神层面。

愿景有多个层面，可能是物质层面上的欲望，如人们想住好的房子，有很多的银行存款；也有个人层面上的欲望，像健康、自由等；还可能是社会层面上的欲望，如帮助他人等。这些都是人们心中真正愿望的一部分。愿景是内在的而不是外显的，是人们渴望得到的某种事物的内在价值，是人们内心最为关注的事情。

愿景与上层目标不同。上层目标属于方向性的，比较广泛，是抽象的。愿景则是一个特定的结果、一种期望的未来景象或意向，是具体的。

（2）保持创造性张力

客观现实与愿景之间存在着一定的差距，这种差距将形成一种创造力，把人们朝愿景拉动。由于这种差距是个人创造力的来源，所以把它称之为创造性张力。创造性张力是自我超越修炼的中心原则，来自愿景与现实之间的不平衡。就如同一条连在现实与愿景之间的橡皮绳，绷紧所产生的张力代表着愿景与现实之间的创造性张力，而若要寻求缓解，就如同使紧绷的橡皮绳趋于松弛。缓解的方式有两种，一种是将现实拉向愿景，一种是将愿景拉向现实。关键在于能否把握住愿景。现实与愿景之间的差距本身会产生创造性张力，促使人们采取行动改变现状进而实现愿景。

创造性张力会带来情绪张力，也就是当现实与愿景之间存在差距时，所伴随产生的焦虑、压力、无力感、悲观或沮丧。如果人们不能很好地区分创造性张力和情绪张力，就会因深感气馁而降低愿景，从而使目标受到侵蚀。创造性张力只是一种寻求改变的能量，而情绪张力是伴随产生的副产品。自我超越的精髓就是学习如何在生命中产生和延续创造性张力，而产生创造性张力的前提之一就是认清目前的真实情况。因此，正确深入地看清现实真相与有一个清晰的愿景同样重要。

自我超越修炼高深的人或企业，能凭借愿景与现实之间的创造性张力来提高自己。他们知道实现愿景需要时间，能真诚地面对它，颇有耐心，不急于要求立竿见影的效果。当人们把握住愿景时，就应该耐心地走下去。这样方法与手段就会越来越多，愿景也会越来越真切。当人们有了第一次创造经验之后，就会变得越来越有能力去实现新的愿景。如此一来，人们就会跳出"对环境作被动反应"的恶性循环，从而进入"创造的理由就是为了要创造"的良性循环。

（3）看清结构性冲突

结构性冲突是一个多方力量相互冲突的结构，会把人们同时拉向或拉离所想要的目标。对于结构性冲突，弗利慈曾用了一个很形象的比喻来描述潜在意识是如何发生结构性作用从而使人们与目标背道而驰的。假想你向着自己的目标移动，有一根橡皮绳代表创造性张力，把你拉向你所要去的方向；但也想像还有另一根橡皮绳，被无力感或不够资格的信念拉住。当第一根橡皮绳把你拉向目标时，第二根橡皮绳就会把你拉回你不能达到这个目标的潜在想法。

人们越接近愿景，第二根橡皮绳把人们拉离愿景的力量就会越大。这种向后的力量可以以多种方式出现，如人们开始询问自己是否真正想要这个愿景，感觉完成工作越来越困难或意外的障碍越来越多等都是向后的力量。事实上，正是人们往往感觉不到这种结构性冲突系统的存在，才更增强了结构性冲突的力量。

对付结构性冲突有三种缓解策略：一是消极地让愿景被侵蚀，这是最为常见的一种策略；二是操纵冲突，通过刻意制造的假想冲突张力，来操纵自己或他人更加努力，追求或关注于自己想要的，除去或避免不想要的，这是一部分害怕失败的人偏好采取的策略；三是运用意志力，全神贯注地去摆脱在达成目标过程中所形成的抗拒力，这是许多成功人士所具备的特性。但要注意的是，意志力所造就的也可能是一种没有效率的成功，也就是系统思考中所说的行动没有找到杠杆点。

（4）诚实地面对真相

诚实地面对真相是指消除看清真实状况的障碍，并不断对心中隐含的假设加以挑战，也就是不断加深对事物背后结构的了解和认识。自我超越层次高的人，对自己行为背后的结构性冲突就看得越清楚。

处理结构性冲突的首要工作，就是辨别出这些结构性冲突以及它们的运作方式。而诚实地面对真实情况的意愿越强，所看到的真实情况就会越接近真相，创造性张力也越有力量，也就越有利于处理结构性冲突。

（5）运用潜意识

在自我超越修炼的实践过程中，隐含在人们心灵中的另外一面就是潜意识。事实上，几乎所有人都曾经不自觉地运用潜意识的力量处理过复杂的问题，但是自我超越修炼层次高的人能让意识与潜意识之间发展出默契的关系。

潜意识对人们的学习非常重要。任何新的工作，一开始都要非常有意识地专注和努力。人们的学习过程，就是从有意识的注意逐步转变为由潜意识来控制的整个过程。在日常生活中，人们不断训练潜意识来熟练各种技能，一旦学会了，就好像天生就会一般，即当人们在运用潜意识时，甚至不会注意它的存在。多数人并不曾考虑如何发展意识与潜意识之间的默契，然而这正是自我超越修炼的最为重要的部分。

发展潜意识要求人们要学会如何更加清楚地把焦点对准想要的结果。这就需要对目标做出明确的选择。只有这样，潜意识才能充分发挥。同时要想像这个目标已经实现了，以此来揭示在目标背后更大的愿望。此外，潜意识还要求人们认清生命的终极目标，即知道什么对自己最为重要。总之，培养潜意识最重要的是必须符合内心所想要的结果，越是发自内心的良知和价值观，越容易与潜意识相吻合。

2. 第二项修炼：改善心智模式

心智模式是根深蒂固于人们心中，影响人们如何认识世界以及如何采取行动的许多假设、陈见和印象。它不仅影响人们如何认识世界，更为重要的是它还影响人们的行为。心智模式是客观存在的，但是人们往往不易觉察自己的心智模式以及它对行为的影响。为此，这项修炼要求成员学习发掘内心世界的潜在图像，使这些图像浮上表面，并严加审视，还包括进行一种有学习效果的、兼顾质疑与表达的交谈——有效地表达自己的想法，并以开放的心态容纳别人的想法。

改善心智模式的修炼，主要是增强组织运用心智模式的能力。这就必须学习改善心智模式的技巧，尤其是反思和探询的技巧。它主要包括以下内容。

（1）辨认跳跃式的推论

所谓跳跃式的推论，是指在现实生活中，人们的理性心智常常将具体事项概念化，即以简单的概念代替许多细节，然后用这些概念来进行推论。因而，在思考的过程中，很快就跳跃到概括性的结论，以致从来没有想过要去检验这个过程。跳跃式的推论之所以会发生，是由于人们直接从观察转到概括性的结论，未经检验。这也是企业中的常见现象。如企业的高层管理者，往往由于顾客要求更大的折扣，而相信顾客在购买产品时考虑的是价格，认为服务质量不是一项重要的因素。当主要的竞争者逐渐进行服务质量的改进而拉走顾客时，也许有营销人员请求企业在改进服务质量上加大投资，但这种请求可能会被委婉拒绝。因为原有的看法已经成为既定的"事实"。这样就会造成该企业市场占有率的不断下滑。

要避免跳跃式的推论，必须问清自己对周围的事情基本上抱什么样的看法或信念。首先要质问自己某项概括性的看法所依据的"原始资料"是什么，然后再问自己是否愿意再看看这个看法是否不够精确或有误导作用。如果人们愿意质疑自己的某个概括性的看法，就应明确地把它和产生它的原始资料分开。如果可能的话，可通过回头思考与探询逐个行动背后的理由，来直接检验概括性的看法。

（2）练习"左手栏"

"左手栏"是由阿吉瑞斯和他的同事发明的：开始时，自己选择一个特定的情况，在这个情况中，自己感觉当时与人交谈的方式好像没有达成什么效果或很不满意。以对话的方式写出当时的交谈过程，在一张纸的右侧记录实际的对话，在左侧写出交谈的每一个阶段自己心中想说而未说出的话。

练习"左手栏"是指对自己所经历的事件或处理方式，坦诚地写出内心深处的隐含假设，以此来检验心智模式在处理事件过程中所扮演的角色，并予以改进的一项修炼技巧。"左手栏"的练习证实管理者确实具有心智模式，并且心智模式常常会扮演很重要的角色，甚至有时会带来负面的影响。管理者如果做了这个练习，就会觉察自己的心智模式所扮演的角色，并开始明白坦诚地说出自己的假设的重要性。

（3）兼顾探询与辩护

这是一种在多人之间开诚布公地探讨问题的技术。它一方面允许别人对未知或不明的情况进行询问，另一方面允许对自己的观点进行辩护，即在面对面的交流过程中，逐步暴露各自的心智模式并加以改进。

管理者如果将辩护与探询的技巧合并运用，通常会产生更佳的学习效果。这种方式被称为相互探询。所谓相互探询，是指每一个人都把自己的想法明确地表达出来，并接受公开检验。这可以在组织中创造出真正不设防的气氛，没有人隐匿自己看法背后的证据或推论。当探询与辩护兼顾时，人们不会只探询别人看法背后的证据或推论，而是先陈述自己的看法并说明自己的假设和推论，并以这种方式来邀请他人深入探询。如人们可能说："我的看法是这样的，我是这样产生这个看法的。你认为如何？"

（4）对比拥护的理论和使用的理论

通常人们所拥护的理论和人们所使用的理论之间存在一定的差距。差距的出现本身是一种很正常的现象，但问题是不能诚实地面对和说出这个差距；除非承认心中拥护的理论与现实行为之间的差距，否则就无法学习。因此，对大多数人而言，重要的是找出这个差距，并对其进行分析，然后设法缩小这个差距。

3. 第三项修炼：建立共同愿景

共同愿景就是组织中大家共同愿望的景象。它是人们心中一种深受感召的力量。在人类群体活动中，很少有像共同愿景那样能激发出群体的强大力量的力量存在。企业中的共同愿景会改变员工与企业的关系，让员工不再有"他们的公司"的想法，产生"我们的公司"的想法。共同愿景使互不信任、极端不同的人在一起工作，使他们产生一体感。如果没有共同愿景，人们将无法想像福特、苹果电脑等公司会取得惊人成就。

共同愿景对于学习型组织是至关重要的，因为它为学习提供了焦点与能量。有了衷心渴望实现的目标，大家就会努力学习，追求卓越。不是他们被要求这样做，而是因为自己想要如此。在缺少共同愿景的情形下，组织内充其量只会产生"适应性的学习"。只有当人们致力于实现他们关切的事情时，才会产生"创造性的学习"。学习型组织的关键在于持续扩展的能力。如果没有共同愿景，就不会有学习型组织。建立共同愿景的修炼包括以下内容。

（1）鼓励建立个人愿景

共同愿景是由个人愿景汇聚而成的。如果没有自己的愿景，组织成员所能做的就仅仅是附和别人的愿景，只能是顺从，没有表述发自内心的意愿。因此，组织要建立共同愿景，就必须不断鼓励其成员发展自己的个人愿景，必须从个人的愿景目标出发，即个人愿景目标是组织愿景的基石。因为只有个人愿景目标才能真正激发一个人的力量，才能使人真正地投入到组织中去。组织共同的愿景目标应是组织内各式各样个人愿景目标经过交流协同后的产物，无论愿景目标出自组织的高层还是中层，最重要的是它必须要在每个层次之间交流过，这样才可能在组织中形成共同的愿景目标。

（2）在组织内塑造整体图像

当一群人分享组织的某个愿景时，每个人都有一个完整的组织图像，每个人要分担整体责任，而不是仅仅只对自己的那一小部分负责任，即组织愿景的实现要靠组织成员的共同努力。当更多的人分享共同愿景时，将形成组织成员的整体图像。组织愿景本身虽然不会发生根本性的转变，但是愿景会变得更加生动、真实，使得人们能够真正在心中想象愿景逐渐实现的景象。当组织成员在孕育个人愿景时，他们或许会说，那是"我的愿景"，但是当共同愿景形成以后，就变成既是"我的"也是"我们的"。

（3）融入企业理念

建立共同愿景实际上只是企业基本理念的一部分，其他还包括目的、使命与核心价值观。愿景若与人们信仰的价值观不一致，不仅无法激发组织的真正热忱，反而有可能使得人们因为挫败或失望而对愿景采取嘲讽的态度。因此，共同愿景必须与企业基本理念的其他内容融合在一起。

（4）学习双向沟通技术

在组织中，彼此的愿景真正被分享与融汇不是一蹴而就的。共同愿景是由个人愿景互相推动形成的，经验告诉我们，愿景若要真正共有，需要经过不断的交谈，只有这样，个人才能自由自在表达自己的想法，并学会聆听其他人的想法，在聆听之中逐渐融汇出更好的构想。因此，对于管理者而言，应当运用双向沟通技术向员工阐明共同愿景，并将这项工作贯穿到组织的日常工作与生活中去。

（5）忠于事实

建立共同愿景必须客观分析组织所面临的客观现实，并将客观现实与共同愿景之间的差距转化为组织的创造性张力。学习型组织的建立并不是去追求一个虚无缥缈的愿景，而是踏踏实实地工作，不断检验愿景，不断追求真相。因此，忠于事实对于组织建立共同愿景是非常重要的。

4. 第四项修炼：团队学习

一项研究表明：在一个管理团体中，大家都认真参与，每个人的智商都在 120 以上，但集体的智商却远远低于这个数字。团队学习的修炼即针对这一现象并企图使之摆脱这种困境。团队学习是发展团队成员相互配合、整体搭配与实现共同目标能力的学习活动及其过程。

团队是组织中最关键的、最佳的学习单位。通过在组织内建立更多的学习团队，可建立起整体组织一起学习的风气。当团队真正在学习的时候，不仅团队整体会产生出色的成果，个别成员成长的速度也比其他的学习方式快。

团队学习的修炼要学会运用深度会谈和讨论这两种不同的团体交谈方式。

在深度会谈时，人们自由和有创造性地探讨复杂而重要的问题，先撇开个人的主观思维，彼此用心聆听，达到一起思考的境地。讨论则是提出不同的看法，并加以辩护。深度会谈和讨论基本上是能互补的。通常人们用深度会谈来探讨复杂的问题，用讨论来就某些问题达成协议。一个学习型的团体要善于交叉运用深度会谈与讨论这两种能力。

5. 第五项修炼：系统思考

自幼我们就被教导把问题加以分解，把世界拆成片片断断来理解。这显然能够使复杂的问题容易处理，但是无形中，我们却付出了巨大的代价——全然失掉对"整体"的连属感，也不了解自身行动所带来的一连串后果。

无数事实表明，人们由于倾向于将焦点放在系统中的某一片段，所以总也想不通为什么组织中一些最根本的问题一直得不到解决。要想真正认清和解决问题，就必须把问题放回它所处的系统中来思考。系统思考就是"看见整体"的一项修炼。它能让人们看到组织中各种事件不只是单一事件而是相互联系的，看见事务渐渐变化的过程而非稍纵即逝的一瞬间，可以使人们敏锐地觉察到系统整体的各个组成部分的微妙"搭配"。

动态系统是非常微妙的，只有当我们扩大时空范围深入思考时，才有可能辨识它整体运作的微妙特性。如果不能洞悉它的微妙法则，那么置身其中处理问题时，往往会不断受其愚弄而不自知。下面我们将介绍和许多常理相违背但却和一些古老的智慧相契合的法则。

（1）今日的问题来自昨日的解决方案

我们常常不知道产生问题的原因为何，事实上，此时你只需审视自己以往对其他问题的解决方案，便可略窥一二。因为今日的问题经常来自昨日的解决方案。向来销售领先的公司，可能发现这季的销售锐减。为什么？因为上一季高度成功的折扣活动，吸引许多顾客提前购买，而使本季市场需求剧降。又如一位新上任的管理者为了控制成本而减少库存，也会导致销售员花更多的时间向顾客解释为何延迟交货。

以上解决问题的方式，只是把问题从系统的一个部分推移到另一个部分。但是当事者却未察觉到这种推移。这是因为在系统中解决第一个问题者和承接新问题者经常不是同一人。

（2）越用力推，系统反弹力量越大

补偿性回馈指善意的干预引起了系统的反应，但这反应反过来抵消干预所创造的利益。身为个人或组织常不自觉地陷入补偿性回馈的陷阱，还以自己的努力不懈为荣。当我们的努力未能产生持续改善的效果时，我们更加用力向前推，坚信努力工作将克服所有障碍，但这将使我们因无法看清自己而助长这些障碍。

（3）见糟之前先见好

那些效果不好的干预措施之所以能引诱许多人采用，是因为在短期内人们确实可看到一些效果：新房屋建好了，失业的人受了训练，饥饿的孩童获得照顾，不足的订单有了补货，等等。然而补偿性回馈通常要经过一段时间的"滞延"——短期利益和长期弊害之间的时间差距，才会被发现。

许多管理的干预行为，常在恶果显示之前呈现良好状况的假象。

（4）显而易见的解往往无效

在日常生活中，应用熟悉的方法来解决问题，好像最容易，因此人们往往固执地使用自己最了解的方式。当人们努力地推动熟悉的解决方案时，根本的问题却没有得到改善，甚至更加恶化。

（5）对策可能比问题更糟

有时候容易的或熟悉的解决方案不但没有效果，反而造成极危险的后遗症。比如说，有些人以饮酒来消除压力，没想到后来却养成酗酒的恶习。短期改善导致长期依赖的例子很多，系统思考学者称这个现象为"舍本逐末"，即把担子转给干预者。

（6）欲速则不达

这是一个老故事：乌龟跑得慢，但是它最后赢得比赛。企业界人士通常希望的成长速度是：快、更快、最快。然而实际上所有自然形成的系统，从生态到人类组织，都有其成长的最适当速率，而此最适当速率远低于可能达到的最快成长率。当成长过速，系统自己会以减缓成长的速度来寻求调整。然而在组织中，这种调整常会使组织被震垮，是极其危险的。无论是管理者、政府官员、社会工作者或其他角色，当面对复杂社会系统中令人不满的问题且试着有所作为时，常常因为看到这些系统的运作如何阻挠行动而感到非常气馁。这些系统运作所产生的干扰，甚至可以成为他们放弃行动的借口，因为行动可能使事情更糟。然而系统思考的真正含义不是不行动，而是一种根植于新思考的行动。以系统思考处理问题比一般处理问题的方式更具挑战性，也更有希望。

（7）"因"与"果"在时空上并不紧密相连

以上所有的问题，皆源于复杂的人类社会系统的基本特性："因"与"果"在时间与空间上并不是紧密相连的。所谓的"果"，是指问题的明显症状，例如失业、贫穷、生意上订单减少以及利润下降等。而"因"是指与症状最直接相关的系统互动，如果能识别出这种互动，就可以产生持久的改善。为什么这是一个问题？因为大多数人往往假设因果在时间与空间上是很接近的。如在企业中，如果生产线发生问题，便在生产方面找寻原因。问题的根源不是问题的艰难度，而是我们自己。在复杂的系统中，事实真相与习惯的思考方式之间，有一个根本的差距。修改这个差距的第一步，就是要撇开"因""果"在时间与空间上是接近的观念。

（8）寻找小而有效的高杠杆解

有些人称系统思考为"新的忧郁科学"，因为它告诉我们：最显而易见的解决方案通常是没有功效的，这些方案也许会使良好局面短期内出现，但长远看来只会使事情更恶化。但是另一方面，系统思考也显示，小而专注的行动，如果用对了地方，能够产生重大、持久的改善。系统思考家称此项原理为"杠杆作用"。处理难题的关键在于看出高杠杆解的所在之处，也就是以一个小小的改变去引起持续而重大的改善。但要找出高杠杆解是不容易的，因为它们与问题症状之间存在时空上的差距。找高杠杆解是一种挑战，但是这种挑战也使生命意趣盎然。

（9）鱼与熊掌可以兼得

有的时候，即使是最两难的选择，当我们用系统的观点来看时，也会发现它们根本不存在什么矛盾。一旦采用深入观察变化过程的"动态流程思考"，我们便能识破静态片段思考的错觉，从而看到全新的景象。对许多进退两难的矛盾，在短时间内，我们或许必须二者择一。但从长时间来看，真正的杠杆解应当是在经过一段时间以后，使二者都能得到改善的解决办法。

（10）不可分割的整体性

生命系统有其完整性，组织也是一样。要了解组织中管理问题的症结，必须先了解产生这些问题的系统整体。"盲人摸象"的故事便很好地说明了这个法则的论点。这也与许多公司制造、行销、研究的主管的观感有类似之处。每一位主管都清楚地看到了公司的问题，但是没有一个人看见自己部门的政策如何与其他部门的政策互动。按照这些人思考的方式，他们永远不会知道一头"大象"的全貌。

关于如何判断整体，有一个很重要的原则：我们应该研究的互动因素是那些与要解决的问题相关的因素，而不是以我们的组织或系统中因功能而划分的人为界限为出发点。这个原则称为"系统边界原理"。然而实际要应用这个原理却有困难，因为组织的设计往往让人看不清楚任何重要的互动。

第三章

工作分析

一、工作分析概述

工作分析就是对有关工作职责、工作活动、工作条件及工作对人身安全危害程度等工作特性方面的信息所进行的描述。

1. 工作分析的概念

工作分析是指从不同个体的职业生涯与职业活动的调查入手，分析工作的职务、职位、职责、工作任务与工作要素，从不同层次上确定工作的性质、繁简、难易与承担的资格条件，即确定工作的职系、职组、职门、职等与职级。以上出现的若干专门术语是职务分析操作过程中经常出现的，也是在进行职务分析之前应当明确理解的。

工作要素，是指工作活动中不能够再继续分解的最小动作单位。例如，速记人员速记时，能正确书写各种速记符号，能使用计算机、签字、打电话、发传真等。

任务，是指为了达成某种目的而进行的一系列工作要素，是职位分析的基本单位，是对工作职责的进一步分解。

职责，是指某人担负的一项或多项相互关联的任务集合。例如，人事管理人员的职责之一是进行工资调查。这一职责由下列任务所组成：设计调查问卷，把问卷发给调查对象，将结果表格化并加以解释，把调查结果反馈给调查对象。

职位，是指某一时间内某一主体所担负的一项或数项相互联系的职责集合。例如，办公室主任同时担负单位人事调配、文书管理、日常行政事务处理三项职责。在同一时间内，职位数量与员工数量相等，有多少位员工就有多少个职位。

职务，是指主要职责在重要性与数量上相当的一组职位的集合或统称。例如，开发工程师就是一种职务，秘书也是一种职务。职务实际上与工作是同义的。在组织中，一种职务可以有一个职位，也可以有多个职位。如组织中的法律顾问可能只有一个职位，而开发工程师则可能有多个职位。

职业，是指不同时间、不同组织中，工作要求相似或职责平行（相近、相当）的职位集合。如会计、工程师等。

职系，由两个或两个以上的工作组成，是职责繁简难易、轻重大小及所需资格条件不同，但工作性质充分相似的所有职位集合。例如，人事行政、社会行政、财税行政、保险行政等均属于不同职系，销售工作和财会工作也是不同职系。

职组，是指若干工作性质相近的所有职系的集合。例如，人事行政与社会行政可并入普通行政组，而财税行政与保险行政可并入专业行政组。

职门，是指若干工作性质大致相近的所有职系的集合。

职级，是同一职系中职责繁简、难易、轻重及任职条件充分相似的所有职位集合。

职等，是指不同职系之间，职责的繁简、难易、轻重及任职条件要求充分相似的所有职位的集合。

职业生涯，是指一个人在某工作生活中所经历的一系列职位、工作或职业。

2. 工作分析的意义

（1）工作分析在人力资源规划中的意义

在制定人力资源规划之前，首先应对组织中现有岗位进行审查。组织现存的工作说明书一般含有这一审核所需要的详细资料，包括目前工作的工种、工作的数量以及这些工作之间的隶属关系。工作分析为组织制定有效的人力资源规划、预测方案和人事计划提供可靠依据。每一个组织对于本组织或本部门的岗位安排和人员配备，都应有一个合理的计划，并根据组织发展趋势做出人力资源规划和预测方案。

面临不断变化的市场条件，能有效地进行人力资源规划和预测，对于组织的生存和发展至关重要。一个组织中有多少种工作岗位，这些岗位目前的人员配备能否达到工作职务的要求，今后几年内职务和工作将发生哪些变化，每项工作需要什么样的知识、技能和素质，组织的人员结构需要做什么样的调整，几年甚至十几年内人员增减趋势如何，后备人员素质应达到什么水平等问题，都可根据工作分析做出适当处理和安排。

（2）工作分析在招聘、选拔和调整中的意义

工作分析为组织人员招聘、选拔和安置提供有效依据。通过工作分析，能够明确规定工作岗位近期和长期目标，掌握工作的静态和动态特点，提出有关人员心理、生理、技能、文化和思想等方面的要求，选择出工作的具体程序和方法。在此基础上，就可以进一步确定选人、用人的标准，以实现人岗匹配、有效利用组织资源的目的。有了明确而有效的标准，通过心理测评和工作考核，就可以选拔和任用符合工作需要和岗位要求的合格人员。

组织在制定了工作要求细则之后，便可着手计划如何招聘用于填补预期职位空缺所需的雇员。填补岗位空缺既可以从内部选用，也可以从外部招聘。在招聘过程中，如果招聘者不知道胜任某项工作所必需的资格条件，那么招聘和挑选将成为漫无目的的无效劳动。如果没有适时的职位说明书和任职说明书，就去盲目地招聘和选择员工，将达不到好的效果。

（3）工作分析在人员培训与开发中的意义

根据工作分析资料制定的培训计划，能有针对性地开展各种培训活动和设计员工的职业生涯。同时，通过工作分析，可以明确从事该岗位工作所应具备的技能、知识和素质。这些条件和要求，并非人人都能够满足和达到，必须对员工进行不断的培训和开发。因此，可以按照工作分析的结果，设计和制定培训方案，根据实际工作要求和聘用人员的不同情况，有区别、有针对性地安排培训内容和方案，以促进员工技能的提高和发展，不断提升工作效率。

工作分析还可以为职业咨询和职业指导提供有效、可靠的信息。职业咨询和指导是人力资源管理的一项重要内容。工作分析确定了各项工作所

应包括的工作事项，可以使有关人员向求职者和新员工更准确地介绍工作。另外，工作分析文件还向员工表明组织对那些希望承担某项职务的员工的期望是什么。这方面的信息有助于员工制定自己的职业发展计划。通过与工作分析相对照，员工可以发现自己在哪些方面存在不足，从而可以有针对性地提高自己，以便为职业生涯的进步创造条件。从组织角度看，组织在促进员工发展与提高方面所进行的各种培训和培养工作的效果将部分取决于工作分析文件的完善程度。

（4）工作分析在绩效管理中的意义

工作分析可以为工作考评和升职提供标准和依据。工作考评和职务提升如果缺乏科学依据，将影响员工的积极性，最终使工作受到影响。工作分析结果可用来制定各项工作的客观标准和考核依据，也可以作为职务提升和工作调配的条件和要求。

工作分析还可以提高工作效率。通过工作分析，一方面有了明确的工作任务要求，组织可以建立起规范化的工作程序和结构，使工作职责明确、目标清楚；另一方面，明确了关键的工作环节和作业要领，组织能充分利用和安排工作时间，员工能更合理地运用技能，增强工作满意感，从而提高工作效率。

（5）工作分析在薪酬管理中的意义

工作分析可以帮助组织建立先进、合理的工作定额和报酬制度。工作和职务的分析，可以为各种类型的工作或各种任务确定先进、合理的工作定额。所谓先进、合理，就是在现有工作条件下，经过一定的努力，大多数人能够达到、其中一部分人可以超过、少数人能够接近的定额水平。它是动员和组织职工提高工作效率的手段，是工作和生产计划的基础，也是制定部门定员标准和工资奖励制度的重要依据。工资奖励制度与工资定额和技术等级标准密切相关。把工作定额和技术等级标准的评定建立在工作分析的基础上，就能够制定出比较公平合理的报酬制度。

工作分析文件在制定报酬计划方面也具有重要价值。在用货币体现某项工作的价值之前，必须了解其对组织的相对价值。一般来说，工作的职责越重要，员工所从事的工作难度越大，工作要求的知识、技能和素质越高，相应报酬也就越高。比如要求硕士学位的岗位的相对价值应高于只需要具有本科学历的工作。工作分析信息可用来确定任务、职责的权重，对难度较大的工作给予较大的权数，从而付给更高的报酬。

（6）工作分析在劳动关系中的意义

通过工作分析，不但可以确定职务的任务特征和要求，建立工作规范，而且还可以检查工作中不利于发挥人们积极性和能力的因素，并发现工作环境中有损工作安全、加重工作负荷、造成工作疲劳与紧张以至影响社会心理气氛的各种不合理因素。工作分析有利于改善工作设计和整个工作环境，从而最大限度地调动工作积极性和发挥技能水平，使人们在更适合于身心健康的安全舒适的环境中工作。同时，依据工作分析中对工作环境的分析和说明，可以提醒组织和人员对危险场所和设施采取适当的措施，以减少或消除工伤和职业病的发生。

在考虑安全与健康问题时，来自于工作分析的有关信息也很有价值。如组织应该说明一项工作是否具有危险性，组织应该在工作分析文件中将这一点体现出来，而且在某些具有危险性的工作中，员工为了安全地完成工作，也需要了解一些有关的信息。

（7）工作分析在岗位评价中的作用

工作分析是岗位评价的基础，任何一种岗位评价方法的基础工作都是进行工作分析。只有根据科学的工作分析所获得的资料才能作为进一步评价组织中各个岗位的相对价值，并进一步对岗位进行分级评定的依据。

（8）确保所有的工作职责都落到实处

工作分析还有这样一项十分重要的意义，那就是确保所有必须完成的工作任务都确定无疑地被分配到各个特定的岗位上去。例如，在分析生产经理的现有工作时，你可能会发现虽然该经理报告说，他自己所承担的工作包括制定每周生产计划、购买原材料、管理手下一线监督人员的日常活动等20多项内容，但他却根本没提及原材料或库存产成品的管理这一工作内容。经过进一步的调查之后，你可能会发现，生产部门中竟然没有任何人对库存管理负责。这样，你所进行的工作分析（不是根据那些员工报告说他们的工作职责有哪些，而是根据你自己对这些工作应该完成哪些任务的了解所做出的判断）就发现了一些必须被分派到某个具体的岗位，但却被忽略了的职责。像这一类被忽略的工作职责常常可以通过工作分析被挖掘出来。这样，工作分析在挽救可能因此而造成的严重后果方面就能够起到积极的作用。

3. 工作分析的作用

工作分析不但是人力资源开发与管理中的一种手段，也是整个组织管理系统中的方法与技术，因此工作分析属于方法论的学科范畴。

工作分析是整个人力资源开发与管理的奠基工程，在人力资源开发与管理过程中，具有十分重要的作用和意义。

（1）工作分析是整个人力资源开发与管理科学化的基础

人力资源管理过程包括岗位设计、招聘、配置、培训、考核、付酬等环节。其中，岗位设计要以岗位职责与职务说明书为依据，招聘要以职位说明书为依据，配置要以工作要求为依据，培训要以工作内容和要求为依据，考核要以工作目标为依据，付酬要以岗位职责大小、所需技能高低与实际贡献大小为依据。这一切都要以工作分析为基础。

1）工作分析是人力资源规划的重要基础和依据。人力资源部门对组织的发展提供战略性支持主要体现在人力资源规划方面，工作分析可以帮助组织确定未来的工作需求以及完成这些工作的人员需求。

2）工作分析为人员招聘与甄选提供基础参照标准。科学的工作分析为招聘过程中用人标准的确定、招聘信息的发布、应聘简历的筛选、面试工具的选择和设计，提供了重要的参考与基础信息。

3）工作分析使人员培训和开发更具有针对性。员工培训是现代组织人力资源开发的主要手段之一，是开发人的潜能、调动广大员工积极性、提高员工综合素质的有利保障。而工作分析犹如提供了岗位的刻度，可测出上岗人员的水平高低。因而有了工作分析的基础，培训工作将更加具有针对性。

4）工作分析为建立客观、公正的绩效考评体系提供依据。绩效考评是人力资源管理的关键环节，而要实现绩效管理，最基本的便是评价标准了。工作分析对工作的任务、性质以及期望的绩效水平做了相关的规定，为制定客观、公正的价值评价体系奠定了基础。

5）工作分析是岗位评价、薪酬体系设计的基础。根据对组织的目标及各自职责的分解，确定了各自的岗位职责，为通过岗位评价进一步确定职位级别提供了条件。岗位评价内容通常包括职责范围大小、工作复杂难易程度、工作强度、工作条件等要素。它确定了组织内部各个职位的相对重要性，解决了内部的薪酬公平性评价的基础问题。有了职位等级和薪酬方案，便可以确定每个职位的薪酬水平。

6）工作分析为个人职业发展规划提供了帮助。岗位说明书对上岗人员的知识、技能、经验与能力作出了明确的规定。同时，在工作过程中对于绩效标准的传达，使员工明确了组织的期望。通过对照岗位说明书，可以加强自身行为的改进，使员工体验到成就感、责任感。同时，岗位说明书明确了职位上升的空间，便于员工个人根据组织的目标来拟定个人的发展规划。

7）完整的工作分析对支持雇佣实践中的合法性及建立员工劳动关系具有重要意义。我们需要工作分析资料为有关升职、调动和降职的决策提供依据。

总之，工作分析是人力资源开发与管理中起核心作用的要素，是人力资源开发与管理的工作基础。只有做好了工作分析，才能做好人力资源开发与管理的其他工作。

（2）工作分析是提高现代社会生产力的需要

社会生产力的提高表现为生产效率与生产质量的提高。而提高生产效率与生产质量，关键在于简化工作程序，改进生产工艺，明确工作标准与要求，让每个人从事其最适合的工作，以达到最好的工作效果。

随着现代生产过程越来越复杂，企业规模越来越大，工艺流程越来越长，分工越来越细，具体的劳动形式和生产环节越来越多，对劳动协作在空间和时间上的要求也越来越高。为了科学地配置与协调不同劳动者的工作，必须对生产过程分解后的基本单位——工作岗位进行科学的分析。

（3）工作分析是组织现代化管理的客观需要

传统的管理模式有值得借鉴的地方，但也有不少弊端，主要表现在以下几方面。

1）凭经验管理。

2）重视物力、财力因素而忽视人力因素的作用。

3）重视人的现有能力而忽视对人的潜能的发掘。

在现代社会生产中，工作效率的提高越来越依赖人力因素的作用。因此现代管理的突出特点是强调以人为中心，强调在工作分析的基础上进行工作再设计和恰到好处地定员、定额，为工作者创造和谐的人际关系和组织氛围，创造良好的工作条件和工作环境，控制各种有害因素对人体的危害和影响，保护工作者的身心健康，以激发工作者的自觉性、主动性与创造性，从而满足现代化管理的需要。

（4）工作分析有助于实行量化管理

现代企业管理实践表明，提高效益要依靠好的政策和技术进步，更要依靠严格和科学的管理。实行严格和科学的管理需要一系列的科学标准与量化方法。而工作分析通过岗位工作客观数据和主观数据分析，充分揭示了整个劳动过程的现象与本质的关系，有助于整个企业管理逐步走向标准化与科学化。

（5）工作分析有助于人员测评、工作评价、定员、定额、人员招聘、职业发展设计与指导、薪酬管理及人员培训的科学化、规范化和标准化

人员测评内容的分析、指标体系的制定与标准确定，如果不是建立在科学的工作分析的基础上，很可能是主观臆断与不科学的。既使这些指标是现成的，也应该经过工作分析的检验。

工作评价必须建立在工作分析的基础上。一般来说，工作分析与工作评价是一体化的，如果没有工作分析，工作评价就是无源之水，而工作评

价的一切根据都依赖于工作分析。

定员、定额也是以工作分析结果为基础的。一份工作应该由几个人去干，每个人单位时间内该干多少、能干多少，不能凭主观想象确定，也不能凭感觉去制定。应该深入工作现场进行调查，进行工作分析，然后才能科学地定员、定额。

薪资报酬取决于任职者所具备的素质和资格条件、工作的强度和难度、职责大小及环境优劣等因素，人员招聘取决于空缺岗位所需要的资格要求，人员培训取决于人员素质与岗位要求的差异。这些信息的准确获得都依赖于工作分析。

（6）工作分析对于人力资源管理研究者也是不可缺少的

人力资源管理研究者主要研究人力资源管理的现象与规律。所有人力资源活动中的"人"与"事"及其关系是整个人力资源管理研究的基本点。其中，"事"是内核，"人"在这里不是一般意义的人，是与一定"事"即工作相联系的"人"，是在职人员或求职人员。因此，对人力资源管理进行深入而科学的研究，不掌握工作分析的理论和方法是不行的。

二、工作说明书的编写

工作说明书作为组织重要的文件之一，是对某项工作的性质、任务、责任、权限、工作内容和方法、工作环境和条件以及相应任职人的资格条件所作的书面记录。通过工作分析程序所获得的资料，经过归纳与整理，可撰写成工作说明书。

1. 工作说明书的内容

一般说来，工作说明书的编写过程无固定模式，需要根据企业工作分析的特点、目的与要求来确定编写条目。工作说明书一般包括以下内容。

（1）工作标识

包括工作的名称、编号、工作所属部门或班组、工作地位、工作说明书的编写日期、编写人与审核人和文件确认时间等项目。

（2）工作综述

工作综述是描述工作的总体性质，即列出工作的主要特征以及主要工作范围。应尽量避免在工作综述中出现笼统的描述，比如"执行需要完成的其他任务"是应该避免的。虽然这样的描述可以为主管人员分派工作提供更大的灵活度，但实际上，一项经常可以看到的工作内容未被明确、清晰地写进工作说明书，而只是用"所分配的其他任务"一类的文字，这就很容易为回避责任找到托词，使得对工作的性质以及员工需要完成的工作的叙述出现有意无意的遗漏。

（3）工作活动和程序

工作活动和程序包括所要完成的工作任务、职位责任、所使用的工具以及机器设备、工作流程、与其他人的联系、所接受的监督以及所实施的监督等内容。

（4）工作条件与物理环境

简要地列举有关的工作条件，包括工作地点的温度、湿度、光线、噪声程度、安全条件和地理位置等内容。

（5）内外软性环境

内外软性环境包括工作团队中的人数、完成工作所要求的人际交往的数量和程度、各部门之间的关系、工作现场内外的文化设施和社会习俗等内容。

（6）工作权限

工作权限包括工作人员决策的权限和行政人事权限、对其他人员实施监督权以及审批财务经费和预算的权限等内容。

（7）工作的绩效标准

工作说明书中还需包括有关绩效标准的内容，即完成某些任务或工作量所要达到的标准。这部分内容说明企业期望员工在执行工作说明书中的每一项任务时所达到的标准或要求。比如要确定绩效标准，只要把下面的话补充完整就可以了："如果你做到这样……我会对你的工作很满意。"对于工作说明书中的每一职责和任务都能按照这句话指引叙述完整，自然就贴近和形成一套较完整的绩效标准。

（8）聘用条件

包括工作时数、工资结构、支付工资的方法、福利待遇、该工作在组织中的正式位置、晋升的机会、工作的季节性、进修与学习的机会等内容。

（9）工作要求

主要说明担任此职务的人员应具备的基本资格和条件，基本分为以下几类。

1）一般要求：包括年龄、性别、学历和工作经验。

2）身体要求：包括健康状况、力量与体力、运动的灵活性和感觉器官的灵敏度。

3）心理要求：包括观察能力、学习能力、解决问题的能力、语言表达能力、人际交往能力、性格特点、品格气质和兴趣爱好等内容。

2. 工作说明书的编写要点

工作说明书在组织管理中的地位极为重要，是人力资源部门与相关用人部门进行人员招聘和考核的重要参考和决策依据。一份实用性强的工作说明书应注意下列几点。

（1）清晰明白，简短扼要

在编写工作说明书时，对工作的描述必须清晰透彻，让任职人员读过以后，可以准确地理解工作内容、工作程序与工作要求等内容，无须再询问他人或查看其他说明材料。应避免使用原则性的评价，同时对较专业且难懂的词汇必须解释清楚，以免在理解上产生误差。这样做的目的是为了让使用工作说明书的人能够清楚地理解这些职责。

整个工作说明书必须简短扼要，以免因过于复杂、庞大而不便于记忆。在描述一个岗位职责时，应该选取主要的职责进行描述，一般以不超过十项为宜，对于兼职的可做出必要的补充或说明。

（2）具体细致，完整统一

在说明工作的种类、复杂程度、任职者须具备的技能、任职者对工作各方面应负责任的程度等问题时，用词上应尽量选用一些具体的动词，尽量使用能够准确表达意思的语言。应运用"安装"、"加工"、"设计"等词汇，避免使用笼统含糊的语言，如在一个岗位的职责描述上，使用了"处理文件"这样的文句，显然有含混不清的成分。"处理"是什么意思呢？因此，在具体编写时，需要仔细区分到底是对文件进行分类，还是进行分发。通过使用具体的词汇，指出工作的种类和复杂程度、任职者需具备的具体技能和技巧以及应承担的具体责任等内容。

在工作分析中，针对不同的任务和主体，应当选择使用不同的动词。表 3 – 1 列举出了一些工作分析中常用的动词供人力资源工作者参考。

表 3 – 1　工作分析中常用的动词举例

对象或主体	动　词
计划、制度	编制、制定、拟定、起草、审定、审查、转呈、转交、提交、呈报、存档、提出意见
信息、资料	调查、收集、整理、分析、归纳、总结、提供、汇报、通知、发布、维护管理
思考行为	研究、分析、评估、发展、建议、参与、推荐、计划
直接行动	组织、实行、执行、指导、控制、采用、生产、参加、提供、协助
上级行为	主持、组织、指导、协调、指示、监督、控制、牵头、审批、审定、批准
下级行为	核对、收集、获得、提交、制作
其　他	维持、保持、建立、开发、准备、处理、翻译、操作、保证、预防、解决

一般工作说明书需要专家共同参与撰写，由岗位任职人的主管审定，由人力资源部存档时需从程序上保证文件的全面性和完整性。工作说明书是企业人力资源管理系统的重要文件资料，文件格式统一，要参照典型工

作说明书样本编写。

（3）根据需要及时沟通，并进行总结修改

工作说明书的编写最好在一个固定的办公地点由小组成员统一进行，以便及时沟通。每个成员侧重编写本部门或个人最为熟悉的工作说明书，或者所有负责工作说明书编写的小组成员同时针对一个部门进行编写，在这一过程中可临时借调熟悉该部门情况并能较为客观地分析评价本部门职位的人员参加，一个部门完成之后再进行下一个部门。

编写过程中要定期、定时进行全组成员沟通，以便及时纠正偏差，并形成统一风格。同时，每个成员在编写过程中要及时与相应部门的主管及相应职位的工作执行人进行沟通，使工作说明书尽可能与职位的实际情况相符合，并取得职务承担者的理解和认同。

工作分析小组对完成的工作说明书进行总审，将工作分析信息拟写的"工作说明书"与实际工作进行对比，根据对比的结果决定是否需要再次调查研究，并进行修改。汇总后向领导小组汇报，如有必要再做个别修正和调整。最后对说明书进行编辑存档，以备后用。

（4）动态管理

随着时代的进步和企业的发展，企业中部门的职责与工作内容也会不断地发生变化，尤其是网络时代的新兴行业更是如此。一般而言，工作说明书应该至少每1~2年修改一次，根据行业的发展和职责的变化情况灵活进行修改间隔时间选择。但当企业发生重大组织变革或战略调整时，应及时修订工作说明书，以保证其具有较强的应用性。因此，工作说明书的编写要求简洁实用、重点突出，项目不宜过多，并制定动态管理制度，由专人负责管理更新。

总之，一份合格的工作说明书能有力地阻止企业内各工作岗位之间互相扯皮、推诿的现象。同时，工作说明书的编写也有利于改进工作方法，可以作为人员招聘、培训、任用、提升、调动、评价等人力资源管理职能的依据。在现实中，企业不仅应该编写好工作说明书，更需要用好工作说明书，以优化人力资源管理系统，提高人力资源管理水平。

三、工作设计

1. 工作设计的概念

工作设计也叫岗位设计，是在岗位分析的基础上，对岗位应该干什么、怎么干、什么样的人可以干、使用什么工具干等做出选择和规定，中心任务是为企业人力资源管理提供依据，保证事（岗位）得其人、人（员工）尽其才、人事相宜。岗位设计和岗位分析存在非常密切的联系，可以说是紧密交织在一起的。岗位分析的结果（工作说明书或岗位规范）必须以良好的设计为基础，才能发挥其应有的作用，实现工作分析的目标。从岗位分析的全过程来看，在岗位调查以后，如果发现岗位设计不合理、存在严重缺陷，应采取有效措施来改进岗位设计，使工作说明书、岗位规范等人事文件建立在科学的岗位设计基础上。同时，岗位设计要建立在科学的工作分析基础之上，要使用工作分析所提供的信息。

2. 岗位设计的基本原则

岗位设计应坚持以下基本原则。

（1）目标一致性原则

岗位设计以企业战略为指导，应结合组织的任务和目标因事设职、因职设人。进行岗位设计时，不仅要充分考虑每个岗位的具体情况，还要从企业生产全过程出发，对岗位的设置进行总体评价，对企业应该设置多少岗位、设置什么样的岗位进行认真研究。

一般来说，某一组织中的岗位设置是由该组织的总任务决定的。"因事设岗"是设置岗位的基本原则，即虽然岗位是客观存在的，但应以"事"为中心设置，而不能"因人设岗"。企业需要多少岗位，就设多少岗位。需要什么样的岗位，就设置什么样的岗位。总之，一切都应该从生产经营活动的实际情况出发。

（2）分工与协作原则

组织部门的划分、业务的归口，应兼顾专业分工及协作配合。这就要求在观念上要有整体的目标和共同奋斗的意识，在制度上应明确各个岗位的分工、责任和协作的义务，且应将分工和协作结合起来。

（3）统一领导和分级管理原则

只有实行统一领导，才能保证组织协调。只有实行分级管理，才有利于发挥各级组织成员的积极性和创造性，才能保证组织的高效和灵活性。

（4）统一指挥原则

组织中指挥不统一是秩序混乱的根本原因之一，因此岗位设计应尽量避免多头领导。

（5）权责利相统一原则

岗位设计应严格保证组织中每一职位拥有的权利、获得的回报与其承担的责任相称。因为，权责利统一是调动不同岗位上员工积极性的必要条件。

（6）精干高效原则

这一原则要求岗位设置的数目符合最低数量原则，即是以尽可能少的岗位设置来完成尽可能多的工作任务。这样可以使组织各个岗位具有足够的人工内容和工作量，使组织的岗位数量最小化，能提高组织的运行效率、降低劳动力成本。

（7）有效管理幅度原则

管理幅度是同管理层次相互联系、相互制约，二者成反比例的关系，即管理幅度越大管理层次越少。对于管理岗位而言，由于不同组织中管理者的能力、精力以及组织的管理模式有所差异，使得不同组织中的管理幅度也不尽相同，但无论如何，岗位的管理幅度设计应该结合组织实际情况，应坚持有效性的原则。

3. 岗位设计的发展趋势

在现代化大生产条件下，企业劳动分工越来越细，严密的分工与协作虽然能够大幅度地提高劳动效率、促进生产的发展，但也带来一些问题，如工作单调乏味、缺乏趣味性和挑战性，致使劳动者情绪低落，产生厌倦心理。针对这种情况，经常可以采用以下措施来缓解。

（1）工作专业化

工作分工专业化的思想已经具有比较悠久的历史。自从亚当·斯密（Adam Smith）在《国富论》中系统论述工作分工专业化的思想以来，企业管理尤其是科学管理实践始终在不遗余力地坚持和贯彻这种工作设计思想和方法。

尽管目前企业的竞争更加激烈，环境更加复杂多变，企业的反应能力更加快速，企业的组织结构更加扁平化，企业的更多任务要依靠团队共同努力，人性化的工作设计要求在工作中考虑更多的满足和激励等等都正在冲击和挑战着这种传统的工作设计方法，但是，目前工作专业化依然是工作设计、职业分化的主流。因为正如亚当·斯密所言，专业化可以降低工作的难度和复杂程度以及企业对个别员工的依赖，减少员工对工作中的适应和学习时间，不断提高职工的劳动熟练程度和专业水平，降低劳动成本和提高劳动生产率。

（2）工作扩大化

工作扩大化包括以下两种形式。

1）横向扩大工作

如将属于分工很细的岗位合并，将由一人负责一道工序改为几个人共同负责几道工序；在单调的作业中增加一些变动因素，分担一部分维修保养、清洗润滑等辅助工作；采用包干负责制，由一个人或一个小组负责一件完整的工作；降低流水线传动速度，延长加工周期，用多项操作代替单项操作。

2）纵向扩大工作

如将经营管理人员的部分职能转由生产者承担，使工作范围沿组织形式的方向垂直扩大。如生产工人参与计划制定，自行决定生产目标、作业程序、操作方法，并检验、衡量工作质量和数量，进行经济核算。再如，生产工人不但承担一部分生产任务，还参与产品试验、设计、工艺管理等项技术工作。工作纵向扩大化使岗位工作范围扩大、责任增加，改变了员工对工作感到单调、乏味的状况，从而有利于提高劳动效率。

（3）工作丰富化

在岗位现有工作的基础上，通过充实工作内容，使岗位工作多样化，消除因从事单调乏味的工作而产生的枯燥厌倦情绪，从心理上满足员工的需要。为了使岗位工作丰富化，应考虑五个重要因素。

1）多样化，尽量使员工进行不同工序、设备的操作，实现"一专多能"。

2）任务的整体性，使员工了解所承担的任务与总任务、总目标、总过程的关系。

3）任务的意义，使员工明确本岗位任务完成的意义、作用。

4）自主权，员工自行设定目标或者自行安排具体工作时间。这种员工参与目标设定或者弹性的工作时间制度有利于增强员工的责任感。

5）反馈，员工可获得各种有关信息，特别是自己工作成果方面的信息。

工作丰富化使员工有更多的学习和成长机会、增长个人才能、增强工作的趣味性和挑战性，更好地实现员工个人价值，从而达到既提高工效、又增强心理上的满足感的良好效果。工作扩大化和工作丰富化虽然都属于改进岗位设计的重要方法，但两者存在明显差异。前者是通过增加任务、扩大岗位任务结构，使完成任务的形式、手段发生变更，后者是为员工提供获得身心发展和趋向成熟的机会，充实工作内容，促进岗位工作任务的完成。

（4）工作满负荷

在岗位分析中，应重视对岗位工作量分析，设计出先进合理的劳动定额和岗位定员，使每个岗位的工作量满负荷，使有效劳动时间得到充分利用。这是改进岗位设计的一项基本任务。如果每个岗位是低负荷的，那必然使成本上升，造成人力、物力和财力的浪费。如果工作是超负荷的，虽然能带来高效率，但这种效率不能长久维持，否则既影响员工的心理健康，又会加快设备的磨损。

（5）劳动环境优化

劳动环境即劳动场所、工作地。劳动环境优化是指利用现代科学技术，改善劳动环境中的各种因素，使之适合于劳动者的生理、心理，建立起"人—机—环境"的最优系统。

（6）工作轮换

工作轮换是指企业有计划地按照大体确定的期限，让员工轮换担任若干种不同工作的做法。从目前众多组织运用工作轮换的实践来看，工作轮换具有激励员工、促进员工不断学习和成长、适应组织变化、培养企业管理人才等多方面的作用。

四、工作分析的组织和实施

工作分析的组织和实施可以由中介咨询机构、高等院校、科研机构、企业或政府部门来操作。然而，为了在工作分析中实现资源互补、提高工作效率，可以选择由外聘专家进行设计指导，再由组织自身来实施操作。如果想少花钱多办事、办好事，可以首先考虑聘请高校与科研机构的专家。如果不考虑组织和实施的类型、范围及其特殊性，无论是一个组织内的工作分析活动，还是全国范围内的工作分析活动，都具有某些相互一致的组织和实施的基本步骤。对每一种工作分析来说，这些基本步骤是获得成功的关键要素。

1. 准备工作

（1）确定分析目标

工作分析的组织和实施投入较大，需要花费大量的时间、精力和金钱，因而在实施方案前，要确保它有助于某个或某些问题的解决。工作分析除了为招聘、培训、考评、薪酬管理提供基本依据外，还可以为解决以下问题提供信息与依据。

1）就业机构和企业间的联系不够紧密。

2）国内某些地区缺少熟练或其他急需的人员，而某些地区人员相对过剩。

3）员工缺勤率高。

4）事故多。

5）劳动生产率低下。

6）培训效果甚微。

7）太多的牢骚。

8）劳动力供求状况的信息短缺。

解决这些问题需要有关工作方面的准确信息，就意味着要通过工作分析寻找问题的真正原因。

（2）决定所需要的专门信息

要选择问题的种类和决定达到预期目的所需要的工作信息与资料的数量。如果是多重目标，就应该努力获取全部的工作信息与资料并记录，以适应不同的要求。

（3）取得认同和合作

对于所有的工作分析计划方案，不论是政府机构还是企业的领导者，充分了解方案目标、合作方法、所需费用、所耗精力，都是很重要的。因而，在计划实施前，应该把工作分析方案和计划向上级领导报告并争取他们的同意。

为了保证工作分析工作的顺利进行，上级领导应该能够深刻理解工作分析的方案，能向其他人对计划方案做出解释，并与其下属一起积极推行计划方案。计划方案要有明确的目的，要尽量取得中层管理者的支持。因为在计划方案的实施过程中，这部分人起着举足轻重的作用。

不论计划方案的可行性有多大，都要经过最高层领导人、中层领导和员工代表的共同讨论。尤其是员工代表，其代表着员工的利益，有很强的责任感。解释和讨论计划方案，是为了征求各方面的意见并取得统一。因此，对各层次人员提出的建议都应该充分考虑。

工作分析操作的要求及其作用也应该向相关单位的成员做出清晰而完整的说明，包括各级管理人员、员工代表以及全体工作人员，至少要向实施中涉及的每个人进行说明。目的在于使成员充分理解计划方案，并相信方案对组织、个人有好处。

（4）明确工作分析人员的责任

负责组织和实施工作分析的人员主要有两方面的责任：一是在基本步骤的框架中制定更为详细的工作计划，并要求员工下决心去做；二是审查与督促计划方案的实施。第一个责任涉及计划方案的组织与细化，第二个责任涉及计划方案的实施。虽然在操作过程中会有所变动，但在制定工作分析计划方案时仍应充分考虑以上两个责任。

（5）评估与计划

计划是为估计工作人员人数、计划和设计分析做准备。它通常表现为一张表格，包含所分析企事业组织中的各个职位名称以及各类工作人员的人数。各职位名称应该尽可能代表一项既独立又典型的工作，使得从这张表格中可以判断应该准备的工作分析表格的大致数量。

（6）估计需要的工时和分析人员人数

经验表明，通过工作分析时间的总量限制，可以估计出每个工作日应该完成工作分析表格的平均时数。这个数字并不包括计划和审查方案的时间以及编辑和检查工作分析表格的时间。一个工作日内一个人通常可以收集、整理与编辑6~8人的工作信息。如果上级领导给出表格的既定数量与限定时间，则可以估计出所需的人数及任务。

为了做好每个职位的分析工作，至少需要对每项工作有一个完整的观察分析与记录。否则，分析的结果很可能低于标准，会造成不必要的浪费。因此，如果可能的话，观察分析计划应该是对职位进行全工作日的分析方案。如果观察分析断断续续，那么工作分析的质量就会有所下降，所达到的效果也会受到影响。

（7）选择内容

当组织规模较大时，我们不可能分析全部职位的工作，因此要决定先分析哪些，后分析哪些。又因为客观条件千差万别，所以应该本着因地制宜的原则进行选择。

首先分析企事业组织内的工作由哪些职位构成，知道其中要分析的是哪几项内容或哪些指标。较小的组织机构职位很少，这项工作相对来说也就简单些。随着组织机构的增大，职位也相应增加，组织机构内的不同部门会出现工作重复现象，而且工作越来越多。有时，决定同一工作职位从属何种类别的时间会超过具体分析工作的时间。一般来说，在大中型企事业组织中，根据部门来分析工作较为经济。当然，这样做可能会导致对同一工作的多次重复分析。

如前所述，依据工作过程或功能的顺序进行工作分析比较可取。例如，把一种金属制成某种机器的一个零件的工作，较为便利的工作分析方法是从加工金属开始，然后分析机器部分的操作，依此类推。也就是说，工作分析应该从最简单的工作开始，把最复杂的工作留到最后分析。这样可以提高工作分析的效率。

通过上述七步工作，我们就可以形成"工作分析的计划书"。

2. 组织实施

（1）选择工作分析人员

在工作分析人员的选择方面，经验证明目前企事业组织做得不是很成功。一般人都认为担任工作分析的人员应该是职级较高的人，认为这些人比较善于分析，有良好的视觉能力和记忆能力、文化水平较高，可以与同事保持并发展良好的合作关系，同时熟悉多方面职位的工作、工艺和机器。但实际情况并非如此。符合上述条件的人员虽然很优秀，但他们在工作分析实践中不像人们想象的那么有价值。

在工作分析人员的选择和匹配上，要对整个组织的工作分析活动有一个通盘的考虑。若只要提供有价值的工作分析计划方案，可聘请专家，而若只要求能熟练掌握工作信息分析的操作技能，那聘请一般人员就行了。熟悉一个工作分析方案，只需要几个月的准备即可，而有效地利用和操作一个工作分析方案的能力则需要较长时间才能掌握。

因此，在考虑工作分析者的人选时，要充分依靠群众、相信群众，要用非专家的方法来收集资料，特别是要发动和依靠各个层次的管理人员，分派他们分析所管辖区域的工作。这样做有两个明显的好处：一是可以节省工作分析的费用；二是可以加强管理人员的责任感，提高管理的效果。管理人员要研究自己的工作，就会把工作分析技术应用到日常活动中，把审查工作、了解工作方法和工作人员自觉地纳入日常工作中。

（2）培训工作分析人员

大量事实证明，有一定经验的培训者可以在 60 小时内吸收消化世界各国所编写的工作分析方法的培训教材，并开始拟定一些工作分析表格，然后向工作分析者详细讲解。通过交换想法，可以达到完美与可行性的统一。从本质上看，培训工作是想让工作分析者找到如何分析的感觉，而不是机械地学习分析规则。

（3）研究和利用已有的书面资料

收集工作分析资料时，大约有 75% ~ 80% 的时间用于观察和记录资料。对所取得的分析资料经过适当的修改后，再选用已有的书面资料加以对照。这样可以节省大量的时间。因而，研究相关的书面资料信息，是非常有价值的。书面资料包括组织内部和外部的一系列相关文件以及对资料直接有用的相关信息，通常表现为以下两种形式。

1）工作描述

工作描述可定义为：以概括的方式从一系列工作分析资料中记录工作事实。鉴于产生的方法，工作描述参考的关键是具体找到一种与所分析的工作完全匹配的对象。

2）工作分类中用到的工作词典和工作名称的定义

许多国家的政府机构、商业团体和企事业组织都已经准备了这类资料。通常这类资料都是对有关工作的简单描述，没有多少细节的信息。在提高书面资料使用价值的过程中，要考虑下列因素：信息来源；收集资料过程中的样本和方法；整理资料的步骤；书面二手资料和所需资料的相似性以及当前职位工作分析程序的特殊要求。

对已有工作信息的利用，包括一手资料和二手资料的分析和利用，往往需要进行专门的培训。然而，培训后的实际操作与熟练过程是一个经验问题。我们希望尽可能缩短培训和具体运用之间的时间间隔。

培训结束后，分析资料的整理是进一步培训的重要组成部分。应该保证培训者在这方面有充分的经验，并且要求培训者能够区分并确认哪些工作信息的取得是经济且有实践意义、哪些工作信息符合既定的标准。

对整理资料的人员进行培训的最有效的方法是：把他们自己分析整理过的资料由经验丰富的人指导再整理一遍，并从中找出差距。让他们用前面已经讨论过的方法判断正在整理和分析的工作与原有工作描述中的工作责任有什么区别和联系。一旦找到了这些差别，再让他们相应地修改工作描述中的内容，即可以达到既定的目标。

（4）实施过程控制方法

工作分析过程中用到的控制方法各异，但都不复杂，花费也极少。一种简单的方法是在每个工作表格上注明任职人员的姓名。可以使用工资单的副本来标注每个员工所对应的职位名称以及完成情况。当工资单上每个姓名后都附有职位名称时，就包括了所有的职位，我们只要从中圈选就可以了。在分析的过程中，通过工资单，我们在短时间内就可了解职位调查的进展情况。

（5）公开发表工作分析的结果

采用别人的工作分析资料的好处已经在前面提到了，而为了他人与社会的利益，自己所做的工作分析报告也应该适当公开并予以详细解释。这一点至关重要，特别是政府机构在进行重大问题的决策时，可以作为参考。在考虑这个问题时，应该注意以下几点。

1）对他人有益的信息要尽可能以有实践价值的方式发表。

2）书写格式要考虑到大多数用户的实际需要。

3） 应该使广大用户知道你所取得的分析有成果存在。

3. 结果评价与运用

（1） 工作分析结果运用的指导和培训

工作分析的结果表达的方式包括职务说明书、任务分析表、工作词典、工作定义、职业分类、工作规范或其他方式。我们要充分发挥其使用价值，就要使用户明白它在人力资源管理与开发中的作用。如果不能让工作分析结果用于解决实际问题，那么我们所做的工作分析纯粹是一种浪费。

应用工作分析结果的指导和培训是各个工作分析程序中的一个重要组成部分。它包括何时何地以及怎样使用分析资料和工作分析结果，以便实现人力资源管理的目的。

（2） 工作分析结果的评价

工作分析是实现某种管理目的的手段，而不是目的本身。对工作分析活动及其成果的评价，取决于分析结果使用者的意见。

在每个工作分析程序开始前，应该制定详细计划，以便进行阶段性考察并分析结果，看其是否有积极的成果，是否有助于达到预期目的，是否按计划获取工作信息，是否能够及时纠正误差。在对结果的评价中，应该阐明工作分析带来的效益情况以及计划和实施工作分析活动中所有花费的投入产出对比表。

效果评价就是看工作分析的目的是否已经实现，是否解决了人力资源管理中需要解决的有关问题。效果评价主要包括以下几个方面。

1） 人员服务机构是否为各部门、各单位提供了所需要的工作人员。

2） 在国有和私营企业中，现有技术设备是否得到了更充分的运用。

3） 失业人口的流动是否变得容易一些。

4） 劳动力更换率与事故率是否有所减少。

5） 培训是否更有效，是否能使工作者尽快投入到正常生产中。

6） 不满情绪是否有所减少。

7） 是否给就业人员提供了更好的求职指导。

8）社会生产力是否有所提高。

（3）工作分析中一些特殊问题的处理

这里没有区别政府和企事业组织内部在收集和运用工作信息过程中的不同，主要原因是我们把重点放在了工作分析基本思路、基本理论和方法上。当政府官员以雇主的身份去进行工作分析时，他们所遇到的问题与企业内部的工作分析相似。然而，在运用工作分析去解决实际问题时，政府官员组织实施的范围则比较广，分析结果也比较可靠，会有更强的实践性。企事业单位内部的工作分析相对较弱，只是国家工作分析中所选样本的一个组成部分。

在制定适合国家范围内需要的工作分析的过程中，经常遇到的问题是如何决定最小样本。需要大致估计出从问卷调查表获得信息到形成最后结果大致需要的时间，以及根据样本总量要求需要的抽样比率。因此，可能在样本量增加 2 倍时，所需时间却要增加 4 倍——这并没有固定的规则。通常，对抽取的样本进行具体分析，要考虑包括在国家不同区域、不同行业、不同规模企事业单位的区别。由于国有企业的工作信息收集范围更为广泛，分析资料需要从各个方面取得，工作量巨大，查缺补漏的工作根本不能进行，所以在制定与设计问卷时要格外小心。它比其他企事业单位内部的工作分析问卷包含着更多的细节，记载着更为详细的资料。

五、工作分析实践中的问题与对策

1. 员工恐惧问题及其对策

员工恐惧是工作分析实践过程中经常遇到的问题。在本节中将对员工恐惧的产生原因、表现形式及其对工作分析的影响进行详细的介绍，并提出解决员工恐惧的一些具体方法，以供实际工作者参考。

（1）员工恐惧的概念及其表现形式

员工恐惧是指由于员工害怕工作分析会对其已熟悉的工作要求带来变化或者会引起自身利益的损失，而对工作分析小组成员及其调查采取不合作甚至敌视的态度。

一般而言，在工作分析过程中，员工如果有以下表现，就可以认为员工存在恐惧。

1）员工对工作分析调查者怀有冷淡、抵触情绪

如果工作分析调查者在访谈、收集资料等与员工接触的过程中，明显感觉到员工对其态度冷淡、言语讥讽，或者对其工作的抵触情绪严重，故意找借口对工作分析调查者索要的相关资料不予提供，从而不支持其访谈或调查工作，而这些问题又都不是因为工作分析调查者本身（如工作分析调查者在访谈过程中对员工态度傲慢，导致员工的抵触情绪等）所造成的，这时就可以断定存在员工恐惧。

冷淡、抵触情绪具体表现为员工使用某些表征冷淡、抵触情绪的语气。例如，"你们做这些东西，对我们根本没有多大用处……"；"真不知领导怎么想的，做这个东西，真是费时费力又费财"；"我们整天忙得团团转，还得为你们提供这些东西……"；"你先等着，等我忙完正事，再给你找……"，等等语句都说明员工抵触工作分析调查。

2）员工所提供的信息资料存在明显的出入与故意歪曲

如果工作分析实施者在分析员工提供的有关工作的信息资料时，发现这些信息资料与实际情况有较大的出入与故意歪曲，可以断定存在员工恐惧。具体表现为：员工故意提供虚假的信息资料，故意夸大其所在岗位的实际工作责任、工作内容，对其他岗位的工作予以贬低。例如员工在说以下话时就有扭曲的嫌疑："我这个岗位（公司财务处会计岗位）是全公司责任最重、权力最小、工资最低的岗位，我们每天要对全公司的所有账务进行核对，月末要加班进行盘点，平时还要抽空制定财务制度规范（据了解，此岗位无该项任务）……"，或"那个岗位的工作比我们轻闲多了，基本上是只拿工资不干什么活……"。

（2）员工恐惧的原因

任何现象的产生都有历史的和现实的原因。员工恐惧的原因主要表现在以下几个方面。

1）工作分析的减员降薪功能是员工恐惧产生的根本原因

员工通常认为工作分析会对他们的就业、工作内容、工作权力责任、薪酬水平等造成威胁，这样对工作分析产生恐惧之情也就在所难免了。而他们之所以会有这种观念，正是因为长久以来工作分析一直是企业减员降薪时经常使用的一种手段。过去，企业出于外部经济环境恶化或者内部战略变革、组织结构调整等原因，需要对员工工作结构、工作内容等进行调整，甚至辞退员工，或对员工工资作出相应调整。如果不对员工说明原因，员工就会认为这是企业毫无道理的行为。或者即使管理者说明了原因，但员工认为这些原因根本没有一个科学的基础，根本不可信，可能只是管理者为辞退员工或降低薪水所寻找的一个自认为合理的借口。这样，辞退员工或降低薪水无疑会引起被辞退者或被减薪者的愤慨甚至控告，还会引起在职者的不满和恐惧，从而影响员工的工作绩效，甚至造成员工与管理者之间更激烈的冲突。但如果辞退和减薪决定是在科学的工作分析基础上作出的，它就有了一个起码是所谓的科学依据，也就有了法律的保护，因此员工就对工作分析存在一种天生的恐惧之情。

2）测量工作负荷和强度是员工恐惧产生的现实原因

企业如果发现某些部门工作量不饱满，就会为了增加员工工作负荷而使用工作分析。这样的例子并不缺乏。例如，在著名的霍桑实验中，实验者发现员工在工作中一般不会用最高的效率从事工作，而只是遵从团队中的中等效率。因此他们总结出员工不仅仅有经济方面的需求，更有团队归属的需求，会按照本团队中的"中位数"工作。而且，更重要的是，员工觉得，管理者始终认为员工喜欢偷懒，所以自己应该保持"中位数"水平的工作效率，以便给管理者增加工作强度时留出一定的空间。如果自己的工作效率太高，当管理者再增加自己的工作强度时，自己可能就会达不到管理者所要求的水平，因而会给管理者造成自己不努力工作的印象。企业为确定某项工作实际所需要的工作时间，而不是员工在工作中所实际耗费的时间，常常采用工作分析中的方法分析，确定有关的工作时间标准。员工由于担心自己的工作将会太辛苦，因而对工作分析产生恐惧之情。

（3）员工恐惧对工作分析的影响

员工恐惧对工作分析会产生较大的影响，具体表现在以下三个方面。

1）对工作分析实施过程的影响

由于员工害怕工作分析对自己的既得利益造成威胁，所以会对工作分析小组的工作产生抵触情绪，不支持访谈或调查工作，从而使工作分析调查者收集工作信息的工作难以进行下去。

2）对工作分析结果可靠性的影响

因为员工认为工作分析是为裁员和增效减薪而实施的，所以他们即使向工作分析专家提供有关工作的信息，这些信息也有可能是虚假的。而工作分析专家在这些虚假信息的基础上对工作所作出的具体分析，很难说是正确的，最终产生的职务说明书和工作规范的可信度也值得怀疑。

3）对工作分析结果应用的影响

工作分析结果的不可靠必然影响应用中产生的具体效果。如果在员工的培训中，根据这些不符合实际的职务说明书和工作规范安排培训计划，则培训项目并不能为公司带来预想的成效。如果采用这些过高的或过低的标准进行绩效评估，那么评估结果的真实性和可信性也值得深究。如果再据此评估结果对员工进行奖惩，则很可能会打击高效率员工工作的积极性，也可能会强化那些工作原本不怎么出色的员工的某些不利于公司发展的行为。

（4）员工恐惧的解决办法

对于员工恐惧问题的解决，可以考虑以下几种对策。

1）让员工了解工作分析目的，参与工作分析活动

要想使员工克服恐惧心理、提供真实的信息，工作分析人员就应该在工作分析开始之前，让员工了解实施工作分析的目的与原因，使他们知道

工作分析的真正目的不在于了解现有的任职者水平，而是为了了解岗位要求、改进工作方法、规范工作内容而进行的工作。同时，要让员工尽可能参与工作分析的活动。因为只有当员工了解了工作分析的实际情况，并且参与到整个工作分析过程中，才会投身于工作分析，并提供真实可靠的信息。

2）对员工要适当承诺，消除有关顾虑

在工作分析过程中，应承诺员工所提供的资料不会给他们带来负面影响，例如不会因此而降薪、减员与缩编，让员工有一定的安全感。

3）工作分析活动结束后，应给员工一定的信息反馈

在工作分析过程中和工作分析完结之后，应及时向员工反馈工作分析的阶段性成果和最终结果。这样员工才会有参与感，也才会对自己参与的工作分析过程和工作分析结果的执行持支持态度。

2. 动态环境问题及其对策

现代组织处于经济知识化、信息化的外部环境和组织结构弹性化、制度体系创新化的内部环境之中，所面临的一切都不是一成不变的。在这种瞬息万变的内外部环境中，工作分析也面临着巨大的冲击。如何才能使详细、具体的工作分析更加灵活，且不断创新，保持其活力，以适应当今更加富有弹性的组织，是目前我们在工作分析实践过程中面临的一个重大问题。在本节中，将提出一些具体措施，以解决由动态环境引发的工作分析问题。

（1）动态环境的概念

动态环境是指由于社会经济因素的发展变化，引起企业内外部环境的变化，从而引发企业组织结构、工作构成、人员结构的不断变动。除员工恐惧外，工作分析过程中经常遇到的正是由于企业处于动态环境之中而对工作分析造成的影响。

（2）动态环境的影响及其原因分析

1）外部环境变化对工作分析实践的影响

当今的社会是高速发展的社会，企业作为社会的基本构成单元，相应

地也处于这种高速变化当中。因此，当我们为了让企业管理更科学、更合理而进行工作分析时，企业却往往会因组织环境的变革而产生组织变革，导致我们取得的工作分析成果不能适应企业变化了的实际状况，最终只能被束之高阁。

2）企业生命周期的变化对工作分析实践的影响

企业在不同生命周期的战略目标不尽相同。在初创时期，企业追求的可能仅仅是生存。与此相适应，企业重视的是产品研发人员，企业中大量存在的岗位是研发岗位，而研发人员的主要职责是研究出新产品。而当企业在市场中站稳脚跟、进入发展时期后，其追求的可能是产品的市场占有率。这时，市场营销也就逐渐提到管理日程上，营销策划人员也会相应增加，而营销策划人员的主要工作是开发新客户。当然，在此阶段，研发人员并非可有可无，但其主要工作内容可能就转变为对原有产品的性能、外观等方面的改良。随着市场逐渐饱和，企业也进入了成熟时期，即使再加大营销力度，也很难增加销量。这时企业就会着力于降低成本，以增加效益。公司相应的战略目标可能是对员工内部结构进行调整，营销人员的主要任务转变为维护老客户。从以上分析可以看出，企业生命周期的变化发展，不仅会影响公司中的工作结构，而且会影响这些工作的实际内容及从事该岗位工作的员工的主要职责，会使工作分析更加复杂。因此，工作分析者必须着眼于公司的未来发展，而不仅仅是对公司现在工作的实际情况进行分析。

3）员工能力和需求层次的提高对工作分析实践的影响

随着社会的发展，人们越来越重视知识，越来越多的人通过各种途径对自己进行人力资本的投资和再投资，使得员工队伍的素质越来越高。相应地，员工在企业中能胜任的工作也逐渐增多，其对企业的要求也就不仅仅局限于提供维持基本生活的工资、津贴。他们追求更多的工作责任、更好的工作环境、更多的信任和尊重，寻求工作满足感、组织归属感等，而且他们的这些需求并不是一成不变的。所有这些都要求企业对现在的工作予以调整，从而引发进行工作分析的条件需求。

此外，工作设计、管理人员的发展等也会对工作分析造成一定影响。

总之，由于企业内部和外部环境的变化速度日益加快，工作分析的结果应用周期也越来越短。我们在实施工作分析的过程中，要及时把握这些变化。

（3）动态环境问题的解决办法

对于动态环境的问题，我们认为可以有以下两种解决办法：一是年度工作分析；二是适时工作分析。

1）年度工作分析法

年度工作分析即每年一次实施的工作分析。实施起来有以下几个步骤。

①在一个工作分析间隔期内，各部门主管准确、详细地记录本部门内工作的变化情况。

②在工作分析实施月或周中，各部门主管对一年内工作变动情况进行汇总，并征询本部门员工的意见。

③工作分析实施之前，人力资源管理部门发文给各部门主管，要求其在一定时间期限内递交本部门工作变化情况汇总表，并在等待期内制定工作分析的初步计划。

④人力资源管理部门对各部门的工作变化情况表进行整理汇总，并据此制定工作分析的详细计划，包括具体实施步骤、工作分析小组成员的配置等内容。

⑤具体实施年度工作分析。

⑥编写工作分析结果——职务说明书和工作规范。

⑦反馈工作分析结果。

2）适时工作分析法

适时工作分析即让部门主管随时上交本部门工作中的变化情况，并随时进行工作分析。具体步骤如下。

①部门主管发现本部门工作有所变化或有必要进行改变，立即以书面形式递交人力资源管理部门。

②人力资源管理部门常设组织——工作分析小组根据该部门主管的要求，实施工作分析。

③编写职务说明书。

④反馈工作分析结果。

（4）两种办法的缺陷及改进意见

尽管年度工作分析和适时工作分析在一定程度上可以解决工作分析过程中的动态问题，但是也存在一些缺陷。

首先，年度工作分析使一些亟须变革的岗位只有等到下一次工作分析开始时才能得到解决。这样不仅影响了岗位员工的实际工作过程，也相应地产生了绩效与工资福利等不相匹配的现象。

其次，因为年度工作分析要求每年对所有的工作都进行一次全面的分析，但在实践中，公司内只有少数工作需要改革，所以实施年度工作分析会导致实施成本较高，而且会造成许多无效的工作。

再次，尽管适时工作分析仅对那些需要改变的工作进行分析，而且此方法也会及时根据目前的数据资料对员工的工作及工资进行调整，员工不用等几个月后再获得自己应得的报酬，但是其存在的最大问题就是部门管理者可能并没有注意到这些工作的变化，或者并不认为这些变化已达到应对其进行工作分析的程度。这样，就会引起该工作岗位上的员工的不满，从而影响工作积极性，甚至影响员工对公司的满意度和忠诚感。

最后，适时工作分析的成本较高。每当部门管理者发现工作有所变动，人力资源部门就要对该工作实施工作分析。这样会造成工作分析的无计划性，从而提高实施成本。

对上述问题的解决办法是综合交叉使用年度工作分析和适时工作分析这两种方法。例如，可以每隔两年进行一次定期的工作分析，而在此期间可以对各部门主管认为非常有必要的工作进行不定期的工作分析。这样就在一定程度上解决了年度工作分析和适时工作分析的问题。

六、工作评价

1. 工作评价的概念

工作评价也叫岗位评价，是采用量化方法对已经设计好的岗位的重要性和对组织的贡献的评价。工作评价是在岗位设计的基础上按照一定的客观标准，从工作任务的繁简难易程度、劳动强度、责任大小、工作环境以及所需的资格条件出发，对岗位所进行的系统比较和评价的过程。工作评价具有以下几个特点。

（1）工作评价的中心是客观存在的"事"而不是现有的人员。以"人"为对象的评比、衡量、估价，属于人事考核或员工素质测评的范畴，而工作评价虽然也会涉及员工，但却是以岗位为对象，即以岗位所担负的工作任务为对象进行的客观评比和估价。岗位的"事"是客观存在的，是企业工作的一个组成部分。

（2）工作评价是对企业各类岗位的相对价值进行衡量的过程。在工作评价的过程中，根据预先规定的衡量标准，对岗位的主要影响因素逐一进行评比、估价，由此得出各个岗位的量值。这样，各个岗位之间也就有了对比的基础。

（3）工作评价对岗位按评定结果，划分出不同的等级。

2. 岗位评价的作用

在企业中，职工的劳动报酬是否能够体现"多劳多得，少劳少得，不劳不得"的原则，是影响职工士气及生产积极性、主动性的一个很重要的因素。当职工按时、按质、按量地完成本岗位的工作任务以后，获得了相应的劳动报酬，他们可能会得到一定的满足。可是，他们当得知一个大多数人认为较差的同行，在完成了同类岗位工作之后，却获得很高的报酬时，他们的心里该是一种什么滋味？因此，在企业中，要使劳动报酬能够更好地体现按劳分配原则，就应当实现"以事定岗，以岗定人，以职定责，以职责定权限、定报酬"。

工作岗位评价的具体作用如下。

（1）对岗位工作的繁简难易程度、责任大小、所需要的资格和条件等因素，在定性分析的基础上进行定量测评，从而以量值表现出岗位的特征。

（2）使岗位有了统一的评判、估价标准，岗位与岗位之间在客观衡量的基础上，能够比较出其价值的高低。

（3）为企业岗位归级列等奠定了基础。岗位评价上述作用的发挥，可以使企业将岗位量值转换为岗位报酬，为建立公平合理的工资和奖励制度提供科学的依据。也正是基于这一原因，目前世界上许多经济发达以及发展中国家的企业，为了建立起企业、员工、工会三方满意的公平合理的报酬制度，广泛地采用了岗位评价的科学方法。

3. 岗位评价指标体系

岗位评价指标是根据岗位评价的要求对影响岗位诸要素的指标化。指标化是指指标名称和指标数值的统一。指标名称概括了事物的性质，指标数值反映了事物的数量特征。岗位评价的科学性在于按照这几个主要影响因素的内涵，通过对岗位的具体分析，将主要影响因素分解成若干个指标，使岗位的具体劳动定量化，从而具有可比性。在岗位评价中，有劳动责任、劳动技能、劳动强度、劳动环境和社会心理因素五个方面的指标。

（1）劳动责任

劳动责任是指岗位在生产过程中的责任大小，反映出岗位工作对企业整体活动的影响，反映岗位劳动者智力付出和心理状态。劳动责任的类别如下。

1）质量责任，指岗位工作活动对产品和服务质量的责任大小。

2）产量责任，指岗位工作活动对产量责任的大小。

3）看管责任，指岗位所看管的设备仪器对整个生产过程的影响程度。

4）安全责任，指岗位对整个生产过程安全的影响程度。

5）消耗责任，指岗位物资消耗对成本的影响程度。

6）管理责任，指岗位在计划、指挥、协调、控制、考核、分配等管理上的责任大小。

（2）劳动技能

劳动技能是指岗位在生产过程中对劳动者素质、知识、技术、技能方面的要求，主要反映岗位对劳动者智能要求的程度。劳动技能的类别如下。

1）技术知识要求，指岗位知识文化水平和技术等级的要求。

2）操作复杂程度，指岗位作业复杂程度和掌握操作所需的时间长短。

3）看管设备复杂程度，指岗位操作使用设备的难易程度及看管设备所需的经验和水平。

4）产品品种与质量要求的程度，指岗位生产的产品品种规格的多少和质量要求水平。

5）处理预防事故复杂程度，指岗位迅速处理或预防事故所应具备的能力。

（3）劳动强度

劳动强度是指岗位在生产过程中对劳动者身体的影响，主要反映岗位劳动者的体力消耗和生理、心理紧张程度。劳动强度具体包括如下内容。

1）体力劳动强度，指岗位劳动者体力消耗的程度。

2）工时利用率，指岗位净劳动时间的长短，等于净劳动时间与工作日总时间之比。

3）劳动姿势，指岗位劳动者主要劳动姿势对身体疲劳的影响程度。

4）劳动紧张程度，指岗位劳动者生理器官的紧张程度。

5）工作班制，指岗位劳动组织安排对劳动者身体的影响。

（4）劳动环境

劳动环境是指岗位的劳动安全卫生状况，主要反映岗位劳动环境中的风险因素和有害因素对劳动者身心健康的影响程度。影响劳动环境的因素如下。

1）粉尘危害程度，指劳动者健康受生产场所粉尘影响的程度。

2）高温危害程度，指劳动者接触生产场所高温对其健康的影响程度。

3）辐射热危害程度，指劳动者接触生产场所辐射热对其健康的影响程度。

4）噪声危害程度，指劳动者接触生产场所噪声对其健康的影响程度。

5）其他有害因素危害程度，指劳动者接触化学性、物理性等有害因素对其健康的影响程度。

（5）社会心理因素

社会心理因素是指在社会中所处的地位以及人与人之间的关系对劳动者在心理上的影响程度。

4. 岗位评价标准

岗位评价标准是指在对岗位进行价值评价的时候，在某一个评价指标或要素上达到什么样的程度或者满足什么样的要求后，才能够划入到相对应的哪一个等级或者给予怎样的打分。例如，下面的表格简单地列举了有关质量责任、产量责任、看管责任、安全责任、消耗责任、管理责任等方面的评级标准，如表 3－2～表 3－7 所示。

表 3－2 质量责任评级标准表

等级	内容说明
1	一般的服务性岗位
2	辅助生产的一般岗位，较重要的服务性岗位
3	辅助生产的重要岗位，重要的服务性岗位
4	主要产品生产中跟班辅助工种的重要岗位，原材料生产的主要工序中有质量指标的岗位
5	主要产品生产的主要工序中有质量指标的岗位，原材料生产的主要工序中有较重要质量指标的岗位
6	主要产品生产的主要工序中有较重要的质量指标的岗位，原材料生产的主要工序中有重要质量指标的岗位
7	主要产品生产的主要工序中有重要质量指标的岗位

表 3 - 3　产量责任评级标准表

等级	内容说明
1	一般的服务性岗位
2	辅助生产的一般岗位，重要的服务性岗位
3	辅助生产的主要岗位
4	主要产品生产的辅助岗位，原材料生产主要工序中的一般岗位
5	主要产品生产工序中的一般岗位，原材料生产工序中的较重要岗位
6	主要产品生产工序中维修工种的重要岗位
7	主要产品生产工序中的主要岗位

表 3 - 4　看管责任评级标准表

等级	内容说明
1	使用简单工具的岗位，不直接影响生产
2	只影响单机或本岗位生产的设备，价值较少
3	只影响单机或本岗位生产的设备，价值较大；比较重要的重守岗位
4	辅助设备，影响局部生产
5	主要设备，影响局部生产，对生产影响很大的辅助生产设备
6	主要设备，影响整个生产
7	主要生产线上的主要设备，价值较大，影响整个生产

表 3 - 5　安全责任评级标准表

等级	内容说明
1	不应该发生事故的岗位
2	事故发生率小，造成的伤害和损失都较小的岗位
3	事故发生率小，造成的伤害轻、损失大的岗位
4	事故发生率小，造成的伤害大、损失小的岗位
5	事故发生率大，造成的严重伤害和重大损失的岗位
6	事故发生率大，造成的伤害轻、损失大的岗位
7	事故发生率大，造成的伤害大、损失小的岗位

表 3 - 6 消费责任评级标准表

等级	内容说明
1	不使用原材料
2	使用原材料少，价值小
3	使用原材料较多，但消耗不受人为因素影响
4	不使用原材料或使用较少，其工作对原材料、能源消耗有一定的影响
5	不使用原材料或使用较少，其工作对原材料、能源消耗影响很大
6	使用原材料较多，价值较大，作业人员对原材料、能耗有一定影响
7	使用原材料多，价值大，作业人员对原材料、能耗影响很大

表 3 - 7 管理责任评级标准表

等级	内容说明
1	只对自己负责的岗位
2	只对自己负责，有自主完成本岗位工作的权利
3	只对助手负责指导的岗位
4	对助手有指导、分配、检查作用的岗位
5	指导几个岗位工作的岗位
6	指导、协调、分配几个岗位工作的岗位
7	指导、协调、分配、检查几个岗位工作、有自行决定权的岗位

5. 岗位评价方法

（1）排序法

排序法是一种最简单的岗位评定方法。它是由评定人员凭着自己的判断，根据岗位的相对价值，按高低次序进行排列的。这时，岗位被作为一个整体来考虑，并通过比较简单的工作岗位写实来进行相互比较。具体步骤如下。

1）由有关人员组成评定小组，并做好各项准备工作。

2）了解情况，收集有关岗位方面的资料、数据。

3）评定人员事先确定评判标准，对本企业同类岗位的重要性逐一做出评判，最重要的排在第一位，并按次要的、再次要的顺序往下排列。

4）将经过所有评定人员评定的每个岗位的结果加以汇总得到序号和，然后将序号和除以评定人数得到每一岗位的平均序数。最后，按平均序数的大小，由小到大评定出各岗位的相对价值的次序。

在进行排序的时候，为了更加快速和准确，可以采用交替排序法、典型岗位对照比较法、配对比较法等方法。交替排序法就是在排序的时候，首先挑出最重要的岗位，接着挑出最不重要的岗位，然后在挑剩下的岗位中反复如此进行，直到排完为止。典型岗位比较法就是挑出具有代表性的典型岗位作为参照物，将其他岗位和典型岗位进行比较，以提高排序的速度和客观性。配对比较法是把所有的岗位两两进行比较，价值大者得 1 分，价值小者得 0 分，然后根据各个岗位最后的汇总得分进行排序。

与此同时，在进行排序的时候，应注意以下问题。

1）由于这种方法完全是凭借评定人员的经验和认识而主观地进行评价，所以缺乏严格的、详细的评判标准，从而使评价结果的伸缩性很大，特别是当某一岗位受特殊因素的影响（例如在高空、高温、高寒或在有害有毒的环境下工作）时，常会将岗位的相对价值估计过高。

2）在岗位较多的企业，岗位分布呈宝塔形，高级岗位较少，中级岗位较多，而下级岗位种类繁多、数量很大。在这种情况下，对于很接近的岗位如车工、铣工、磨工之间要排列出次序，并不是不可以，但要保证可靠性、公平性很难。

3）由于评价结果的正确与否完全取决于评价人员的判断，而评价人员的组成和各自的判断是不一致的，所以必然会影响评价结果的准确程度。

4）由于方法较简单、粗糙，所以排序法只适用于生产单一、岗位较少的中小企业。

（2）分类法

分类法是根据组织结构的设计，在工作性质类似的同一部门按照拥有权力和承担责任的大小、知识技能要求的高低，把工作岗位分为若干个级别，同时，在不同的部门之间确定对等的职务级别，使得整个组织内部的岗位体系有了系统的层次和级别，然后在此基础上进行量化的岗位评价。通常为了操作简便及实用性，往往根据员工的接受能力、管理者的价值观念、企业的文化、员工激励状况等因素，把岗位体系分成若干个级别，并确定各个级别岗位之间的薪酬差距。这种方法的工作步骤如下。

1）由企业内专门人员组成评定小组，收集各种有关的资料。

2）按照生产经营过程中各类岗位的性质、功能和特征，将企业的全部岗位分成几个大的系统，每个系统按其内部的结构特点再划分为若干子系统。

3）将各个系统中的岗位分成若干层次，最少分为 5 ~ 6 档，最多的可分为 15 ~ 20 档。例如，生产管理系统的岗位分为 1 ~ 8 档，设计技术应用系统的岗位可分为 1 ~ 12 档。

4）明确规定各档次岗位的工作内容、责任和权限。

5）明确各系统各档次（等级）岗位的资格要求。例如技术设计应用系统第 6 级岗位要求：大学毕业后 5 ~ 8 年，担任过 6 级以下的职位，经过考查工作成绩良好，掌握两门以上的外国语，能够独立指导或完成重要部件的设计等。

6）评定出不同系统不同岗位之间的相对价值和关系。例如技术设计应用系统的第 12 级相当于生产系统的第 4 级。

分类法可用于多种岗位的评价，但对不同系统（类型）的岗位评比存在很大的主观性，准确度较差。

（3）评分法

评分法亦称点数法。该法首先是选定岗位价值或贡献的主要影响因素（称之为补偿因子），并采用一定点数（分值）表示每一因素，然后按预先规定的衡量标准，对现有岗位的各个因素逐一评比、估价，求得点数，经过加权求和，最后得到各个岗位的总点数。

（4） 因素比较法

因素比较法是从评分法衍生而来的。它也是按要素对岗位进行排序，和评分法的主要区别在于各要素的权数不是事先确定的。因素比较法先选定岗位的主要影响因素，然后将工资额合理分解，使之与各影响因素相匹配，最后再根据工资数额的多寡决定岗位的高低。

第四章

人力资源规划

一、人力资源规划概述

1. 人力资源规划的含义

人力资源规划是指为了达到企业的战略目标与战术目标，满足未来一段时间内企业人力资源质量和数量方面的需要，根据企业目前的人力资源状况，对决定引进、保持、提高、流出人力资源所作的计划和预测。这一概念包括以下三方面的含义。

（1）人力资源规划应适应环境的变化

组织所处的内部和外部环境总是不断地变化的，而不断变化的环境必然会对人力资源的供给状况产生持续的影响，人力资源规划就是要适应这一变化，并做出科学的预测，使得组织内的人力资源总处于满足供给的状况，为组织总体目标的实现提供充足的人力资源保证。

（2）人力资源规划的对象是组织内外的人力资源

组织应及时制定、贯彻和调整人力资源管理的政策和实施方案。规划中的人力资源既包括外部人力资源的招聘、录用、培训，也包括内部现存的人力资源的培训、调动、升降职、惩罚和发展。

（3）人力资源规划是组织文化的具体体现

组织在实现目标时，还应满足员工的物质需要和精神需要，应本着"以人为本"的思想重视员工的合理要求。

总之，从上述三个方面可以看出，人力资源规划着眼于为未来的组织发展预先准备人力资源。它所考虑的不是一个人，而是一组人员。人力资源规划是组织发展战略和年度计划的重要组成部分，是组织未来发展的重要基础。

2. 人力资源规划的特点

（1）人力资源规划为管理决策层服务

人力资源规划主要为了推进人力资源开发与管理的更好开展，主要面向决策层提供决策服务。另一方面，组织决策目标为人力资源规划的目的性、方向性提供前提和依据。决策层是人力资源规划的组织者和实施者，因此，人力资源管理部门在制定人力资源规划时应符合决策层的指导思想，为决策层服务。

（2）人力资源规划对人力资源供需平衡起调节作用

一般来说，高层次人力资源的需要量总会大于实际供应量，特别是加入 WTO 以后，对低层次人力资源的需要量会越来越少，而对高层次人力资源的需要量越来越大，而由于人力资源培养有着教育效益的滞后性和长远性，所以会导致高层次人力资源的供不应求。这种人力资源供需之间的平衡是需要通过制定人力资源规划加以实现的。因此，科学地制定人力资源规划，不但可以使人力资源管理工作更加规范化，而且可以引导不同层次的人力资源的供求关系向着最优化方向调整。

（3）人力资源规划要强调可操作性

人力资源规划的实质是对不同层次的人力资源需求和供给的可行性进行协调和平衡。因此，制定人力资源规划的过程，也是对人力资源预测的准确性及不同层次人力资源培训和供给的可行性进行论证的过程。特别是对不同层次的人力资源教育培养能力必须进行深入的分析，进行可行性论证，以增强人力资源规划的科学性和操作性。

（4）人力资源规划应具有动态性

随着社会、经济和科学技术的不断发展，对于不同层次的人力资源的需求也在不断变化。因此，在制定人力资源规划过程中，必须坚持动态观点。要根据各个时期社会发展的特点、经济调整与产业变动的重点转移情况、科学技术变化状态以及不同层次人力资源的变化情况（如年龄梯次的变化、知识层次的变化、专业类别的变化等等），对人力资源规划进行平衡、调整。由于在进行人力资源规划预测时，所遵循的工作思路是以当时和历史的社会经济状况以及人力资源发展态势为基准的，而历史前进的步伐是不以人的意志为转移的，形势的发展往往会出乎人们意料之外，所以，在制定人力资源规划时，适当地保持一定的弹性空间，将有利于保证不同层次人力资源的发展与社会、经济、科技的发展更好地相适应。从经济发展理论的角度来要求，无论任何时候，人力资源的发展都应该比经济发展有一定的超前性。因此，在保持人力资源规划的动态空间时，应该对此有所考虑。

3. 人力资源规划的作用

（1）确保组织在生存发展过程中对人力资源的需求

在日趋激烈的市场经济竞争的大环境中，产品的更新换代速度加快，一项新技术的研究、应用和产业化周期大为缩短。这就意味着组织要不断地采用新技术和新工艺，提高劳动生产率。从人力资源供给的角度来说，组织如果不能对内部的人力资源状况进行系统的分析、采取有效的措施、挖掘现有员工的潜力、提高员工素质或从外部招聘高素质的人才，那组织势必面临人力资源短缺的状况。另外组织内部的因素也在不断地变化，如岗位的变动、职务的升降、辞职、辞退、退休等因素都在时刻变化，如果不能适应变化，那人力资源质量势必受到影响。因此，需要对人力资源规划进行适时的调整。一般来说，处于稳定状态下的组织并不需要专门的、大规模的人力资源规划。这是因为，组织的生产工具、技术条件和生产经营范围没有发生很大的变化，人力资源的数量、结构自然也相对稳定。但从长远来说，大多数组织随着时代的变化将处于不稳定的状态中，组织的生产技术条件和生产规模变动决定了人力资源的数量和结构会发生较大的变化，并由此带来人力资源需求量和供给量的变化。这就要求提前做出人力资源规划，以满足组织的发展。

（2）人力资源规划有利于组织战略目标的制定和实现

组织在制定战略目标和发展规划时，首先考虑的是组织现有的人力资源状态。长期以来，中外众多成功的企业实践证明，一套切实可行的人力资源规划，有助于管理层全面深入地了解内部人力资源的配置状况。一方面，人力资源规划以组织的总体目标为宗旨。另一方面，人力资源规划又有助于组织长期规划的制定，并最终促进组织总体目标的顺利实现。

（3）人力资源规划有助于调动员工的积极性和创造性

合理的人力资源规划是员工继续努力工作的动力和生活保障。如果人力资源规划不仅满足了员工的物质需要还满足了精神需要，那员工工作的积极性就会被很好地激发出来。如果员工对自己或组织的目标或结果不明确，积极性和创造性就会被挫伤，就会影响工作效率，甚至造成组织高级人力资源的流失。如果流失的员工有一技之长，就会增加竞争对手的实力。更严重的是若形成人才流失的恶性循环，将使组织的人力资源的供求关系日趋失衡。

（4）人力资源规划可以降低人力资源成本

人力资源成本中最大的一项支出就是工资支出，而工资总额在很大程度上又取决于组织内部人力资源的分布状况——处于不同职务或不同级别的员工的数量构成。就一般情况而言，组织发展初期，低工资的员工相对较多，人力资源成本相对较低。组织进入成熟期后，整体规模相应扩张，人力资源的数量和质量均已提高，人力资源成本必然是"水涨船高"。考虑到市场竞争激烈、通货膨胀加剧等因素，人力资源成本还可能会使组织难以负担。如果不进行人力资源规划，或者人力资源规划不切实际，组织必然在人力资源成本方面处于被动局面：一是因预算太低，无法满足组织对人力资源数量特别是质量的需求；二是因人力资源数量和质量的失衡，在对人力资源无法控制的同时，造成人力资源数量和质量的浪费。无论哪种情况出现，都会影响组织的整体利益和战略目标的实现。因此，通过人力资源规划，预测组织员工数量变化和结构变化，并做出相应的调整，进而把人力资源成本维持在相对合理的水平线内，无疑是促进组织可持续发展的不可或缺的部分。

（5）有利于人力资源管理活动的有序化

与职务分析一样，人力资源规划是企业人力资源管理的基础。它由总体规划和各分类执行规划构成，如确定人员的需求量和供给量、调整职务和任务、培训等都是其组成部分，其提供可靠的信息和依据，进而保证管理活动的有序化。如果没有人力资源规划，那么，企业什么时候需要补充人员、补充哪个层次的人员、如何避免各部门人员提升的机会不均以及如何组织培训等等问题就会变得没有答案。

二、人力资源规划的程序

1. 人力资源需求预测

企业应根据企业发展战略规划和本企业的内外条件选择合适的预测方法，然后对人力资源需求的结构和数量进行预测。

2. 人力资源供给预测

供给预测包括两个方面：一方面是内部人员拥有量预测，即根据现有人力资源及其未来变动情况，预测出计划期内各时点上的人员拥有量；另一方面是外部供给量预测，即确定在计划期内各时点上可以从企业外部获得的各类人员的数量。一般情况下，内部人员拥有量是比较透明的，预测的准确度较高，而外部人力资源的供给则有较高的不确定性。企业在进行人力资源供给预测时，应把重点放在内部人员拥有量的预测上，外部供给量的预测则应侧重于关键人员，如高级管理人员、技术人员等。

无论是需求预测还是供给预测，对做预测的人的选择十分关键。因为预测的准确性与预测者个人关系很大。应该选择那些有经验、管理判断力较强的人来进行预测。

3. 确定人员净需求

人员需求和供给预测完成后，就可以将本企业人力资源需求的预测结果与同期内企业本身可供给的人力资源情况进行对比分析。从比较分析中可测算出各类人员的净需求。这个净需求数如果是正的，则表明企业需要招聘新的员工或对现有的员工进行有针对性的培训。这个净需求数如果是负的，则表明企业这方面的人员是过剩的，应该精简或对员工进行调配。

需要说明的是，这里所说的"净需求"既包括人员数量，又包括人员结构、人员标准；既要确定"需要多少人"，又要确定"需要什么人"，且数量和标准需要对应起来。

人员净需求的测算结果，不仅是企业调配、招聘人员的依据，还是企业制定其他人力资源政策的依据。企业根据某一具体岗位上员工余缺的情况，可以分析企业在这方面人员的培训、激励上的得失，从而及时采取相应的措施补救。

4. 确定人力资源目标

人力资源规划的目标是随组织所处的环境、企业战略与战术计划、组织目前的工作结构与员工工作行为的变化而不断变化的。当组织的战略计划、年度计划已经确定，组织目前的人力资源需求与供给情况已经摸清，就可以据此确定组织的人力资源目标了。目标可以用最终结果来阐述，例如，"到明年年底，每个员工的年培训时间达到 40 小时"，"到明年年底，将人员精简 1/3"。也可以用工作行为的标准来表达，例如，"通过……培训，受训者应该会做这些事……"。企业的人力资源目标通常都不是单一的，每个目标既可能是定量的、具体的，也可能是定性的、抽象的。

5. 制定具体计划

制定具体计划就是确定人力资源规划的各项内容，包括补充计划、使用计划、培训开发计划、职业计划、绩效计划、薪酬福利计划、劳动关系计划、预算等内容。计划中既要有指导性、原则性的政策，又要有可操作的具体措施。供求预测的不同结果，决定了应采取的政策和措施的不同。

（1）如果预测结果表明组织在未来某一时期内在某些岗位上人员短缺，即需求大于供给，这时的政策和措施有以下几种。

1）培训本组织职工，对经过培训的员工根据情况择优提升补缺并相应提高其工资等待遇。

2）进行平行性岗位调动，适当进行岗位培训。

3）延长员工工作时间或增加工作负荷量的，需给予员工超时间、超工作负荷的奖励。

4）重新设计工作以提高员工的工作效率。

5）雇佣临时人员。

6）改进技术或进行超前生产。

7）制定招聘政策，在组织外招聘。

上述是企业普遍采用的解决人力资源短缺的做法。但是，解决人力资源短缺最根本、最有效的方法是采用正确的政策和措施调动现有员工的积极性，例如设置多样化的物质和精神奖励，让员工多参与决策，采用各种培训提高员工的技能，鼓励员工进行技术革新。

（2）如果预测结果表明组织在未来某一时期内在某些岗位上人员过剩，即供过于求，则可选择的一般策略有以下几种。

1）永久性裁减或辞退职工。

2）暂时或永久性的关闭一些不盈利的分厂或车间，精简职能部门。

3）提前退休。

4）对员工进行重新培训，调往新岗位，或适当储备一些人员。

5）减少工作时间（随之亦相应减少工资）。

6）由两个或两个以上人员分担一个工作，并相应地减少工资。

6. 人力资源规划的审核与评估

对一个组织人力资源规划的审核与评估是对该组织人力资源规划所涉及的各个方面及其所带来的效益进行综合的审查与评价，也是对人力资源规划所涉及的有关政策、措施以及招聘、培训发展和报酬福利等方面进行审核与控制。审核与评估之所以必要，主要基于以下原因。

1）通过审核与评估，可以听取管理人员和员工对人力资源管理工作的意见，动员广大管理人员和员工参与人力资源的管理，以利于调整人力资源规划和改进人力资源管理工作。

2）人力资源成本是一个企业最高的成本项目之一。对这样一个重要的成本项目，管理者当然必须加以严格的审核和控制。

3）人力资源管理人员可以通过审核和评估，调整有关人力资源方面的项目及预算。

在对人力资源规划进行审核与评估的过程中，还要注意建立相应的组织和选用正确的方法。

在西方国家的大企业中，一般都有人力资源管理委员会（或称人事管理委员会）。该委员会由一位副总裁、人力资源经理以及若干专家和员工代表组成，主要职责是定期检查各项人力资源政策的执行情况，并对政策的修订提出修改意见，交董事会审批。委员会的主席由委员们轮流担任，任期一年。除委员会外，人力资源部也定期地检查人力资源政策的执行情况以及具体项目的执行效果。

我国企业可以借鉴西方的经验，但也要注意符合我国的国情。例如，在国有企业中，在人力资源委员会中应该有党委、工会代表参加。

从审核评估的方法上讲，可采用目标对照审核法，即以原定的目标为标准进行逐项的审核评估；也可采用广泛收集并分析研究有关数据的方法，如分析研究管理人员、管理辅助人员以及直接生产人员之间的比例关系，分析研究在某一时期内各种人员的更动情况，分析研究职工的跳槽、旷工、迟到、员工的报酬和福利、工伤与抱怨等方面的情况。

一个企业通过定期性与非定期性的人力资源规划审核工作，能及时引起企业高层领导的重视，使有关的政策和措施得以及时改进，并有利于调动职工的积极性、提高人力资源管理工作的效益。

三、人力资源需求预测方法

人力资源需求预测是指企业为了实现现实目标而对未来所需员工数量和种类的计算。人力资源需求预测要以组织的战略目标和发展计划、工作任务为依据，根据组织的生产或服务需求以及投入和产出比等要素来确定人力资源需求量。

一个企业组织应根据制定的战略目标和任务来预测将来自己对人力资源的需求。例如，扩大生产、增加产品和服务，需要的人员就会增加，反之，对人员的需求就会减少。然而，随着企业自动化水平的提高，需要的人员也就会减少，但对人员的知识、技术与技能的要求也会随之提高。随着环境的动态变化，企业对人力资源的需求也发生着动态的变化。为了确保组织战略目标和任务的实现，一个企业组织必须重视对人力资源的预测。对人力资源的预测分为长期、中期和短期的预测。短期预测即预测一个企业组织在一年内对人力资源的供需状况。一般来说，进行短期预测比较容易，中期预测比较困难一些，而长期预测的难度最大。因为要预测时间跨度较大的未来，各种环境因素变化较大，不确定的因素较多。

由于企业的规模和所处环境不同，所以中长期人力资源需求预测方法是有差异的，但是人力资源需求预测工作总是要做的，而且大部分组织都是在这种预测的基础上制定中、长期人力资源规划的。人事部门制定短期计划可以选择一些较为简单的方法，而制定中长期计划则应先选择一些较为复杂的方法。对人力资源进行需求预测的方法和技术，常用的有如下几种。

1. 经验预测法

经验预测法就是根据以往的经验对人力资源进行预测规划的方法。不少企业常采用这种方法来预测将来某段时期内对人力资源的需求。例如，一个企业据以往的经验认为，在生产车间里的管理人员，如一个班组长或工头，一般管理十个人为最好。根据这一经验，就可以从生产工人的增减数来预测对班组长或工头一级管理人员的需求。又如，一个服装厂根据以往的经验认为，一个缝纫工人每天可以做六件衬衣的话，那么，如要在未来某段时期内扩大生产规模，就可以按生产单位计算来预测出所需的缝纫工人数目。还可以采用这种方法预测出相对应管理人员需求的预报数。当然，不同的人的经验是会有差别的。因此，保留历史的档案，并采用多人集合的经验，产生的偏差会小一些。这种方法并不复杂，较适用于技术较稳定的企业的中、短期人力资源需求预测。

2. 德菲尔法

德菲尔法是美国著名的兰德公司提出的用来听取专家们关于处理和预测某重大技术性问题的一种方法。它也经常被用来预测和规划因技术的变革带来的对各种人力资源的需求。运用这种方法的第一步是要取得专家和研究人员的合作，要把需解决的关键问题分别告诉有关的专家和研究人员，请各人单独提出自己的方法，并对新技术突破所需的时间以及带来的对各种人员需求的变化作出估计或预测。在此基础上，管理者收集并综合专家们的意见，再把综合后的意见叫专家们进行再次分析。在此过程中要特别注意把各种不同的意见交给专家们分析讨论，经过多次的反复讨论，最后形成专家组的意见。在人力资源预测方面，同样可以采用这种方法。例如，解答诸如"计算机化、自动化何时会在我国企业中普遍实现?"，"它会引起对计算机软件制作人员、维修人员和操作人员多大的需求?"等问题时，均可采用德菲尔法来进行预测。这种方法适用于长期的、对技术人员的预测规划。从时间和费用来看，这种方法不适用于短期的或对一般人力资源需求的预测。

3. 描述法

描述法是指人力资源计划人员可以通过对本企业组织在未来某一时期的有关因素的变化进行描述、假设、分析和综合，并据此中对将来人力资源的需求进行预测规划。例如，对某一企业组织今后三年的情况的变化描述或假设可能会有这样几种情况：第一种是在三年内，同类产品可能稳定地增长，同行业中没有新的竞争对手出现，同行业中在技术上也没有新的突破；第二种可能是同行业中出现了几个新的竞争对手，同行业中技术方面也有较大的突破；第三种可能是同类产品跌入低谷、物价暴跌、市场疲软、生产停滞，但在同行业中技术方面可能会有新的突破。人力资源计划人员就可以根据对上述不同的描述和假设的情况进行预测，从而制定出相应的人力资源需求备选方案。但是，这种方法对于长期的预测有一定的困难的，因为时间跨度越长，对环境变化的各种不确定因素就越难以进行描述和假设。

4. 计算机模拟法

计算机模拟法是进行人力资源需求预测方法中最为复杂的一种。这种方法是在计算机中运用各种复杂的数学模型对各种情况下企业组织人员的数量和配置运转情况进行模拟测试，从模拟测试中预测出对各种人力资源需求的各种方案以供组织选择。

西方国家的企业组织由于组织规模和所在的行业不同，各自计划期的时间跨度也不同，所以，各企业组织所采用的人力资源预测和规划的方法也有所不同。但是，绝大多数西方国家的企业组织都是在进行预测的基础上制定自己的人力资源计划的。对大企业组织来说，在制定中长期人力资源计划时，多采用较为复杂的德菲尔法和计算机模拟法；对较小的企业组织来说，他们则多采用较为简单的预测规划方法；在制定短期人力资源计划时，不管企业大小，采用简单的预测规划方法为多。

5. 劳动生产率分析法

这是一种通过分析和预测劳动生产率，进而根据目标生产与服务量预测人力资源需求量的方法。因此，这种方法的关键部分是如何预测劳动生产率。如果劳动生产率的增长比较稳定，那么预测就比较容易，效果也较好。劳动生产率预测可直接用外推预测法，也可对劳动生产率的增长率使用外推预测。这种方法适用于短期需求预测。

6. 回归分析法

这是数量统计学中的方法，经常在实际工作中使用。它是用于处理变量之间相互关系的一种统计方法。这种方法中，最简单的是一元线性回归分析，也可以是多元线性回归分析和非线性回归分析。一般而言，中长期人力资源需求量的变化起因于多种因素，故可考虑用多元线性回归分析。

四、人力资源供给预测方法

确定企业是否能够保证员工具有必要的能力以及员工来自何处的过程称为人力资源供给预测。它可以帮助高层决策者确定所需员工是从公司内部、外部还是同时从两方面获得。一般来说，人事经理应指导人事部门做好中长期人力资源的供给预测，并以此来完成中长期人力资源规划。

1. 内部来源供给预测

空缺职位所需的员工可能正在为企业工作。如果企业较小，管理者很可能对所有的员工十分了解，在出现某一职位空缺时，管理者可以很清楚地知道在企业中谁有能力并愿意承担这项工作。这种使人员与工作职位相匹配的无需计划的过程对于较小的企业是合适的。但是随着企业的发展，这种匹配过程会变得越来越难。重视人力资源问题的人事经理和组织，会采用管理人才储备、继任计划、技能储备等方法解决这一问题。

（1）管理人才储备

管理人才是所有企业组织必不可少的资源之一。因此，企业对于管理者能力资料的保存要非常重视。管理人才储备包括有关每位管理者的详细信息，将被用于确定哪些人有潜力升迁到更高层次的职位。这种储备为更换和提升决策提供信息。这些信息主要包括下列资料：教育背景、工作经历、目前工作业绩、专业领域、工作特长、优势和劣势评价、个人发展的需要、目前及将来提升的潜力、地理位置偏好、职业目标和追求、预计退休的时间、个人历史（包括心理评价）。

（2）继任计划

由于今后管理者将面临巨大的变化，所以继任计划也许比以往显得更为重要。考虑到这些预期的变化，组织有必要圈定哪些人能够在现在和将来成为有效领导企业的人选。许多企业正在这么做：在对 400 多家美国大企业董事会所做的调查中，大约 3/4 的企业都有继任计划。

（3）技能储备

技能储备是有关组织中可能升入更高层次职位或转入同级别其他职位的非管理人员的供给信息。虽然技能储备的过程和目的与管理人才储备基本相同，但信息是不同的。通常技能储备包括的信息如下：背景和生平资料、工作经历、专业技能知识、所持有执照和证明、接受过的企业内部培训、以前工作的业绩评价、职业目标。

设计良好、不断更新的技能储备系统使管理者能够迅速识别具备特殊能力的员工，并尽可能使他们与企业不断变化的需求相适应。

2. 外部来源供给预测

任何一个企业的人力资源管理部门都喜欢从劳动力市场上招聘员工。除非一个企业正面临市场需求下降的局面，否则它不会停止从外部招聘一些员工。但是，发现和录用能立刻上岗的新员工通常是相当困难的。供给的有效来源依行业、企业和地理位置的不同而差异很大。有些组织发现其最好的潜在员工的来源是高等院校，另一些公司则从职业学校、竞争对手甚至是主动提供的求职申请中得到潜在员工。

如果公司有关于现有员工来源的信息，就能进行统计并制定出最佳的来源规划。一个企业可能发现，来自某个特定高校的毕业生十分适合企业的环境和文化。例如，美国的一家大型农业设备制造企业，就从位于农村的地方学校招聘员工而获得了成功。这家企业的管理者们认为，由于许多学生来自于农村，所以他们能很快地适应企业的运作方式。又如，百事公司经常从二类学校招聘人员，因为好的商业学校的毕业生很少愿意从低微的职位做起。再如，企业可能从过去的记录中发现，大部分较成功的员工都居住在离工作地点不超过 20 公里的地方。这些信息表明了在那一特定地理范围集中招聘的成就。

预测不仅能够帮助企业找到潜在员工的地理位置，而且还可以帮助预计哪种类型的人可能在组织中获得成功。例如，一家地区医疗中心在考察其注册护士的人事档案时发现，生长在小城镇的注册护士比那些大城市长大的护士更适应医疗中心的小城镇环境。在研究了这些统计资料后，管理层修改了企业原有的招聘计划。

3. 影响人力资源供给的因素

（1）影响人力资源供给的地域性因素

1）组织所在地区的人力资源现状

这包括人力资源的整体情况，尤其是有效的人力资源情况，如：组织需要哪一类型的人力资源？这一类型人力资源的市场供给情况如何？别的组织对这一类型人力资源的需求如何？通过对组织所在地区人力资源供给情况的了解，使组织了解本组织所需要的人力资源是否能够从外部获取以及从外部获取的难易程度。

2）组织所在地区对人力资源的吸引程度

一个对人力资源具有强大吸引力的地区才能为组织提供充沛的外部人力资源。一般主要分析组织所在地对人力资源的各种吸引因素。例如，组织所在地区的居住环境、地域文化、安全感、包容性都是需要分析的吸引因素。

3）组织自身的吸引程度

组织自身对人力资源的吸引力是组织能否获取充沛人力资源补充的根本原因。影响组织吸引外部人力资源的因素有：组织薪酬、各种福利对人力资源、员工在组织工作的发展前景及组织发展目标与员工个人发展目标的统一度。

（2）影响人力资源供给的全国性因素

影响人力资源供给的全国性因素主要有：预期经济增长、预期失业率和全国范围的劳动力市场状况。

1）预期经济增长

预期经济增长主要考虑的是组织所在行业的经济增长情况。如果预计行业经济增长率将提高，那么其他相关组织对相关人力资源的需求会增加。这将导致组织相关人力资源的供给减少。

2）预期失业率

通过预期失业率可了解本组织可以从劳动力市场获取人力资源补充的

情况。一般情况下，失业率越低，人力资源供给越少。

3）全国范围的劳动力市场状况

反映全国范围的劳动力市场状况的主要因素有：该行业全国范围内的人力资源供需状况；国家关于该类职业在就业方面的法规和政策；全国范围内该职业从业人员的薪酬水平和差异；全国相关专业的大学生毕业人数及就业情况。这些因素直接影响到组织可以从劳动力市场获取的人力资源数量与质量。

（3）人口发展趋势

人口的现状直接决定了组织外部现有的人力资源供给可能性，其中影响最大的有人口规模、人口年龄、人口素质和劳动力参与率等因素。组织在分析这些人口因素时，特别要注意对本地区人口状况的分析，只有清楚地了解本地区的人口状况和影响因素，才能对本地区人力资源的总量供给和结构供给进行正确的预测。

（4）科学技术的发展

科学技术的发展对各行各业所需要的人力资源有很大的影响。当前，科学技术发展很快，对人力资源供给预测产生了很大的影响，如由于科学技术对生产的渗透，以前需要大量蓝领员工的纺织业、冶金业正在不断更新、裁员，而电子工业、生物工程、材料工业等领域则需要大量白领员工。同时原先需要蓝领员工的组织纷纷出现了需要高级蓝领员工——高级技工的趋势。这一趋势随着科学技术的发展将会越来越明显。

另外，由于办公自动化技术的普及，中层管理人员大规模削减，所以组织对具有创造力的管理人员需求将逐渐增加。

（5）政策法规

人力资源供应预测千万不要忽视政策法规的影响，因为外部人力资源的供给或多或少地会受到组织所在地政府有关政策的限制。各地政府为了各自经济的发展，为了保护本地劳动力的就业机会，都会颁布一些相关的政策法规。例如：禁止外国劳动力无序进入本国劳动力市场；防止外地劳动力盲目进入本地劳动力市场；不准歧视妇女就业；保护残疾人就业；严禁童工就业；员工安全保护法规；从事危险工种保护条例。这些法律法规是进行外部人力资源供给预测中必须考虑的因素。

（6）工会

工会是代表员工利益的群众组织。一旦员工的利益受到侵犯，工会将出面交涉。因此，组织在进行人力资源供给预测的时候，也应考虑工会的作用。

（7）劳动力市场发育程度

劳动力市场发育状况对劳动力外部供给预测影响很大。发育良好的劳动力市场有利于劳动力的自由流动，并能形成由市场工资率引导劳动力合理流动的机制。但此时，对市场供给的人力资源总量和结构的预测将十分困难，因为这需要对全国各地劳动力市场的状况能够及时、详细地了解，而在尚未建成全国统一的劳动力市场信息系统时，很难完成全国劳动力市场的信息收集工作。

（8）劳动力就业意识和择业心理偏好

在预测外部人力资源供给时，不能简单地从数量上进行预测，应考虑人力资源的就业意识和择业心理偏好。例如，在许多城市中，一方面有大量的苦、脏、累、险工作无人做，另一方面却有大批的下岗人员无工作可做。许多大学毕业生对职业选择的期望值过高，希望进大城市的合资企业、高收入的公司或政府机关，而不愿意进入中小城市的一般性企业工作。因此，组织在进行人力资源供给预测时，不仅应预测劳动力市场可能供给的人力资源，更重要的是预测组织所需人员在劳动力市场中实际能够供给的情况。

五、人力资源规划的实施与评估

1. 建立人力资源信息系统

（1）人力资源信息系统的构成

人力资源信息系统从组成模块上看有五种类型。

1) 人力资源管理模块

人力资源管理不是简单的人事管理，而是要协调地管理好组织的人力资源，并配合其他资源来实现组织效率和公平的整体目标。人力资源管理有两个主要目标：一是充分利用组织中的所有资源，使组织的生产率水平达到最高；二是帮助各个部门的经理更加有效地管理员工。具体而言就是人事部门通过人事政策的制定和解释及忠告和服务来完成这两个目标。

人力资源信息系统从科学的人力资源管理角度出发，从企业的人力资源规划开始，记录招聘、岗位描述、培训、技能、绩效评估、个人信息、薪资和福利、各种假期直至离职等与员工个人相关的信息，并以易访问和可检取的方式储存到集中的数据库中，将企业内员工的信息统一地管理起来。该模块可管理较全面的人力资源和薪资数据，具有灵活的报表生成功能和分析功能，使得人力资源管理人员可以从烦琐的日常工作中解脱出来。同时该模块生成的综合性的报表也可供企业决策人员参考，如员工配备情况的分析图表就是该模块生成的。

2) 薪资和福利模块

此模块通常用于管理企业薪资和福利计算的全过程，包括设定企业的薪资和福利政策、自动计算个人所得税、自动计算社会保险等代扣代缴项目。通常，这些程序还可以根据公司的政策，设置并计算由于年假、事假、病假、婚假、丧假等带薪假期以及迟到、早退、旷工等形成的对薪资和福利的扣减，能够设定企业的成本中心并按成本中心将薪资和总账连接起来，直接生成总账凭证，还能存储完整的历史信息供查询和生成报表。这类系统还可处理部分简单的人事信息。

3) 培训管理模块

培训是改进企业产品质量、工作效率和售后服务的有效途径之一。为此，培训管理模块一般通过培训需求调查、预算控制、结果评估和反馈以及培训结果记载等手段，实现培训管理的科学化，不断提高员工的素质，并和人力资源信息有机地联系起来，为企业人力资源的配备和员工的升迁提供科学的依据。

4）考勤管理模块

为了准确无误地记载员工的出勤情况，许多企业购置了打卡机、考勤机等设备。考勤管理程序一般都与这些设备相接，根据事先编排的班次信息，过滤掉错误数据，生成较为清晰的员工出勤报告，并可转入薪资和福利程序中，使考勤数据与薪资计算直接挂钩。该模块生成的文档还可作为历史信息保存，用于分析、统计和查询。

5）e—HR（e—Human. Resource，简称 e—HR）模块

互联网在冲击传统的市场、供应销售和服务等领域的同时，也给人力资源管理带来了新的挑战和机遇。e—HR 模块实际上是一种建立在互联网络基础上的人力资源信息系统。为了将人力资源管理人员从繁重琐碎的日常事务性工作中解脱出来，e—HR 强调员工的自助服务。如果员工的个人信息发生了变化，他本人就可以去更新自己的信息，经过一定的批准程序即可生效。这样不仅减轻了人力资源管理人员用于数据采集、确认和更新的工作量，也较好地保证了数据的质量和数据更新的速度。而且由于 Internet 不受时间和地理位置的限制，即使经理远在外地出差，也可以及时地处理其员工的各种申请，不会因为人不在公司而影响工作。同时，公司的各种政策、制度、通知和培训资料也可通过这种渠道来发布，有效地改善了公司内部的沟通途径。但因为硬件环境、员工的素质和公司的管理能力并没有达到较高的水平，所以 e—HR 现阶段的发展受到了一定的制约。

（2）人力资源信息系统的功能结构

人力资源信息系统从功能结构上可分为三个层面。

1）基础数据层

基础数据层包含的是变动微小的静态数据，主要有两大类：一类是员工个人属性数据，如姓名、性别、学历等；另一类是企业数据，如企业组织结构、职位设置、工资级别、管理制度等。基础数据在 HR 系统初始化的时候要用到，是整个系统正常运转的基础。

2）业务处理层

业务处理层是指对应于人力资源管理具体业务流程的系统功能，这些功

能将在日常管理工作中不断产生与积累新数据，如新员工数据、薪资数据、绩效考核数据、培训数据、考勤休假数据等。这些数据将成为企业掌握人力资源状况、提高人力资源管理水平以及提供决策支持的主要数据来源。

3）决策支持层

决策支持层建立在基础数据与大量业务数据组成的 HR 数据库基础之上，通过对数据的统计和分析，就能快速获得所需信息，如工资状况、员工考核情况等。这不仅能提高人力资源的管理效率，而且有利于企业高层从总体上把握人力资源情况。如图 4－1 所示。

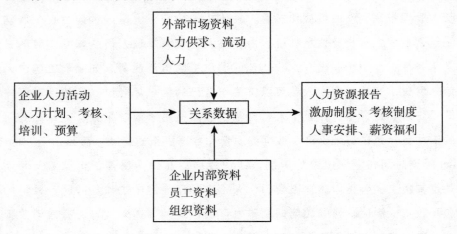

图 4－1　人力资源信息系统的基本架构

在建立人力资源信息系统的过程中，还要考虑企业发展时系统的扩展性和使用过程中系统的可修改性。因为任何一位职工的信息都不是一成不变的，应保证系统随时可以更新。此外，还要考虑其他诸如数据存储、关系模式等系统的技术性问题。

2. 对人力资源进行评估

（1）人力资源流动分析

市场经济离不开人才的流动。任何企业都会出现退休、离职、辞退、下岗以及伤老病死等人力资源的流动情况。同时也会随时聘用新员工，以补充和满足对人力资源的需要。这种以人力资源的流动来促进员工队伍的新陈代谢，对保持企业组织的效率与活力具有重要意义。人力资源规划和管理必须充分考虑到人才流动这一因素。不同的企业或同一企业在不同的发展阶段，人员流动情况也不一样。人力资源流动率是指一定时期内某种人力资源的变动数（如离职或新进）与员工总数的比率。人力资源流动率是考察企业组织与员工队伍是否稳定的重要指标，适度的人力资源流动率是保证组织正常新陈代谢的条件。人力资源流动率多大为宜，应视企业的性质、人力资源政策、业务发展、企业历史以及商誉等具体情况而定。一般原则是蓝领员工的流动率可以大一些，白领员工的流动率要小一些，企业高层人员的稳定周期宜长些，基层人员则短些。西方国家的人力资源管理专家认为：年轻的专业技术人员能在一个企业维持较长的稳定性，足以说明该企业人力资源管理有过人之处，工作环境具有较强的吸引力。

人力资源流动率常用以下几种指标来体现。

1）员工离职率

这个指标一般可以从分析人力损耗指数中得出。人力损耗指在同一年内，离职的人数占某年职工的平均人数的比例。员工离职率越大，则企业保留人力的能力越低。在估计未来人力供应时，必须考虑离职率。一般而言，当经济繁荣、劳动力短缺、工作机会增加时，离职率就会相应增加。

2）人力稳定指数

这个指标用服务满一年或一年以上的人数占一年前雇用的总人数的比例来表示。这个指标没有考虑人力的流动，只计算了能任职一段时间的人数比例。

3）服务期间分析

这个指标用于分析职工职位、服务期间与离职情况等项目的相互关系，以作为预测离职情况的参考，主要是通过观察并详细记录职工的离任情况，以搜集有关资料作横向或纵向的分析。

4）留任率

这个指标用一定时期内在职人员占原在职人员的比例来表示，可作为估计未来企业人力供给的参考。如以横轴表示时间或服务时间，纵轴表示留任率，则可得出留任曲线。如图 4-2 所示。

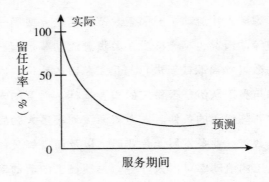

图 4 - 2 人力留任曲线

（2）人力资源利用的评估

对人力资源利用的分析主要可以从以下几方面进行。

1）年龄分布

企业内员工的年龄分布情况对于职工的工资、升迁、士气及退休福利等影响极大。例如，一个已进入成熟或持续收缩的企业，职工的年龄中，老年职工占较大比例，由于工资与年龄有关，所以其工资水平较高。另外，他们对于退休福利与继任者的需求也较强烈，同时还会影响到其他职工的升迁机会、进取态度及工作士气。

2）缺勤分析

缺勤通常包括事假、病假、迟到、早退、工作意外、离职等情况。此外，工作态度、士气、生产率、工作表现、服务水准等也都可以反映缺勤程度，同时会使人力供给预测有较切合实际的判断。在缺勤情况严重时，应加以分析并改善，使人力资源得以充分发挥作用，不致浪费。

3）职业发展

指导职工规划好个人的前途，提供充分发挥其潜能的机会，是挽留人才的有效方法之一，也是人力资源规划中重要的一环。帮助职工了解他们可以获得某些职位或晋升的机会，会使其对前途充满信心和期望。

4）裁员

当企业内部需求减少或供过于求时，便出现人力过剩，此时采取裁员措施是国际上通行的做法。裁员对企业是一种浪费，因为损耗了已被培养过的人才，而对现有员工或被解雇的员工而言则是很大的打击。因此裁员也要通过其他方法如退休、辞职来平衡人力供求关系。此外，也还有其他方法，如给予补偿金、准予提前退休、提供青年职工接受训练的机会等。

3. 人力资源供求平衡的方法

由于人力资源的需求和供给处在一个动态变化过程中，所以就产生了人力资源供求的平衡问题。人力资源供求的平衡不仅包括供求在数量上的大致相等，还包括供求在员工的质量、多元化及成本水平上的协调。这时就需要考虑哪一方面的差距是关键缺口，并依此建立弥补的方式和平衡的目标。

实际上，在经营过程中，企业始终处于人力资源供需失衡状态。在企业扩张时期，企业人力资源需求旺盛、供给不足，人力资源部门用大部分时间进行人员的招聘和选拔。在企业稳定时期，企业人力资源表面上可能稳定，但实际上仍然存在着退休、离职、晋升、降职、职务调整、解雇等情况，即处在结构性调整状态。在企业收缩时期，企业人力资源需求不足，人事部门要制定退休、裁员、下岗等政策。总之，在企业整个发展过程中，企业的人力资源供求都不可能自然处于平衡状态，而人力资源部门的重要工作之一，就是进行人力资源动态管理，使企业的人力供求不断取得平衡。

一般而言，企业实现人力资源供求平衡的方式大致有以下几种。

（1）人力资源供给不足时的平衡方法

1）增加员工的数量。通常通过提高工资、福利来增加对求职者的吸引力，招聘新员工，或降低录用标准，或增加临时性员工，或使用退休员工。

2）提高员工的生产率或增加他们的工作时间。这就需要提高每位员工的工作能力并增加工作动力，方法有培训、进行新的工作设计、采取补偿政策或福利措施、调整管理人员与员工的关系。

（2）人力资源供给过剩时的平衡方法

1）适当放宽退休条件，促使较多的员工提前退休。

2）减少人员补充。当出现员工退休、离职等情况时，对空闲的岗位不进行外部人员补充，而是进行内部人员调配。

3）增加无薪假期。如规定员工有 1 个月的无薪假期，在这 1 个月里没有薪水，但下个月可以照常上班拿工资。

4）提供新的就业机会。如办劳动服务公司，或自谋职业，企业给予资金、地点或产品等的帮助。

5）裁员。这是一种迫不得已的办法。应遵循政府或企业已制定的有关裁员的政策，尽量减少可能带来的副作用，如首先裁减考评绩效较差的员工，然后裁减那些希望主动离职的人员。需要注意的是，企业对被裁减者应给予一定的经济补偿。

第五章

员工招聘与选拔

一、影响员工招聘的因素

招聘的过程受到许多综合因素的影响。招聘的成功取决于许多因素，既受外部环境的制约，也受组织内部环境的影响。只有掌握了各方面的情况，招聘才能顺利进行。

1. 组织的外部因素

（1）国家的政策、法规

国家的政策、法规从客观上对组织的招聘活动进行了限制。一般而言，在招聘信息中不能有优先招聘哪类性别、年龄的人员表示，除非这些人员是因为工作岗位的真实需要。

（2）劳动力市场

劳动力市场是实现人力资源配置的场所，通过劳动力供给方与需求方的相互选择而达成配置人力资源的目的。劳动力市场对招聘单位来说主要从两个方面产生作用：

1）市场的供求关系

我们把供给小于需求的市场称为短缺市场，而把劳动力供给充足的市场称为过剩市场。一般来说，在劳动力过剩的情况下，组织对外招聘活动比较容易。相反，某类人员的短缺可能引起价格的上升，并迫使组织扩大招聘范围，从而使招聘工作变得相当复杂。由于我国的高级人才仍十分短缺，组织为了聘用到一位理想的高层次人才，往往要花费巨大的代价。

2）市场的地理位置

根据某一特定类型的劳动力供给与需求状况，劳动力市场的地理区域可以是局部性的、区域性的、国家性的和国际性的。对于那些不需要很高技能的人员可以在局部劳动力市场上招聘，比如一般的生产工人、文职人员。区域性劳动力市场可以用来招聘具有更高技能的人员，如计算机程序员。专业管理人员应在国家和劳动力市场上招聘，因为他们必须熟悉组织的环境和文化。最后，对某类特殊人员，如科学家、跨国公司中高层管理者，除了在国内招聘外，还可以在国际人才市场上招聘。

2. 组织内部的因素

（1）企业形象及号召力

组织在人们心目中的形象越好，号召力越强，那么组织的招聘活动就会越容易。因为良好的形象和较强的号召力，将会对应聘者产生积极的影响，引起他们对于组织招聘工作的兴趣，从而对组织的招聘工作产生有利作用。

（2）企业福利待遇

福利待遇对企业的招聘作用巨大。一个企业工资越高，内部的工资制度越合理，各项待遇越好，就越容易吸引高素质的人才，越容易招到令企业满意的员工。在福利待遇方面，户籍问题在我国企业招聘中一直占据很重要位置，虽然现在作用也大为下降，但仍不能忽视。

（3）招聘的成本和时间

由于招聘目标包括成本和效益两个方面，同时各招聘方法奏效的时间也不一样，所以，成本和时间上的限制明显地影响效果。

一个组织对于招聘资金投入数额的大小直接影响到招聘的效果。充足的招聘资金可以使企业在招聘方法上有更多的选择。这时，企业可以花大量费用做广告，所选择的传播媒体可以是在全国范围内发行的报纸、杂志和电视。相反，较少的招聘资金将使企业在招聘活动时面临的选择减小，使得企业只能采用费用较低的招聘方法，从而对企业的招聘活动产生不利影响。

时间上的制约也影响着招聘方法的选择。按照成本最小化的原则，组织应避开人才供应的谷底，而应在人才供应的高峰入场招聘。这时招聘的效率最高。

二、员工招聘的方法与渠道

1. 内部招聘

内部招聘是员工招聘比较特殊的形式。严格地说，内部招聘不但属于人力资源招聘的范畴，也属于人力资源开发的范畴。内部招聘的方法很多，主要有内部晋升、职位轮换、内部公开招聘、内部员工推荐等方式。

（1）内部晋升或职位轮换

内部晋升或职位轮换需要建立在系统的职位管理和员工职业生涯规划管理体系的基础之上。

首先，要建立一套完善的职位体系，明确不同职位的关键职责、职位级别和职位晋升轮换关系，即哪些职位可以晋升到哪些职位、哪些职位之间可以相互轮换。最重要的是在职位体系中要健全各个职位的任职资格，以便在内部晋升或职位轮换时以此为依据。

其次，在员工绩效管理基础上建立员工的职业生涯管理体系。在每次绩效评估时，不但要对员工的工作目标完成情况进行评估，还要对员工的工作能力进行评估，建立员工发展档案。同时，还要不断了解员工个人的职业发展愿望，帮助员工建立职业生涯规划。根据组织中员工的发展愿望和发展可能性进行职位的有序轮换，并对有潜力且业绩优秀的员工加以提升。

最后，内部晋升和职位轮换是建立在系统有序基础上的内部职位空缺的补充办法。因此，需要建立企业内部晋升和职位轮换的管理程序和制度。在管理制度中，应规定晋升和职位轮换的条件、时间要求、范围、流程等内容。

为了使内部晋升有序进行，企业可以建立一个继任者计划，对组织中重要的职位确定一些可能的候选人，并跟踪这些候选人的绩效，对他们的提升潜力做出评价。一旦这些重要职位发生空缺，就可以将最有潜力的候选人补充上去。

（2）内部公开招聘

在企业内部有职位空缺时，可以通过内部通告的形式进行公开招聘。一般而言，可以在企业内部主页、公告栏或以电子邮件的方式通告全体员工，符合条件的员工可以自由竞聘。

为保证内部招聘的质量，参加内部竞聘的员工也要像外部招聘的候选人一样接受严格的选拔评价程序，只有经过选拔评价符合任职资格的员工才能被录用。为保证正常的工作秩序，员工应聘内部职位时不需经过原部门主管的同意，一旦应聘成功，应给予一定的时间进行工作交接。

对应聘企业内部招聘职位的员工的资格要有一定的界定，比如对原职位的工作年限、工作绩效等有一定的要求。应该鼓励工作负责、成绩优秀的员工合理流动，而不是鼓励在一个在本职位上不认真工作的员工侥幸更换到其他职位的行为。

（3）内部员工推荐

内部职位出现空缺时，企业还应鼓励内部员工通过自己的人际关系为企业推荐优秀人才，企业可以对为企业推荐合适人选的员工给予一定的奖励。在一些著名企业中，接近一半的员工是通过内部员工的推荐计划被录用的。

为了保证员工内部推荐的质量，必须对推荐者的推荐情况进行跟踪和记录。如果一个员工推荐的候选人不符合要求，就应该不再考虑或慎重考虑他所推荐的人选。如果一个员工的推荐总是不成功，就应当取消他的推荐资格。

2. 外部招聘

企业内部招聘虽然有很多优点，但是人员的选择范围较窄，常常不能满足企业发展的需要，所以企业还需要采用多种多样的外部招聘方法。

（1）媒体广告

在媒体上刊登广告是被企业广泛运用的一种获取职位候选人的渠道，

如在一些大众媒体上刊登企业空缺职位信息，以吸引对这些空缺职位感兴趣的求职者前来应聘。发布招聘广告有报纸、杂志、广播电视、互联网、宣传印刷品等媒体。采用大众媒体招聘时，必须慎重考虑选择何种媒体及如何构思广告的问题。

1）媒体选择

企业应根据所要招聘职位的类型选择使用媒体。在选择媒体时首先要了解，不同媒体在哪些人群中使用率最高，不同职业的人喜欢接触何种媒体，之后再决定采用什么广告方式，从而做到有的放矢，提高招聘的效益。选择完媒体之后，企业招聘者通过对不同杂志、报纸的发行量及电视台收视率的调查，选择在某一具体媒体的哪一家刊登广告。一般而言，招聘高级管理和技术人员应在全国性的媒体上刊登广告，而招聘中级管理者和技术人员应在区域性媒体上进行广告。此外采用媒体进行招聘时，广告费用也是不可忽视的一个因素。广告费用取决于广告的大小和形式，以及刊登它的媒体的发行量。一则准确而又有魅力的广告可以使广告的耗费物有所值，即在合格的候选人中产生预期的反应。

不同的媒体各有优缺点，也各有适用范围。招聘者应对这些有一定的了解，使用时才能做到得心应手。表5－1对各种媒体的适用情形、优缺点进行比较，供招聘者在选用时进行参考。

表5－1　各种招聘广告媒体的比较

媒体类型	适用情形	优　点	缺　点
报纸	需要在某个特定地区进行招聘； 职位在短期内需要得到补充人员； 职位候选人数量较大； 行业或职位的人员流失率较高	发行量大； 迅速将信息传达给读者； 广告的大小可以灵活选择	发行对象比较复杂，可能很多读者并非所要寻找的候选人，但却要为这部分人付费； 保留的时间很短，很多报纸只能在一天内被人看到，因此，很多潜在的候选人可能会错过； 报纸的纸质和印刷质量限制广告的设计和质量

续表

媒体类型	适用情形	优 点	缺 点
杂志	职位候选人集中在某一专业领域；所需候选人的分布较广；空缺职位并非迫切需要填补	接触目标群体的概率较大；便于保存，能够在较长时间被看到；纸质和印刷质量较好	申请职位的期限很长；发行的地区较为分散；广告的预约期较长
广播电视	企业需要迅速扩大影响；宣传企业形象和招聘同时进行；要引起求职者对其他媒体的关注	可以产生较强冲击力的视听效果；选择在黄金时段发布时受众人数众多；给人留下的印象深刻	广告的时间较短；费用比一般媒体昂贵；缺乏持久性；存在为不可能的接受者付费
网站广告	适用于有机会使用电脑和网络的人群；紧急招聘职位和长期招聘职位都适用	不受时间和空间限制；方式灵活便捷；可以与招聘和人力资源管理的其他环节形成整体	没有在网站上查找工作的潜在候选人可能会看不到职位空缺信息
印刷宣传品	适合在特殊场合使用，如展示会、招聘会、校园等场所；适合与其他形式的招聘活动配合使用	容易引起应聘者的兴趣，引发他们的行动	宣传力度有限；有些印刷品可能会被抛弃

2）撰写招聘广告

媒体选择之后，广告的撰写也是一项十分重要的工作。招聘广告的内容应包括：企业情况简介、所招聘职位介绍和任职资格、应聘者应做的准备及联系方式、招聘的时间范围或截止日期。

招聘广告的设计要符合 AIDA（Attention Interest Desire Action，爱达）原则，即"注意—兴趣—愿望—行动"四原则。首先，要确保广告能够引起求职者的注意。要使企业的广告在众多的广告中脱颖而出引起求职者的注意，就必须新颖、独特，有突出的颜色、位置等设计。其次，广告语言要生动、煽情、能引起求职者的共鸣，同时辅以巧妙的、新颖的呈现方式。如"加入我们你将拥有美好的明天"、"这里为你提供一个创业的平台"等广告语往往比较容易引起求职者的兴趣。再者，激起求职者申请该职位的愿望。这就要求企业在设计广告之前要调查所招聘职位求职者群体的特点，在广告设计中突出所招聘职位中吸引人的一些因素，如成就感、培训发展机会、薪酬福利等，激发求职者获取该职位的愿望。最后，要鼓励求职者看到广告后立刻采取行动。

此外，招聘广告要真实、合法、简洁。广告的真实性与合法性不仅是对求职者负责，也是对企业负责。虚假广告不仅会影响企业自身的形象，在某些情况下企业还要负法律责任。由于招聘广告要按照文字量、版面大小等付费，所以招聘广告要尽量简洁，但要确保信息全面。

（2）就业服务机构

目前我国的就业服务机构分为两类。一类是私人的就业服务机构，如私人职业介绍所。在很多国家这种机构是许多管理人员找工作的重要渠道，但在我国这类机构起步较晚，尚有许多不足之处。另一类是公共就业服务机构。我国的公共就业服务机构分为人才市场和劳动力市场，相对于私人就业服务机构而言，我国的公共就业服务机构发展较为迅速，是我国各类企业招聘人员的主要机构。

在以下情况下，企业可能会愿意借助就业服务机构的力量来完成招聘工作。

1）企业没有自己的人力资源管理部门，不能较快地进行人员招聘与选拔工作。

2）企业虽然有自己的人力资源管理部门，但是由于种种原因该部门不能从事招聘与选拔工作。

3）企业人力资源部门过去的经验显示，靠企业自身很难招聘到足够数量的、合格的员工。

4）职位空缺需要马上填补，企业自身根本来不及准备。

就业服务机构人才信息丰富、招聘效率高、招聘方法科学，但是由于它并不是企业本身，所以可能对企业人员需求了解不够精确，一旦招到不合适的员工，就将给企业带来更高的招聘费用。因此，企业在借助就业服务机构时，最好能为就业服务机构提供一份精确的工作描述。如果有可能，整个招聘过程都要在企业的监督之下进行，最好能够指定所选就业服务机构中的某个人或某几个人长期为企业服务。由于他们固定为企业服务，对企业的需求就比较了解，所以招聘效果会更佳。

（3）猎头公司

"猎头"一词源于英文的"head hunting"，是二战后出现的新词汇。当时美国正不遗余力地网罗人才以发展国力。网罗人才的行动方式是先找到目标，然后再使用各种手段将其"捕获"，颇似丛林狩猎，由此就有了"猎头"一词。通常所说的猎头公司即高级管理人员代理招募机构其本质上也是一种就业服务机构，主要为企业搜寻高级人才。

猎头公司有自己的人才库，且与许多高级人才保持着长期联系。在招聘的过程中，猎头公司可以对企业名称保密，直至招聘的最后阶段，招聘效率极高，可以为企业节省时间。但是通过猎头为企业猎才的费用相当昂贵，一般为所猎职位年收入的 25%～35%，一般的小企业难以承受。再者，我国的猎头业刚处于起步阶段，还很不规范。因此，企业在选择猎头公司时，首先要对该公司的资质进行考察，最好能得到其过去顾客的资料，从那里了解该猎头公司的服务状况，并应从多个顾客那里了解信息，以确保信息的正确性，以便选择背景和声望好、在市场上寻找人才能力强的猎头公司与之合作。在与猎头公司合作时，一定要在开始时约定好双方的义务和责任，在容易发生争议的问题上达成共识。另外，应该选择猎头公司中最好的猎头顾问为自己企业服务。

（4）招聘会

人才招聘会是一种传统的招聘方式，分为专场招聘会（即只有一家企业的招聘会）和非专场招聘会（即人才中介机构组织的有多家单位参加的大型招聘会）。大型人才招聘会一般比较集中，一年中举行几次，参展单位和求职者非常多。因此，招聘会招聘时间比较集中、选择范围广、成本低、时效性较强。但是，参加招聘会的求职者众多，人员素质参差不齐，专业性较差，企业在人才招聘会上可能会收到很多简历，但真正符合要求的却不多。这就为企业的筛选带来了难度。

面对名目繁多的人才招聘会，企业的人力资源管理人员必须结合企业人才需求状况决定是否应该参加。首先，了解招聘会的档次。如果招聘会的参加单位档次与本企业差距很大，这样的招聘会就没必要参加，因为在这样的招聘会上不可能招到本企业所需的人才。其次，要了解招聘会的对象。如果企业要招聘有工作经验的员工，就不用参加面向应届大学生的招聘会。最后还要考虑招聘会的组织单位，组织单位的能力强、社会影响力大才可能组织声势浩大的招聘会。

（5）校园招聘

校园拥有大量的人才储备，每年向企业输送大量的人才。现在企业越来越重视校园招聘这条获取人才的途径。校园招聘的优点是企业在校园中可以找到足够的高素质人才，这些人才学习能力、可塑性很强，不足之处就是应届毕业生缺乏经验，需要一段时间才能胜任工作。同时，刚步入社会的大学生对工作的期望值较高、对自身能力估计不足、择业心态不稳，可能会有较高的离职率。

（6）网上招聘

随着计算机技术和网络的发展，网上招聘已经成为企业招聘的重要途径。网上招聘传播信息范围广、速度快、成本低、不受时间和地域的局限，因此为越来越多的企业所采用。据统计，在《财富》500强企业中采用网上招聘的企业占88%。近几年来，我国的招聘服务网站发展十分迅速。这些招聘网站同时为企业和个人提供服务，并为企业提供网上招聘管理和个人求职资料的管理。

很多公司都通过自己的网站建立高信誉的招聘渠道，甚至许多跨国公司都在自己的网站上建立了吸引人的招聘网页，为本企业和外部求职者之间提供了交流的窗口和互动的平台。

1）个人网上求职形式

个人网上求职即求职者个人在网上发布求职信息。打开任一人才网站，一般先要注册登记，注明求职意向、要求以及个人情况和通信方式（通信地址或E – mail地址），完成登记即可。

再根据网上发布的招聘信息，发送求职意向。应聘者可直接登录单位站点，主动发封 Email 去联系。如果用人单位对你发去的资料感兴趣，就会和你联系。

2）个人网上求职注意事项

求职的电子邮件应尽量简明扼要。既要把自己在某一方面的特长讲清楚，又不要过于冗长。同时，注意不要把简历贴在附件里。一是因为邮件太多，有时收邮件的工作人员懒得打开。二是因为当前电子邮件病毒流行，许多用人单位不愿打开电子邮件的附件。同时，要注意把简历转化为文本文件，不要出现字词及语法类的错误。

不要同时在一家公司应聘数个职位。一般来说，在用人单位看来，你越是对某一职位志在必得，他们越会感觉你是认真的。相反，如果既应聘文秘，又应聘程序员，还应聘推销员，他们会觉得你对这三个方面都不是很精——"样样通，样样松"。这样应聘的成功率自然也就低。

网上求职由于招聘和应聘双方不见面，给双方带来较大选择空间的同时，也使一些不法分子有机可乘——实施网上诈骗行为。因此，网上求职和网下求职一样，都有上当受骗的可能。但是，网下受骗可以投诉，网上受骗就只好自认倒霉了。对于未面试就让应聘者交纳报名费和培训费的招聘信息，求职者更要注意辨别真伪，以防受骗。

所需招聘人员除前面介绍的几种来源之外，员工举荐、随机求职者、离退休人员、兼职雇员、家庭主妇等方式也可成为招聘人员来源渠道。

三、员工的选拔测试与面试

在员工的选拔录用过程中，选拔测试和面试是比较关键也是比较复杂的两个步骤，其余的则相对比较简单。下面重点介绍这两个步骤。

1. 选拔测试

选拔测试就是指运用各种科学或经验的方法对应聘者进行评价，从而挑选出那些符合职位要求的人员的过程。选拔测试的方法有很多，下面只介绍几种最有代表性的测试方法。

（1）知识测试

这种测试主要是用来衡量应聘者是否具备完成职位职责所要求的知识。虽然具备职位所要求的知识并不是实际工作绩效良好的充分条件，但却往往是它的一个必要条件。因此，选拔录用中要对应聘者的相关知识进行测试。不同的职位知识测试的内容不一样，例如录用会计人员要测试与会计有关的知识，而录用人力资源管理人员就要测试人力资源管理知识。

这种测试方法的好处是：比较简单，便于操作，不需要特殊的设备；可以同时对很多应聘者进行测试，费用也比较低，可以节约大量的时间；相对来说比较公平，受主观因素影响较小。这种方法的缺点在于主要考察的是应聘者的记忆能力，对实际工作的能力考察不够。因此，知识测试往往作为一种辅助手段同其他方法一起使用。

（2）能力测试

能力是指个人顺利完成某种活动所必备的心理特征。任何一种活动都要求从事者具备相应的能力。能力测试就是衡量应聘者是否具备完成职位职责所要求的能力。能力测试有两种功能：一是判断应聘者具备什么样的能力，即诊断功能；二是测定在从事的活动中成功的可能性，即预测功能。能力测试包括一般能力测试和特殊能力测试两种。

1）一般能力测试

一般能力测试最初是由美国劳工部自 1934 年开始花费十多年的时间研究制订的，包括 9 种职业能力倾向：一般能力、语言能力、数理能力、书写能力、空间判断力、形状知觉、运动协调能力、手指灵活度以及手腕灵巧度。这套测试所涵盖的各种能力与不同的职业类型密切相关。经过测试可以对应聘者是否适宜从事所应聘的职位做出判断，例如手指灵活度不高的人，就不适宜从事打字员这一职位。

2）特殊能力测试

特殊能力指那些与具体职位相联系的不同于一般能力要求的能力。例如人力资源管理职位要求具备较强的人际协调能力，而保安的职位对反应能力的要求就比较高。在使用特殊能力测试时，企业要根据空缺职位的类别，选择相应的测试方法。

（3）性格和兴趣测试

1）性格测试

性格是指个人对现实的稳定态度和习惯的行为方式。按照不同的标准可以将人们的性格划分成不同的类型。由于人们的性格在很大程度上决定着他们的行为方式，而不同的职位所要求的行为方式又不同，所以对应聘者的性格进行测试有助于判断他们是否胜任所应聘的职位。例如销售职位需要经常与人打交道，因此要求应聘者的性格应当比较外向。目前，对性格测试的方法有很多，但主要可以归结为两大类。一是自陈式测试，就是向被测试者提出一组有关个人行为、态度方面的问题，被测试者根据自己的实际情况回答，测试者将被测试者的回答和标准进行比较，从而判断他们的性格。二是投射式测试，就是向被测试者提供一些刺激物或设置一些刺激情景，让他们在不受限制的条件下自由地做出反应，测试者通过分析反应的结果，从而判断被测试者的性格。

2）兴趣测试

这里的兴趣主要是指职业兴趣，是指人们对具有不同特点的各种职业的偏好以及从事这一职业的愿望。职业兴趣会影响人们对工作的投入程度，即如果职业兴趣和应聘的职位不符，那应聘者的工作热情就会受到影响。相反，如果职业兴趣和应聘职位相符，那么应聘者就会积极主动地进行工作。兴趣测试的方法主要有斯通——坎贝尔测试等等。

（4）工作样本测试

工作样本测试就是要求应聘者完成职位中的一项或若干项任务，依据任务的完成情况来做出评价。这种方法强调直接衡量工作的绩效，具有较高的预测效度。工作样本测试的优点在于它测量的是实际工作任务，应聘者很难伪装，或给出假答案。工作样本测试的缺点是需要对每个应聘者进行单独测试，实施成本比较高，不适于那些完成周期比较长的任务。

在实施工作样本测试时，首先应挑选出职位中的关键任务，然后让应聘者完成这些任务，同时由测试者对他们的表现进行监测并记录下任务的执行情况，最后由测试者对应聘者的表现和工作完成情况做出评价。

（5）评价中心测试

评价中心测试其实就是通过情景模拟的方法来对应聘者做出评价。它与工作样本测试比较类似，不同的是工作样本测试是用实际的工作任务来进行测试，而评价中心则是用模拟的工作任务来进行测试。这种测试通常包括以下几种方法。

1）无领导小组讨论

无领导小组讨论就是把几个应聘者组成一个小组，给他们提供一个议题，事先并不指定主持人，让他们通过小组讨论的方式在限定的时间内给出一个决策，评委们则在旁边观察所有应聘者的行为表现并做出评价。通过这种方法，可以对应聘者的语言表达能力、分析归纳能力、说服能力、协调组织能力以及集体意识等做出评价。

2）公文处理

公文处理多是针对管理职位实施的一种测试方法。首先假设应聘者已经从事了某一职位，然后给他提供一揽子文件，文件的类型和内容要根据这一职位在实际工作中经常遇到的类型来设计，一般有信函、备忘录、报告、电话记录、上级指示和下级请示等类型的文件，接着让应聘者在规定的时间和条件下处理完毕，并说明理由和原因。通过这种方法，可以对应聘者的规划能力、决策能力以及分析判断能力等做出评价。

此外，评价中心测试还有管理游戏、角色扮演、演讲以及案例分析等方法。

(6) 测试中应注意的问题

为了保证选拔测试的效果，在测试过程中要注意以下几个问题。

1) 测试的条件标准

要求所有的应聘者尽可能在相同的条件下接受测试，因为条件不同会影响应聘者的表现。例如，在进行公文处理测试时，对大家规定的时间是一样的，但如果不同的组的组成人数不一样，那测试的结果就会不准确。再比如，知识测试时，大家的测试环境应当一样，不能让有些人在安静的房间进行测试，让另外一些人在喧闹的房间进行测试。

2) 测试的过程客观

要尽量避免因测试实施者的不同而影响测试结果，在测试过程中要尽可能地使用客观性试题。

3) 测试的环境合适

要尽可能地给应聘者提供比较舒适的测试环境，减少外部环境对测试结果的干扰。例如，让应聘者在安静、整洁的房间测试，并合理地控制测试时间，如果长时间测试的话，中间安排休息。当然，这要排除那些工作环境本身就比较恶劣的职位。

4) 测试的方法可靠

这是对测试方法本身的要求，测试方法应该具有信度和效度。

2. 面试

面试是指通过应聘者与面试者之间面对面的交流和沟通，从而对应聘者做出评价的方法。虽然学者们对面试的看法并不完全一致，但在实践中，这却是企业最常用的一种选拔录用方法。

（1）面试的类型

按照不同的标准，可以将面试划分为不同的类型。

1）按照面试的结构化程度，可以分为结构化面试、非结构化面试和半结构化面试三种类型。

结构化面试是指按照事先设计好的问题进行提问的面试。这种面试方法可以避免遗漏一些重要的问题，同时还可以对不同的应聘者进行比较，但是却缺乏灵活性，不利于对某一问题进行深入了解。非结构化面试是指根据实际情况随机进行提问的面试。这种面试方法的优缺点正好和结构化面试相反。半结构化面试是指将前两种方法结合起来进行的面试。它可以有效地避免结构化和非结构化面试的缺点。

2）按照面试的组织方式，可以分为陪审团式面试和集体面试两种类型。

陪审团式面试是指由多个面试者对一个应聘者进行面试。这种方法可以对应聘者做出比较全面的评价，但是却比较耗费时间。集体面试则是指由一个面试者同时对多个应聘者进行面试。它虽然可以节省大量的时间，但由于面试者要同时观察多个应聘者的表现，容易出现观察不到的情况。

3）按照面试的过程，可以分为一次性面试和系列面试两种类型。

一次性面试是指对应聘者只进行一次面试就做出决策。系列面试则是指要对应聘者依次进行几轮的面试才能做出决策。

在实践过程中，企业往往将上述面试的类型结合起来使用，一般会采取一次性的陪审团式面试方式。

（2）面试的过程

不同的企业对面试过程的安排会有所不同，但是为了保证面试的效果，一般来说都要按照下面几个步骤来进行面试。

1）面试准备

面试准备阶段要完成以下几项工作。

①选择面试者。这是决定面试成功与否的一个重要因素。有经验的面试者能够很好地控制面试进程，能够通过对应聘者的观察做出正确的判

断。面试者一般要由人力资源部门和业务部门的人员共同组成。

②明确面试时间。这不仅可以让应聘者充分做好准备，更重要的是可以让面试者提前对自己的工作进行安排，避免与面试时间发生冲突，以保证面试的顺利进行。

③了解应聘者的情况。面试者应提前查阅应聘者的相关资料，对应聘者的基本情况有一个大致的了解，这样在面试中可以更有针对性地提出问题，以提高面试的效率。

④准备面试材料。这包括两个方面的内容。一是面试评价表。这是面试者记录应聘者面试表现的工具，一般由应聘者信息、评价要素以及评价等级三个部分组成。二是面试提纲。对于结构化和半结构化面试来说，一定要提前准备好面试提纲。即使是非结构化面试，也要在面试之前大致思考一下准备提问的主题，以免在面试过程中离题太远。面试提纲一般要根据准备评价的要素来制定。

⑤安排面试场所。面试场所是构成面试的空间要素。企业在安排面试场所时应当尽可能让应聘者易于寻找。此外，面试场所应该做到宽敞、明亮、干净、整齐、安静，即为应聘者提供一个舒适的环境。

2）面试实施

这是面试的具体操作阶段，也是整个面试过程的主体部分，一般可以分为以下几个小的阶段。

①引入阶段。应聘者刚开始进行面试时往往都比较紧张，因此面试者不能一上来就切入主题，而应当经过一个引入阶段，说一些比较轻松的话题，以消除应聘者的紧张情绪，建立起宽松、融洽的面试气氛。比如，面试者可问诸如"你今天是怎么过来的呀？"、"我们这里还好找吧？"的问题。

②正题阶段。经过引入阶段，面试就可以切入正题了。在这一阶段，面试者要按照事先准备的提纲或者根据面试的具体进程，对应聘者提出问题，同时对面试评价表的各项评价要素做出评价。提问的方式一般有两种。一是开放式提问，就是让应聘者可以自由发挥回答的提问，比如面试

者可使用诸如"你认为个人成功需要具备什么条件?"的语句来进行开放式的提问。二是封闭式提问,就是让应聘者做出"是"与"否"选择的提问,比如面试者可使用诸如"你是否能够经常出差?"的语句来进行封闭式提问。

在这个过程中,面试者要特别注意提问的方式、提问应当明确,不能含糊不清或产生歧义;提问应当简短,过长的提问既不利于应聘者抓住主题,也会挤占他们的回答时间;提问时尽量不要带感情色彩,以免影响应聘者的回答;提问时尽量不要问一些难堪的问题,除非是某种特殊需要。

此外,面试者还要注意自己的态度举止,尽量不要出现异常的表情和行动,如点头、皱眉等体态语言会让应聘者感到面试者在肯定或否定自己的答案,从而影响应聘者的回答。

③收尾阶段。主要问题提问完毕以后,面试就进入了收尾阶段。这时可以让应聘者提出一些自己感兴趣的问题由面试者解答,以一种比较自然的方式结束面试谈话,不能让应聘者感到突然。

3)面试结束

面试谈话结束以后,并不意味着面试就结束了,因为在面试结束阶段还有一些其他工作需要完成。这些工作包括由面试者对面试记录进行整理、填写面试评价表,以便全部面试结束后进行综合评定,做出录用决策。

3. 高效招聘面试的五要素

很多企业在人才招聘面试环节就处于劣势。这些企业进行人才选聘时,没有科学的评估标准和评价方法,那些没有接受过系统训练的面试官不断为企业引进大量不合格人员,造成了企业直接和间接的经济损失。人力资源管理者只有建立正确的人才招聘观,通过高效招聘的实施技巧及专业面试技巧运用,才能帮助企业快速招到适合的人才。

(1)招聘面试理念——观念决定结果,意识决定行为

人力资源管理者应建立正确的人员招聘意识和观念,正确对待招聘工作,从员工招聘的问题出发,运用行动学习的研讨方法,探讨分析影响招聘质量的因素,导出系统提升招聘质量的关键要素。招聘必须支撑企业战

略和企业的人力资源规划，建立招聘体系运作流程，选定招聘渠道。卓越管理者在招聘中角色定位，明确在招聘中需要承担的责任和使命及主要工作任务和要求。

（2）用人标准明晰——系统提升招聘质量的基石

从人才选聘的标准，导出胜任素质及其在招聘面试中的运用，帮助管理者明确岗位的用人标准和相关考察的项目，从而为准确识别人才奠定基础。用人标准明晰包括两方面工作：一是构建企业胜任素质模型用于招聘甄选。二是岗位评价要素及用人标准的确定，确定岗位评价要素需考虑的前提条件和主要内容，明确岗位的用人标准和要素。

（3）人才选拔工具——管理者的"伯乐之剑"

管理者正确使用科学的选拔方法和工具，能够高效识别人才，降低用人风险。这就要求管理者运用结构化面试和行为面试法，掌握高效的情景面试方法。

首先，设计与使用结构化面试，做到面试程序、时间安排、面试评估要素、面试问题设计、面试评分标准、面试考官、面试考场准备及布置要求结构化。其次，设计和标准化结构化面试的内容，即确定面试评估要素，编写各要素的详细定义说明，设计各要素的问题，确定要素的目标值和权重，编制结构化面试的评分表格。再次，结构化面试的实施步骤，即做到结构化面试的准备阶段的要求，导入面试阶段、正式面试阶段、面试确认阶段的考核要求及技巧。再就是，结构化面试中的核分规则与决策，即使用关键行为面试法，掌握关键行为面试的理论基础及要点，根据应聘者的行为分析素质情况，掌握行为事例问题设计要求及发问技巧。最后，设计与使用情景模拟面试法，即了解情景模拟面试法的特点，使用公文筐处理法，使用无领导小组讨论法，训练全面技术关键活动。同时，掌握全面技术的标准动作及其步骤，设计群面技术的小组活动方案，适当时选择与使用心理测验工具，应用心理测验，以达到人才选拔的目的。

（4）高效面试实施——专业面试技巧训练

在面试中观察应聘者的言行举止，更好的倾听和反馈，适当针对性提问，并刨根问底了解应聘者真实的情况，提高面试官的面试质量。一要望，学会观察，了解面试中观察的内容和重点，掌握应聘者谎言的识别技巧和肢体语言解码技巧。二要闻，善于倾听。面试官要善于倾听，掌握好倾听技巧，挖掘应聘者更多的信息，规避倾听中常见误区。三要问，善用提问。设计与使用引入式问题、行为式问题、智力式问题、动机式问题、压力式问题。四要切，深入追问。通过追问确保信息的有效性，掌握追问的时机及方法，分析信息的真实性。

（5）高效猎取人才——管理者的"伯乐之术"

传统的招聘方法已经很难招到企业需要的人才。人力资源管理者需要结合企业的需求快速锁定和猎取目标人选，而人才高效猎取技术正是人力资源管理者人才管理的基本功。高效猎取人才的人力资源管理者，一要向猎头学习招聘，二要高效猎取人才的要求及特点，三要掌握高效猎取人才的四大步骤。首先，明晰需求，锁定目标，招明白人，评估需求的来源，利用需求收集的方法，界定目标人选来源。其次，经营招聘渠道，多管齐下，建立人才库，并选择和用好招聘渠道，分类比较常用渠道，高效实施内部推荐，运用定点猎聘技术的方法和工具，提高猎头招聘的质量和效率。再次，高效面试实施——把握质量和效率的双重标准，进行更好的简历筛选，通过电话面试锁定候选人，通过电话面试吸引人员到场面试，提高面试的效率。最后，说服与吸引目标候选人，把握成交的钥匙，制定好吸引候选人的途径及策划，塑造雇主品牌，做好录用跟进与管理工作。

四、员工的选拔录用

选拔人员之所以困难，主要表现在两个方面：一是选拔最佳人员配备到合适的岗位难；一是录用过程容易影响其他人事管理职能。因此，人力资源部门在选拔人员时，要修改工作说明和工作规范，以确保符合条件的人员选拔进企业。

1. 影响选拔人员的环境因素

（1）付出的报酬要合理、合法

国家或地方的法规、行政命令和法院的判决，对人事管理具有重要影响。人力资源主管要全面了解选择录用的法律问题，包括了解需要避免的选择准则。这是绝对必要的。

（2）决策速度

进行选择录用决策所用的时间对于选择过程可能有重要影响。

（3）组织的等级

为组织中不同等级的职位选择人才通常采用不同的方法。例如，招聘一名上层管理者和一名普通办事员工之间是有差别的，管理者的招聘要进行全面的背景考核及面谈，以检验求职者的经验和能力，而办事员的招聘可能只是进行一下文字处理能力测试和简短的求职面试。

（4）应聘者数量

对于某项特殊工作来说，应聘者的数量可能会影响选择录用过程。只有在几位符合条件的应聘者同时申请一个职位时，这个过程才是真正的选择过程，但是具备所要求的高能力应聘者往往不多，因此选择录用过程就成了对手边现有人员进行选择录用的问题。劳动力市场的膨胀和收缩，对人力资源的供给，进而对选择过程产生相当大的影响。

（5）组织类型

用人单位的组织类型会对选择录用过程产生很大影响。私人企业以利润导向为主，是以如何帮助企业达到利润为标准而对应聘者进行筛选的。对一个人的全面考查，以及与工作相关的个性因素的考查，都包含在这类组织对未来员工的选择录用过程中。

（6）试用期

许多企业采用试用期。它使得企业可以根据工作业绩评价一个人的能力。试用期可以代替选择录用过程的某些阶段，或用于检验过程的正确性。这种做法的基本原理是，如果一个人在试用期圆满地完成了工作任务，那么其他的选择录用工具就没有必要使用了。对新录用的员工应进行监控，以确定录用决策是否正确。

2. 选择录用过程

图 5-1 表明了一般的选择录用过程。该过程一般从初步面试开始，面试后明显不合格的应聘者会很快被拒绝。接下来，应聘者填写企业的求职申请表，然后要经过一系列前面介绍过的招聘测试以及证明材料和背景材料的核实。获得成功的应聘者会收到企业的体检通知，体检合格后将被正式雇用。一些外部和内部因素会影响选择过程，人力资源主管在进行选择决策时必须加以考虑。

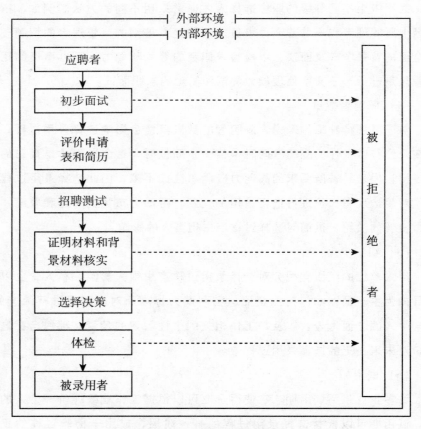

图 5-1　选择过程示意图

（1）初步面试

初步面试主要是淘汰那些不合格的人，筛选那些合乎条件的人员。在该阶段，面试人员问一些简单的问题。例如，某个职位可能要求具有一定的工作经历，如果应试者不具备相关经历，那么对这个职务任务进一步的讨论都是在浪费企业和求职者的时间。

除排除明显不合格的应聘者外，初步面试对企业还可能产生其他的积极效果：有可能可供应聘者申请的职位不止一个，一位精明的面试人会了解企业中的其他职位空缺，并且可能会将合适的应聘者安排到另一职位上。例如，一位应聘者明显不适合招聘的高级项目分析员的职位，但是做计算机操作员倒很合适。这种面试不仅能为企业建立良好信誉，也能使招聘和选择达到最佳效果。

（2）评价申请表和简历

选择录用过程的第一步是让初试合格的应聘者填写求职申请表，然后人事部门对申请表进行评价，看看应聘者与招聘职位是否相符。精心设计的申请表可以为选择过程节省很多时间。因为它包含了基本的信息并用标准化的格式表示出来，所以人力资源主管应重视申请表的设计工作。申请表比简历用起来更有效，特别是对应聘企业中高级职位的人士来说，申请表可以将众多的应聘者减少到若干真正符合条件的候选人。

1）求职申请表

求职申请表要求的具体信息可能依企业不同而不同，甚至依组织中工作职位类型不同而不同。申请表一般包括的信息有：姓名、地址、电话号码、学历和工作经历。

2）简历

简历是应聘者用来提供其背景资料的一般方法。即使未来的企业不需要，应聘者也常常提交简历。应聘者在明显位置上标出当前或永久地址、电话号码及求职意向。求职意向是指描述理想的职位类型。

（3）应聘材料审核与背景调查

审核应聘材料可以使企业对应聘者提供的资料有更进一步的了解，

并可对其真实性进行验证。企业是非常重视对应聘者以前工作情况的调查。这项工作毫无疑问是属于人事部的。对于应聘企业中高层职位应聘者材料的审核与岗位调查，人力资源主管则应亲自把关。但这却是一项非常难以出色完成的任务，因为每个人都能提供三四个愿意赞美他的人的名单，而背景调查又主要是到应聘者所提供的证明人那里收集资料，所以人事部门应尽力去调查应聘材料的真伪，以便找到最适合企业的应聘者进行面试。

（4）选择录用决策

在对符合条件的招聘人员的材料全面了解之后，管理者（通常是总经理或人力资源主管）就要采取最关键的一步：做出实际录用决策。选择录用过程的其他阶段是被用来缩减候选人的数量。最终的录用者就要从那些经过了证明材料审查、招聘测试、背景调查及面试后仍未被刷掉的人中选出。不一定录用总体条件是好的，而应当录用条件与空缺职位要求最接近的人。如果一个组织将投资数万元用于招聘、录用及培训一名员工的话，那么对于管理者来说，雇用最适合空缺职位的候选人，才是最重要的。

人力资源部门人员参与了招聘工作的全部过程，但是，最终做出决策的人是总经理或人力资源主管，他们将对新员工的工作情况负责。在做决策中，他们可能征求人事经理的意见，也可能不征求。在该过程中，人事部门的作用是，提供服务和意见以帮助总经理及人力资源主管决策，使他们选择到他们愿意为之负责的人。

（5）体检

通常在决定了那些被录用的人员以后，是否提供工作要依能否通过体检而定。体检的主要目的是确定应聘者在体力上能否胜任工作。例如，如果工作有体力上的要求，而体检表明应聘者不具备完成工作所需的身体条件，那么这个人很可能被拒绝。此外，体检资料可能被用于确定某些体力能力能否将成功者与失败者区分开。

人力资源主管必须了解与体检有关的法律责任。只有在体检结果显示对完成工作有不利影响时，这些检查才可以被用来拒绝求职者。

（6）录用应聘者

如果体检合格了，那么应聘者就可以被录用了。开始工作的日期通常根据双方意愿而定。如果目前应聘者在另一家企业就职，他按惯例会提交一份 2~4 周时间交接工作的辞职通知。即使是在过了通知时间之后，也可能还需要一段时间为新工作做准备。

有时，企业也会让选中的人推迟上班日期。例如，如果新员工加入企业的第一项任务是去培训学校，组织可能要求他在学校开学后再来报到。这种做法只会对组织有好处，不应遭非议，尤其在新员工将面临非常艰苦的工作局面时更是如此。

五、招聘方法成效评估

招聘方法的成效评估指标包括招聘的信度和招聘的效度，相应的招聘方法的成效评估有以下两种。

1. 招聘的信度评估

（1）招聘信度的含义

招聘信度是指招聘的可靠性程度，具体指通过某项测试所得的结果的稳定性和一致性。若应聘者多次接受同一测验或有关测验的结果相同或相近，我们认为该测验的可靠性较高。一般认为，一个人的个性、知识、能力、技术在一个较短的时间内是相对稳定的，不会发生太大变化。任何一种测试手段，如果其信度很低，就不可能是有效的。通常这一指标又具体体现为稳定系数、等值系数、内在一致性系数。

（2）招聘信度三项指标系数的测定

1）稳定系数

稳定系数是指用同一种测试方法对一组应聘者在两个不同时间进行测

试的结果的一致性，可用两次结果之间的相关系数来测定。此法不适用于受熟练程度影响较大的测试。因为被测试者在第一次测试中可能记住了某些测试题的答案，从而提高了第二次测试的成绩。

2）等值系数

等值系数是指对同一应聘者使用两种在内容、结构、难度等方面相当的测试题所得结果之间的一致性。等值系数可用两次结果之间的相关系数来表示。

3）内在一致性系数

内在一致性系数是指把同一（组）应聘者进行的同一测试分为若干部分加以考察，以判断各部分所得结果之间的一致性程度。这可以用各部分结果之间的相关系数来判别。

另外，用于招聘方法的成效评估的指标还有评分者信度指标。评分者信度是指不同评分者对同一对象进行评定时的一致性。若打分相同或相近，则这种工具具有较高的评分者信度。

2. 招聘的效度评估

（1）招聘效度的含义

招聘效度是指招聘的有效性，具体指用人单位对应聘者真正测到的品质、特点与其想要测的品质、特点的符合程度。因此，一项测试必须能测出它想要测定的功能才能算有效。在人员选拔过程中，测验效度高是指实际测到应聘者的特征与想要测的特征符合程度高，其结果应该能够正确地预计应聘者将来的工作成绩，即选拔结果与今后的工作绩效是密切相关的。招聘效度测试指标主要有：预测效度、内容效度、同测效度。

（2）招聘效度三项指标系数的测定

1）预测效度

反映了测试用来预测将来行为的有效性。通过对应聘者在选拔中所得分数与其被录用后的绩效分数相比来了解预测效度，若两者相关性较大，则说明所选的测试方法、选拔方法有效，进而可用此法来进一步评估、预测应聘者的潜力。若相关性很小或不相关，说明此法在预测人员潜力上效果不好。

2）内容效度

即某测试的各个部分对于测量某种特征或做出某种估计有多大效用，测试是否代表了工作绩效的某些重要因素。在测试内容效度时，主要考虑所测得的内容是否与想测试的特性有关，如招聘打字员，测试其打字速度和准确性、手眼协调性和手指灵活度的操作测试的内容效度是较高的，因为准确性、灵活性是打字员应具备的职业特性，是特别需要测定的。内容效度多用在知识测试与实际操作测试中，而不适用于对能力和潜力的测试。

3）同测效度

同测效度是指对现有员工实施某种测试，然后将测试结果与员工的实际工作绩效考核得分进行比较，若两者的相关系数很大，则说明这种测试效度较高。这种测试效度的特点就是省时，可以尽快检验某种测试方法的效度，但若将其用到人员选拔测试时，难免会受到其他因素的干扰而无法准确地预测应聘者未来的工作潜力。这种效度是根据现有员工的测试得出的，而现有员工所具备的经验、对组织的了解等，则是应聘者所缺乏的。因此，应聘者有可能因缺乏经验而在测试中得不到高分，从而错误地被认为是没有潜力或能力的。但事实上，他们若经过一定的培训或锻炼，是有可能成为称职的员工的。

第六章

员工培训与开发

一、员工培训的需求分析

1. 培训需求分析的定义

培训需求分析是指在规划和设计每个培训活动之前，由培训部门和部门主管采用一定的方法与技术，对组织和员工的目标、任务、知识、技能和工作态度等进行系统的鉴别与分析，以确定是否需要培训和培训内容的过程。培训需求分析是实施培训管理的首要环节，是确定培训目标和制定培训计划的前提，也是进行培训评估的重要依据。

2. 培训需求分析的层次

培训需求分析应该从 3 个层面进行，才能够得到比较准确的分析结果，才能够制定出科学、有效的培训计划和实施方案。培训需求分析的 3 个层次是：组织分析、人员分析、任务分析。

（1）组织分析

组织分析是对培训在整个组织范围内的需求进行分析和确定，其关键是从整个组织的角度出发，把对培训需求的估计与组织目标联系起来。首先，要明确组织的发展目标和人力资源状况，包括人力资源数量与质量、员工诉怨、效率指标等与组织发展之间差距的确定，从而有助于确定培训计划的内容。其次，组织分析还要包括对培训发生环境的分析，主要是对组织内部可用培训资源以及受训者的组织和同事对待其参与培训、应用培训所学知识、技能的态度进行分析。

（2）人员分析

人员分析要确定谁需要接受培训以及培训是否适合的问题。对新员工进行培训需求分析时，主要了解其拥有的技能、知识、精神状态以及新岗位的要求，确定二者之间的差距，以提供有针对性的导向培训。对现有员工进行培训需求分析，主要通过绩效评估的方式，找出那些与组织期望绩效有差距的员工，并分析差距产生的原因。值得注意的是，在找出了不良绩效的员工之后，还要考虑培训能否解决这些不良绩效问题。因为培训并不是万能的，且有很多不良绩效是由管理等方面出现问题所致。

（3）任务分析

任务分析是以具体工作为分析对象，分析员工所要完成的任务以及成功地完成这些任务所需的技能和知识，从而明确培训的内容。任务分析的第一步就是要对工作进行描述，找出对工作有重要意义的具体任务，然后分析成功地完成每一项任务所需的技能和知识。

3. 培训需求分析的方法

培训需求分析包括两个基本的环节：一是收集培训需求信息，二是汇总、整理和分析这些信息，从而最终确定组织的培训需求。

（1）培训需求信息的收集方法

培训需求信息收集的方法有：面谈法、重点团队分析法、工作任务分析法、观察法、调查问卷法等。

1）面谈法

面谈法是指培训部门为了了解员工在哪些方面需要培训，就受训对象对工作及自己的态度或者是否有什么具体的工作计划并由此而产生相关的工作技能、知识、态度或价值观等方面的需求而进行面谈的方法。

面谈法有个人面谈法和集体会谈法两种。个人面谈法是分别和每一个参加培训的对象进行一对一的交流。集体会谈法是以集体会谈的方式，让培训者和受培训员工在会议室集体参加讨论，探讨培训需求的问题。面谈法了解培训需求时，培训者和受训员工面对面地交流，可以充分了解相关方面的信息，可以促进双方的了解，建立彼此的信任关系。但面谈的成功要求培训者有较高的面谈技巧。如果培训者缺乏面谈技巧，那一般员工是不会愿意将自己的个人发展计划轻易说出来的。这样的面谈效果就可能不理想。

2）重点团队分析法

重点团队分析法是指培训者从受训员工中选出一批熟悉问题的员工为

代表参加讨论，来调查培训需求信息。重点团队分析法比面谈法花费的时间和费用少，但组织面谈的难度相对大一些，而且要求参加讨论的员工对所代表的全体对象有比较深的了解。

3）工作任务分析法

工作任务分析法以工作说明书、工作规范或工作任务分析记录表作为确定员工达到要求所必须掌握的知识、技能和态度的依据，将其和员工的工作表现比较，找到差距，从而得到培训的需求。工作任务分析法是一种比较准确的调查方法，只是对时间和费用的要求多一些。该方法是很多组织调查培训需求的常用方法。

4）观察法

观察法是指培训组织部门通过对受训员工的工作技能、工作态度的观察，了解其在工作中的困难和渴望解决的问题。它是一种最原始、最基本的调查方法，对生产作业和服务性工作人员比较适合，而对技术人员和脑力类工作的培训需求调查效果不好。该方法最好是配合问卷调查的方法使用。

5）问卷调查法

问卷调查法是培训组织部门将与培训、员工的工作现状有关的系列问题编制成问卷，发放给受训员工填写后再收回，从而进行分析的方法。问卷调查法可节省培训组织部门和受训员工的时间，调查成本比较低，资料来源广泛，不足之处是问卷中提供的信息的真实性不易确定，而且问卷的设计难度较大。

6）专家指导法

专家指导法主要是利用外部专家的专长对员工培训需求进行调查。常用的专家指导法有：委托外界专家进行项目调查；利用外界提供的才能评鉴表对员工的能力、特长进行测评和鉴定，找到员工差距；利用标杆学习。通过专家指导法得到的需求信息需要组织根据组织员工情况进行再确认，以免出现外部专家因不是十分了解组织员工状况而使得到的调查信息的准确度不高。

（2）培训需求分析法

培训需求的分析方法很多，主要有：必要性分析方法、整体性分析方法、绩效差距分析方法。

1）必要性分析方法

培训需求必要性分析方法是指通过收集、分析信息或者资料，以确定是否通过培训来解决员工个人或组织存在的问题。具体有访谈法、问卷法、观察法等方法。

2）整体性分析方法

培训需求整体性分析方法是通过对组织及其员工进行全面、系统的调查，以确定理想状况与现实状况的差距，从面向组织未来发展和市场变化的角度确定组织的培训需求和培训内容的方法。具体有 Delphi 法、头脑风暴法、趋势预测法等分析方法。

3）绩效差距分析法

培训需求绩效差距分析方法是通过对员工和组织绩效目标与现实的差距的分析，寻找需要进行培训的缺口，从而确定培训需求。它的特点是分析是针对工作行为的结果而非问题，也不针对组织系统方面。该方法是一种被广泛采用、非常有效的培训需求分析方法。

二、制定员工培训计划与准备

在实施培训之前，制定培训计划并进行相应的准备是决定培训成败的重要工作。这一阶段主要包括以下内容。

1. 确认培训目标和培训效果

培训目标要建立在培训需求分析的基础之上。这种目标有助于帮助员工了解他们需要接受培训的原因与培训活动为组织和个人带来的预期收益。同时，培训目标也有利于评价培训的有效性。每一培训计划都有一个总体的培训目标，而每一培训阶段又有阶段目标。一项培训目标一般由三项要素构成：组织期望员工做什么（即绩效）；组织可以接受的绩效水平是怎样的（即标准）；受训者在何种条件下有望达到理想的培训效果（条件）。

2. 确定员工培训的准备工作

要确保员工不仅有动力而且要具备必须的技能参加培训，从而愿意而且能够掌握培训的内容。这种准备工作主要包括两个方面：一是员工为了学习培训内容并且将其运用到工作之中所必须具备的一些个人特征（如基本的能力、态度、信念和动机等）；二是要具备有助于培训而且不妨碍工作业绩的工作环境，其中较为重要的是要使管理人员在帮助员工做好接受培训准备方面起到重要作用。常见的准备工作包括：确保员工有充分的自信，增强员工的学习动机；使其了解培训的收益或者可能的结果；明确培训需要、职业兴趣以及目标；确保工作环境能强化员工培训动机；评审员工理解培训项目所必需的认识能力以及必要的阅读和书写能力。

3. 创造有利于培训的环境条件

除了教室桌椅、教学设备、道具等物质环境，良好的学习条件还包括有效的培训管理。培训管理是指在培训开始之前、进行之中以及结束之后所进行的各种协调活动，包括：就培训的内容与方案与员工进行沟通；征集参加培训课程和培训项目的人员；准备和整理所有在培训前期需要使用的阅读文献及测试题之类的材料；准备在讲解过程中需要用到的各种材料（如幻灯片、案例等）；安排培训设施和教室，调试在讲解过程中将要使用的设备，准备好当设备出现意外失灵时的备用设备（如备用的幻灯机灯泡等）；在培训师讲解过程中随时提供帮助，分发评价材料（如测试题、反应问卷、调查表等）；在培训之中或之后为培训者和受训者之间的沟通提供方便（如分发通讯录、交换电子邮件地址等）；在受训者的培训档案或个人档案中记录培训的完成情况。

4. 确保培训成果的转化

要将培训成果应用到实际工作中去。这须从转化气氛、管理者的支持、同事的支持、运用所学技能的机会、技术支持以及自我管理技能等方面着手。这项工作固然是组织长期日常性的管理活动，但对一次具体培训而言，也应该在培训计划中有针对性地予以明确，以确保培训成果的转化。

5. 确定培训的形式和方法

培训形式和方法主要是根据培训内容、培训目的、组织培训资源和受训员工的特点确定，恰当的培训形式和方法将提高培训的效果。

三、员工培训与开发计划流程

1. 培训上课前的准备工作

培训前的工作有以下几项：

培训现场的路标布置；培训现场的布置；准备茶水、播放背景音乐；学员签到；培训资料的发放；课程及教师介绍；宣布培训课程纪律。

2. 培训开始前的介绍工作

培训开始前的介绍内容有：培训主题；培训教师的介绍；介绍后勤安排；培训课程的介绍；培训目标和日程安排；学员的自我介绍。

3. 知识或技能的传授

培训老师通过讲授、有组织的讨论、非正式的讨论、提问和问答等方式和方法对受训员工进行培训。

4. 培训器材的维护、保管

培训过程中，对培训器材、设备要爱护。同时，培训组织者要做好培训协调工作，及时了解培训学员的反应，及时与培训教师沟通，协调上课、休息时间的管理，做好录音、摄像工作。

5. 培训考核或考评

培训结束后，应该进行一定形式的考核或考评，并将考核或考评结果进行公布。对于不合格者，应该按组织的培训管理制度进行补训，并给予相应的处罚，而给予考核或考评优秀者相应的表彰和物质奖励。

6. 培训的回顾与评价

在培训工作即将结束时，培训组织者要对培训的内容和学员的学习情况进行总结，提出希望。培训后的工作有：向授课老师致谢；培训效果问卷调查；培训证书的颁发；培训设备、仪器的清理、检查；培训成果的评估。

四、新员工导向

1. 新员工导向的概念

新员工定向培训或上岗引导，是指为新员工指引方向，使之对新的工作环境、条件、人际关系、应尽职责、工作内容、规章制度、组织的期望有所了解，能尽快进入角色，并创造优良绩效。新员工导向对培养员工的组织归属感意义长远重大。员工的组织归属感是指员工对自己的企业从思想、感情及心理上产生的认同、依附、参与和投入，是对自己单位的忠诚、承诺与责任感。

2. 新员工导向的内容

一般新招聘来的员工往往对组织抱有以下 3 种主要期望：一是希望获得对自己应有的欢迎和尊重；二是希望获得对组织环境和工作职务相关情况的了解；三是希望获知在组织中的发展与成功机会。鉴于此，新员工导向的内容为以下几个方面。

（1）使新员工感受到被尊重，即以各种形式表示对新员工的欢迎，表示对他们的重视。

（2）对组织与工作的介绍。首先应予介绍的是组织的文化，先强调软因素的宣讲与灌输。此后才进入组织概况的介绍。对新员工最关心的如奖酬待遇、考勤休假、调动晋升等人事政策内容，应预先作介绍安排，其他则可稍后安排。这表明入职导向活动宜"先务虚、后务实"。因为入职导向的内容丰富、涵盖面广，所以应有轻重缓急的安排与选择。

（3）发展前途与成功机会的介绍。组织在岗前培训中将上述内容分类，并按一定格式予以编排，即可形成完整的新员工导向内容。实际工作中，可以设计一份新员工导向的检查清单，来简明扼要而又涵盖全面地确定培训教育的内容。如表 6 - 1 就是一个新员工导向内容清单实例。

表 6 - 1　某公司新员工导向内容清单

对象：某公司新装配工导向信息人员	培训人员	时间
A. 使新员工成为正式成员的信息		
1. 在工资单和福利方案上签字 填写家庭经济状况表和获准雇用表	行政助理	第一天
2. 概述福利政策、请假程序、工间休息等	行政助理	第一天
3. 介绍员工手册	行政助理	第一天
4. 安全信息与条例	装配线班长	第一天或第一周
5. 停车场信息	行政助理	第一天
B. 制度方面的信息		
1. 参观工厂	班长	第一天
2. 安全操作程序	班长	第一周
3. 概述员工手册中的内容 第一周	班长	
4. 参观第一班的工作	班长	第一周
C. 建立归属感的信息		
1. 欢迎装配工	班长	第一天
2. 介绍认识行政人员和企业负责人	班长	第一天或第一周
3. 在参观第一班工作时，在休息室提供茶点， 介绍两班工人互相认识	行政助理	第一周

续表

D. 公司的历史和经营哲学		
1. 公司的历史	面试考官	录用前
2. 主要的历史事件和经营哲学	班长	第一周
E. 企业的目的和目标		
1. 概括企业的使命和远景规划	面试人员	录用前
2. 简要介绍	企业负责人	第一天
3. 详细介绍	班长	第一周
F. 岗位责任方面的信息		
1. 简要介绍岗位责任	面试人员	录用前
2. 概括职责描述	班长	第一天
3. 介绍工作岗位	班长	第一天
4. 在岗培训	老装配工	第一周
5. 对装配线上的工作、继续培训、辅导等进行管理	班长	第一周及以后

3. 新员工导向的计划与实施

新员工导向的计划与实施工作关键是要抓准和落实以下 5 个方面的内容要点。

（1）提供什么信息

详见表 6 - 1。

（2）谁来传播这些信息

在企业中主要由以下 4 类人员参加新员工导向传递有关信息。

1）企业负责人。他们与新员工的谈话、对新员工的认识等对新员工的影响很大。

2）部门主管。有关工作、岗位、制度归属感信息由部门主管告诉新人。部门主管起着很重要的教练和表率作用。

3）人事、行政管理人员。让新员工了解各项制度，办理手续、行政帮助。

4）其他员工，主要指新员工的同事。

（3）何时传播这些信息

这些信息的传播一般都集中于以下 3 个阶段。

1）录用前。招聘过程中，组织的招聘人员要向应聘者介绍组织、岗位等方面的情况，并在面试、录用时提供人事、工作、福利等政策资料。

2）第一天。新员工第一天上班往往带有疑问，多少会感到紧张。这时候，传播过多信息是错的。第一天应着重做 5 件事：某种方式的欢迎活动；完成基本文书工作，解释一下薪金和福利程序；参观；介绍与认识同事、关键人物；概述新员工职责描述和要求。此外，公布以后几周熟悉工作的日程安排。

3）最初几周。部门主管要一直与新员工保持密切的联系。新员工进入组织的第一天培训尤其重要，要让新员工有一种归属感，并对第二天充满期望和热情。

（4）何处传播这些信息

应根据组织新员工特点和培训内容特点，灵活地安排培训处所，如车间、会议室、休息间等，以有利于信息的传递和交流沟通。

（5）如何传播这些信息

针对入职引导内容的不同特点选取不同的传播方式，如欢迎见面会、茶话会、参观、看录像、学习员工手册、赠送纪念品、招待会等，应尽量灵活多样，以使新员工加深印象。

五、员工培训与开发的方案设计

针对员工在知识、技能、工作态度、综合素质等方面的差异，应该明确培训和开发方案的具体内容。归纳起来，主要有如下三个方面。

1. 技能培训

技能培训是指组织为开展业务及培育人才的需要，采用各种方式对员工进行有目的、有计划的培养和训练的管理活动，其目标是使员工不断地更新知识、开拓技能，改进员工的动机、态度和行为，使其适应新的要求，更好地胜任现职工作或担负更高级别的职务，从而促进组织效率的提高和组织目标的实现。

技能培训的目标可以从以下两个层面来考察：从组织方面看，技能培训就是要把员工的不足知识、能力及不积极态度控制在最小限度；从员工个人方面看，技能培训可以提高员工自身的知识水平和工作能力，达到自我实现的目标。技能培训的形式主要有以下三种。

（1）新员工导向培训

它是主要针对刚被招聘进企业、对企业内外情况生疏的新员工的一系列的培训活动。新员工导向培训为新员工指明方向，使新员工对新的工作环境、条件、人际关系、应尽职责、规章制度、组织期望有所了解，并尽快融入组织之中。

新员工导向培训应首先让新员工感受到组织重视他们的到来；其次，要让他们对组织和即将从事的工作有较为详细的了解；再次，要让新员工对组织的发展前途与自己的成功机会产生深刻的认识。新员工导向培训的深层意义在于培养员工对组织的归属感，包括对组织从思想上、感情上及心理上产生认同感、依附感。这是培训员工组织责任感的基础。

新员工导向培训活动通常分为两个阶段：一是员工刚来，还未正式到工作岗位上开始工作前的岗前教育阶段，通常只有几天时间；二是试用期直至正式转正前的岗上早期导向阶段，这阶段稍长，一般从数月到半年不等。岗前阶段有较多的脱产专门活动，其中既有培训性的，也有礼仪性的。岗上导向阶段则主要是在职活动，以培训为主。岗上导向活动是人力资源职能人员与新员工直接主管上级的共同活动。成功的新员工导向活动的安排与组织，离不开这两方面干部的通力合作与配合。人力资源职能部门的干部主要负责制定整个导向活动的计划，协调各有关部门间的活动，提供有关人力资源政策与奖酬方面的信息，安排导向活动班，编写并提供有关的手册、讲义、入门性介绍材料等文件。而新员工工作部门的直接主管在导向活动中起着更重要的作用：一则因为这些主管对新员工的职位及其权责最了解，最熟悉他们的业务性质与工作、生活规范（如作息制度、安全及保密规定、设备操作规程、消耗品领手续等）；二则因为新员工最注意他们顶头上司的一言一行，觉得其一举一动都具有暗示性。

如图 6 - 1 显示了人力资源干部与部门主管各自在新员工导向活动中涉及的领域与分工情况。

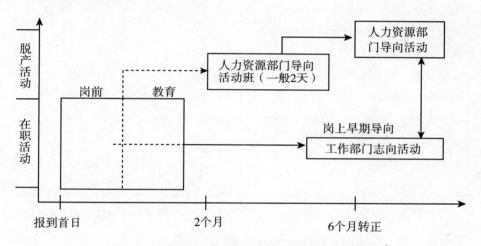

图 6 - 1 新员工导向活动中各部门所涉及的领域

现代企业都重视这种导向活动，有的企业人力资源管理部门设计和制备了"新员工导向活动清单"，如表 6 - 2 就是美国通用电气公司的新员工导向活动清单。

这份清单是人力资源部门为员工的直接主管制备的，只适用于一般员工，对特殊员工需根据情况补充专门事项。

（2）在职在岗培训

这是指在工作中直接对员工进行培训，是通过聘请有经验的工人、管理人员或专职教师指导员工边学习边工作的培训方式。在职在岗培训是一种历史悠久、普遍采用的培训方式，也是一种比较经济的方式。

表 6 - 2　新员工导向活动检查清单

新员工刚来报到	
欢迎加入本公司及担任职务；	指引更衣箱及厕所的地点；
指引员工食堂及饮水点；	介绍进、出厂及门卫检验制度；
引领参观工作地点状况；	介绍作息及考勤制度；
本班组（科室）工作简介；	引见本班组（科室）同事；
介绍安全规程和安全设备的使用；	引导新员工开始工作，介绍工作规程
提醒他在有问题或需要帮助时找你	
第一天工作之后	
介绍奖酬情况；	介绍自备车存放及公司交通车情况；
介绍公司流程设计；	进一步仔细研究规程
介绍本班组（科室）中各职务间关系	下班前检验其绩效、讲评和指导其工作
头两周	
介绍公司福利待遇；	介绍投诉及合理化建议渠道；
检查工作习惯是否有违安全要求	继续检查、讲评和指导其工作

在职在岗培训不仅仅使员工获得完成工作所需要的技能，还可以传授给员工其他的技能，例如如何解决问题、如何与其他员工进行沟通、学会倾听、学会处理人际关系等问题都可通过在职在岗培训得到解答。

（3）在职脱产培训

这是指有选择地让部分员工在一段时间内离开原来工作岗位，并在这段时间对其进行专门的业务学习与提高的培训和开发方式。

在职脱产培训的形式有：举办技术训练班、开办员工业余学校、选送员工到正规院校或留学进修等。不过需要注意的有两点：一是在职脱产培训的费用较高；二是可能由于脱产人员（尤其是部门主管）的暂时离岗会增加所在部门的工作难度或引起人际关系的变化。随着企业人力资本投资比例的增加，组织对员工工作效率也日益重视，在职脱产培训在一些实力雄厚的大型企业和组织严密的事业单位将会得到普遍应用。

2. 资格培训

对人力资源的资格培训，是指根据社会的或国家的职业或工作标准对任职者的工作能力进行培训，并对其具备的职业技能进行评估和考核，做出恰如其分的鉴定，并颁发相应的国家职业资格证书。

在实施职业资格培训时，分层次确定和制定职业技能标准，是满足全社会职业资格培训和考核的需要，也是提高企业职业资格培训的适用性和开放性的重要方法。尽管现代社会发展和分工细化正在创造出越来越多的职业、工种和岗位，然而它们实质上却具有许多相通的或共同的职业功能模块和职业技能模块。具体可以分为以下三类。

（1）职业特定技能

其范围可以理解为国家职业分类大典中划分的各类职业所要求的技能。目前国家职业标准的制定以及相应的职业资格认证考核活动均以此为限进行。

（2）行业通用技能

其范围要宽于职业特定技能，可以被理解为是在一组特征和属性相同或者相近的职业群体中体现出来的共性技能和知识要求。从现实的操作需要来看，行业通用技能可以确定在国家职业教育培训科目（300种左右）的范围内。

（3）核心技能

这是范围性最窄、通用性最强的技能，是人们在职业生涯甚至日常生活中所必需的并能体现在具体职业活动中的最基本的技能。它们具有普遍的适用性和广泛的迁移性，影响辐射到整个行业通用技能和职业特定技能领域，对人的终身发展和终身成就影响极其深远。开发和培育核心技能，能为后备劳动者和在职劳动者提供最广泛的从业能力和终身发展基础。在人力资源培训和开发中，核心技能的确立和开发具有重大意义。

3. 素质训练和开发

今天，我们处在一个竞争的时代，而在激烈竞争的社会生活中，必须时刻充实自己。对于人力资源而言，终身学习已经成为一条基本的生存法则。面对巨大的环境压力，人们不仅需要知识、技能，更需要灵魂、人格、健全的心理机制。素质训练和开发则正是针对此需求开发出各种策略，如减压训练、敏感度训练、思想解放阶梯、潜能与再造等，帮助人们提高战胜环境、超越自身的能力。

素质训练和开发起源于第二次世界大战中的海员学校，目的是训练海员的坚强意志和生存能力。现在这种课程已从生存训练迁移到管理训练和心理训练等领域，目的是提高人们的自信心，保持积极进取的人生态度，培养团队精神和合作态度，培养现代人把握机遇、抵御风险的心理素质。素质训练和开发的特征主要有几方面。

（1）强化训练

素质培训设计出许多模拟的惊险情景，使学员在克服障碍、实现目标之后，获得人生难得的"高峰体验"。在一个个惊心动魄的瞬间，学员留下无数刻骨铭心的记忆，把身心能力中最杰出、最有潜力的部分升华到极致。通过这种模拟，使学员加深了对生命的体验和感受，对自己的人格和心理品质进行了一次锻炼。

（2）挑战极限

素质训练设计了许多超越个人体能极限的活动，向人自身提出了挑战。心理极限的突破更具有现实意义，"狭路相逢勇者胜"，除了知识、技能外，勇气、意志也是一种力量。素质训练通过精心设计的游戏，锻炼学员战胜自我的能力。

（3）意会为主，言传为辅

每种素质训练都有一个共同的特征，即运用体验式教学方法，摆脱空洞的说教。通过一系列生动惊险、有趣的游戏和活动，让学员自己体会、感悟和总结。即使在课后的点评中，教员也不会像课堂上的教师那样滔滔不绝。整个培训活动中，教员不控制培训结果，而是充当游戏活动的指导者，教学作用不由外部强制灌输，而由学员自己内化。

（4）"授之鱼，不如授之以渔"

传统人力资源培训和开发的一面大旗是"缺什么、补什么"。素质训练不提供任何具体的方法和技巧，重在心理品格的锻炼。素质训练者认为，教会人们如何适应环境，不如增强素质，提高适应性，以不变应万变；教给人一种具体的职业技能，不如坚定其信心，提高接受能力，让他们自己选择和学习；教育人们如何与他人相处，不如让他们在独特的情境中自己体验"团结就是力量"。一句话来概括素质培训就是："教给人一个具体的航海技巧，不如给他一颗面对风浪镇定自若的心。"

当然，素质训练和开发也不是包医百病的良方，其效果是潜在的、间接的。如何将潜在的效果与直接的效益相结合，加强同企业生产经营管理实践的联系，提高信息含量，为素质训练和开发的长期影响寻找一种科学的载体，也是亟待解决的一大难题。

六、员工培训的种类和方法

1. 员工培训的种类

员工培训的种类很多，按不同的分类标准会得出不同的分类结果。

（1）按培训活动与员工岗位的关系分类

根据培训活动与员工岗位的关系来划分，可分为员工上岗前培训与在员工工的培训。

1）员工上岗前培训

员工上岗前培训即岗前培训，是为了适应工作的需要而进行的各种训练活动。岗前培训的目的是提高员工的素质，使员工走上工作岗位后能适应岗位的需要，能尽快地融入企业并投身到工作中去，从而促进企业的发展。它主要包括两方面的内容，即企业文化培训与业务培训。

企业文化培训包括企业的发展史、经营理念、各项规章制度及行为规范、企业的内外环境、厂容厂貌、产品和设备、品牌和标识等方面的培训。通过企业文化培训，使员工形成一种与企业文化相一致的心理素质，尽快适应企业的文化氛围，以便在工作中较快地与企业价值观相协调。

业务培训包括业务知识、技能和管理实务的培训。业务知识是指除专业知识外，从事某项业务所必需的知识。技能是指从事某项工作应具备的特殊技能。管理实务是指某项管理工作的程序、方法、标准。业务培训主要包括：参观企业的生产全过程，请熟练技师讲解主要的生产工艺和流程；请企业的总工程师给新员工上课，讲解企业生产中最基本的理论知识；根据个人的不同岗位，分类学习本岗位的有关业务知识、工作流程、工作要求及操作要领；从总体上了解企业经营管理的性质和作用，从而把自己的职业生涯与企业的发展连为一体。

2）在员工工的培训

社会经济技术的发展、企业经营活动的调整以及员工工作岗位的变迁，都要求员工掌握新知识、新技能、树立新观念。因此，对在员工工进行定期的、连续的培训是必不可少的。在职员工的培训又称为在职培训，是为了提高员工的工作技能、工作绩效或出于员工转岗、晋升、取得岗位资格等需要而在工作场所以及完成工作任务的过程中进行的培训。在职培训是企业内部培训的方式之一，主要包括：不脱产的一般文化教育（如夜校、电大、函授大学等）、岗位培训教育（了解岗位必需的理论知识、专业知识和实践知识）、专题培训教育（如企业制定新的发展规划、采用新的管理方法时的培训）、转岗培训（针对新岗位的要求补充必要的新知识、新技术、新能力）、脱产进修（主要用来为企业培养紧缺人员）。

员工的在职培训是以补充岗位工作所需的知识、技能为主，在内容上比岗前培训更深一层次，是岗前培训的继续和发展，是从低水平或培训的初级阶段迈向中级阶段的重要方法与步骤。岗前培训是为企业新员工做好就业的准备，是每个员工加入企业的必经之道。而在职培训则是岗前培训的深化过程，持续的时间比岗前培训要长。对一个注重培训的企业来讲，在职培训贯穿于员工管理的全过程。它既要考虑组织目标、工作要求等因素，又要考虑个人职业生涯发展规划和职业发展需要，因此必须制定严格的培训计划书，并注意分层次、多方位地对员工进行全面培训，以帮助员工获得进一步发展和提高的条件。

（2）按培训对象分类

按培训对象的不同，企业培训可以分为：厂长、经理的培训，管理人员的培训和工程技术人员的培训。

1）厂长、经理的培训

如何把厂长、经理尽快培养成符合市场经济要求的企业家，是关系到企业能否快速、持续发展的战略性课题。培训内容主要包括市场经济所要求的系统管理理论和技能，如管理学、市场学、会计学、企业经营战略、涉外经营、国际贸易、国际金融和财务、企业文化、人力资源管理与开发、工业工程、服务管理、战略管理、财务管理等都是企业家必备的管理知识。培训形式主要包括举办工商管理硕士学习班、聘请有关专家举办脱产培训班、出国考察培训等方式。

2）管理人员的培训

企业要发展，只靠厂长、经理是不够的，还要有一批德才兼备、掌握现代管理理论和方法的中层、基层管理人员，必须加强对他们的培训。培训主要包括先进的生产技术、各种基本的管理原理和方法、沟通技巧、时间管理和协调艺术等内容。培训形式主要包括文化课培训、管理知识培训、企业内部研讨活动等形式。

3）工程技术人员的培训

工程技术人员一般都有一定的学历、一定的工作经验和学习能力，但鉴于知识更新速度的加快和技术发展的日新月异，有必要安排他们进修或接受再教育。培训内容主要包括知识更新、技能开发、观念转变、思维方式转变、心理训练等方面。培训形式主要有去大学对口进修、专题培训、出国进修和考察等形式。

2. 员工培训的方法

员工培训的方法很多，以下介绍几种比较常用的方法。

（1）课堂讲授法

课堂讲授法是传统的培训方法，也称课堂演讲法，是一种将大量知识通过语言表达，使抽象知识变得具体形象、浅显易懂后一次性传播给众多听课者的教学方法。

（2）程序化教学法

程序化教学法是根据学员的学习步调，以小单元，由浅至深、由简到繁等程序化的步骤，使学员逐渐学到所需的知识技能的教学方法。程序化教学法的学习内容可能来源于书面资料、录音影带、电脑软件等载体，其主要适用于长距离或学习地点太过分散的学习以及自我学习或进修。

（3）案例研究法

案例研究法是一种信息双向交流的培训方式。它是围绕一定的培训目的，把实际中真实的场景加以典型化处理，形成供学员思考分析和决断的案例，并通过独立研究和相互讨论的方式，提高学员分析和解决问题的能力。

（4）模拟培训法

模拟培训法是以工作中的实际情况为基础，将实际工作中可利用的资源、约束条件和工作过程模型化，让学员在假定的工作情境中参与活动，让其学习从事特定工作的行为和技能，以提高学员处理问题能力的培训方法。

（5）多媒体培训法

多媒体培训法也称视听教学，是指打破过去单纯运用声音、文字来沟通的方式，而改为采用多样化的媒体（电视机、录像机、幻灯机、投影仪等）与学员进行互动交流来"刺激"学员，使学员在视觉、听觉等方面形成多方位的"感觉"，从而产生"体验"。

（6）现场培训法

现场培训法是指让学员在上级管理者或老资格员工的指导下，通过实际做某项工作进行培训的方法。学员一般是新招聘的学校毕业生、有经验但以前从事的工作与现在从事的工作完全不同、绩效需要改善的员工以及可能晋升到高职位的后备人才等人员。

（7）角色扮演法

角色扮演法是让两个或两个以上的参加者在给定的管理场景中分别扮演不同的角色，通过演出，使其他学员看到事态发展的多种可能的倾向，并据此考虑对策的培训方法。角色扮演的目的是为了给学员提供不同的待人处事的观点和练习以及处理各种人际关系的技巧，寻求在不同情境中解决问题的可能方法。

（8）工作轮换法

工作轮换法是指让学员在预定的时期内变换工作岗位，使其获得不同岗位工作经验的培训方法。利用工作轮换进行管理培训，就是让学员有计划地到各个部门。如让学员到生产、销售、财务等部门学习，在每个部门工作几个月，实际参与所在部门的工作，或仅仅作为观察者，了解所在部门的业务，扩大学员对企业各环节工作的了解。现在很多企业采用工作轮换是为了培养新进入企业的年轻管理人员或有管理潜力的未来的管理人员。

（9）行为模仿法

行为模仿法是指在学员面前展示某种动作、解释某种程序或技巧，以使学员能重复相同的动作或程序的培训方法。该法主要适用于教授某种特殊技能或介绍某一新的程序或技巧。

（10）参观访问法

参观访问法就是针对某一特殊环境或事件组织学员做实地考察和了解的培训方法。有计划、有组织地安排员工到有关单位参观访问也是一种培训方式。这样可使学员从其他单位得到启发，巩固自己的知识和技能。参观访问法主要适用于某些无法或不易于在课堂上讲述的议题，通过参观帮助学员了解真实情况，了解理论与实际之间的差距。

七、培训效果的评价

培训效果是指受训者在培训过程中所获得的知识、技能、才干和其他特性应用于实际工作的程度。培训效果评价工作做得好坏直接影响企业培训工作的质量。通过培训效果评价可以及时地发现问题、总结经验，使培训方式、培训教材、培训讲师的选择更适合本企业的特点，从而有效地指导未来的培训工作，达到未来培训的预期目的。

1. 培训效果评价的层次

最常用的培训效果评价模式是美国现代培训专家唐纳德·科克帕特里克教授提出来的。科克帕特里克教授认为，评价培训效果有以下四个层次。

（1）反应层次

这是培训效果评价的基础层次，主要通过受训者对培训的印象和感觉来评价培训效果，一般采用问卷的形式来获得受训者的反馈意见。例如，可以问受训者下面一些问题：是否喜欢这次培训？是否认为培训师与众不同？是否认为这次培训对自己很有帮助？有哪些地方需要进一步改进？这种评价往往在一次或一天的授课结束后立刻进行比较有效。培训组织者也可以通过亲自参加培训，观察受训人员的表现来获得直接的反馈意见。

（2）学习层次

这是培训效果评价的第二层次，也是目前最常见、最常用的一种评价方式，即受训者对所教授的内容掌握如何。培训组织者可以运用书面测试、操作测试、等级情景模拟等方法来评价受训者与受训前相比是否增长了知识，提高了技能，改善了态度。

（3）行为层次

这是培训效果评价的第三层次，主要评价受训者在受训后的与工作有关的行为是否有所改善，是否在行为上运用了培训中的知识和技能，是否在交往中转变了态度。可以通过上级、下级、同事、客户等相关人员对受训者的绩效进行评价。需要注意的是，随着工作经历的逐渐丰富，监督和工作奖励方式的变化都可能对员工的行为产生影响，且受训者的绩效变化需要经过一段时间的实践才能体现出来。

（4）结果层次

这是培训效果评价的最高层次，主要评价培训方案对企业目标的贡献率，即评价组织是否因为培训而经营状况有所好转，评价受训者行为的变化是否积极地影响了组织的结果，评价受训者在培训后是否对组织或工作产生了更加积极的态度。这可以通过一些指标来衡量，如事故率、产品合格率、产量、销售量、成本、利润、离职率、员工士气以及企业对客户的服务等都是结果层次的评价指标。在评价结果层次，应先计算所有培训成本和培训后受训者的生产率，然后确定培训的得失。

2. 培训效果评价的方法

（1）学识技能的测试

对参加测试的员工在培训前后以同样的样本，先后做两次测试，依据两次测试的结果进行比较。

（2）工作态度调查

在开始培训和结束培训时，用同样的方法调查参加培训的员工对工作的态度。

（3）员工培训改进建议调查

在结束培训时把调查表发给受训员工，征求他们对培训的意见。如员工确能提出有价值的改进建议或其他意见，则表明员工不仅对培训加以重视，而且具有更深的认识，由此可断定培训已有成效。

（4）受训者工作效益调查

培训后一段时期，如培训后每隔六个月，以书面调查、实地访问的方式，调查受训者在工作上的获益情况。

（5）工作实况观察

如根据实地观察所得，受训员工在工作上确能有高昂的工作热情、良好的工作态度、高度的责任心等表现，则可认定培训已取得一定的成效。

（6）受训人员人事记录分析

如受训人员的绩效考核较以前有进步，缺勤和请假次数减少，受表扬次数增加，则表示培训产生了效果。

第七章

绩效管理

一、绩效管理流程

绩效管理是指管理者与员工之间在目标与如何实现目标上达成共识的过程，以及促使员工成功地达到目标的管理方法和促进员工取得优异绩效的管理过程。绩效管理的目标在于提高员工的能力和素质，改进与提高公司绩效水平。

1. 绩效计划

（1）绩效计划的内容

绩效计划是指管理者与员工共同讨论，就实现目标的时间、责任、方法和过程进行沟通，以确定员工以什么样的流程、完成什么样的工作和达到什么样的绩效目标的管理过程。从这个定义可以看出，绩效计划主要包括绩效管理实施的具体计划和绩效目标的确定两大部分。

1）绩效实施计划

一般来讲，具体绩效实施计划的制定主要是对绩效管理的整个流程运作在任务、时间、方法和宏微观层面上进行的总体规划，如在哪一具体时间段开展什么工作以及由谁来做和工作的具体效果要达到什么水平和层次等细节性问题。制定具体的绩效实施计划需要注意的是要力求切实计划的可行和细化。因为只有真正细化的、切实可行的实施计划才能有效指导实施过程的每一环节，华而不实的计划不仅会影响执行力，甚至会误导整个绩效管理的实施。

2）绩效目标的确定

目标是计划制定时选择方案的依据，是考核的标准，是控制的导向。在整个管理过程中，目标具有举足轻重的地位。绩效管理目标是绩效管理的起点，如果制定的合理，就意味着绩效管理已经成功了一半。

3）绩效目标的来源

管理者在设定目标时，一般应根据上级部门的目标，结合本部门的业务重点、策略目标和关键业绩指标，制定出本部门的工作目标计划。然后，再根据不同职位下属应负的责任、关键业绩指标或内外客户的需求，将部门的目标层层分解到各个负责人。因此，绩效目标的来源主要有以下三个方面。

①企业的战略目标。在制定员工绩效目标时，尤其要关注企业和部门的关键绩效目标，一定要以企业的战略目标为基础，否则就会出现员工目标达成了可是部门整体目标没有达成或部门目标达成了而企业的整体目标却没有达成的问题。因此，员工的绩效目标大多数直接来源于主管，也就是部门的绩效目标。只有这样，才能保证每个员工都按照企业需求去努力，保证公司的战略目标真正得以落实。

②岗位职责。绩效目标是对在一定条件下、一定时间范围内所达到的结果的描述。在岗位职责比较明确的情况下，绩效目标的内容也会有比较明确的界定。与工作说明书相比，岗位工作目标的设定将使员工对岗位工作的预期变化更加清晰，同时也将工作任务落实到岗位和个人层面。

③内外客户的需求。由于市场每时每刻都在变化，公司要适应市场，就要关注下一个流程的需要，就要关注客户的需要。组织的产出是通过流程生产的，而流程的目标和手段是由内部、外部客户的需求驱动的，因此，在给员工设定绩效目标时，一定要兼顾内外客户的需要。

（2）绩效目标的制定原则

设立绩效目标应该符合 SMART 原则：S 代表具体（Specific），是指绩效目标应该用明确具体的描述性语言，尽量不要用形容词或副词（因为形容词和副词容易造成误解），要明确、具体地体现出管理者对每位员工的绩效要求，以更好地激发员工实现工作目标；M 代表可度量的（Measurable），即绩效目标最好能用数据或事实来表示，如果太抽象、无法衡量，就无法对目标进行控制；A 代表可实现的（Attainable），即绩效目标是在部门或员工个人的控制范围内，而且是通过部门或个人的努力可以达成的；R 代表现实性的（Realistic），指绩效指标是实在的、可衡量的和可观察的；T 代表时限（Time – bound），是指完成绩效指标有特定的时限。

2. 绩效辅导

绩效辅导主要包括持续的绩效沟通和员工数据、资料、信息的收集（分析）等两个方面的内容。

（1）持续的绩效沟通

1）持续绩效沟通的内容

持续绩效沟通是管理者和员工共同的需要，沟通的内容也要根据管理者和员工的需要来确定。因此在沟通开始之前，管理者和员工都需要反思如表 7 – 1 所示的问题。

表 7 – 1　管理者和员工需要反思的问题

管理者需要反思的问题	员工需要反思的问题
作为管理者，要完成职责，必须从员工那里得到哪些信息？	必须从管理者那里得到什么样的信息或资源？
管理者必须提供给员工哪些信息和资源才能帮助员工更好的完成工作目标？	必须向管理者提供哪些信息，以保证更好地完成工作目标？

持续的绩效沟通主要包括以下内容：①工作的进展情况如何？②哪些方面的工作进展得好？③哪些方面的工作遇到了困难或障碍？④管理者能为员工提供何种帮助？⑤员工和团队是否在正确达成目标和绩效标准的轨道上运行？⑥外界情况的变化是否影响着工作目标的方向？⑦如果有偏离方向的趋势，应该采取怎样的行动扭转局面？

2）持续绩效沟通的目的

在绩效实施过程中，持续绩效沟通的目的包括三个方面。

① 保持绩效计划的动态性。当今市场环境变化无常，市场竞争也十分激烈，无论是工作环境还是工作本身的内容、重要性等都会随着市场的变化而发生重大的变化。这可能导致原来行之有效的绩效计划变得不切实际甚至完全错误。除此之外，员工本身工作状态的好坏、管理者监督与指导力度的大小都有可能会影响绩效计划的实施。之所以进行绩效沟通，是因为要保持绩效计划的动态性，使绩效计划更加适应环境的变化。

②帮助员工获得相关信息。由于工作环境的变化，员工的工作内容是否要有所改变？工作进度是否需要调整？出现的问题该如何解决？能否得到物质与精神方面的帮助？自己的工作绩效能否得到上级的肯定？如果没有对这些问题进行有效的沟通与反馈，员工的工作就处于一种封闭迷茫的状态，员工的积极性就会大打折扣。

③帮助管理者获得相关信息。管理者不可能靠个人观察就获得所有需要的信息。所有工作的进展情况怎样？项目处于哪种状态？存在哪些潜在问题需要解决？员工的工作积极性怎么样？怎样才能给员工提供及时的帮助？如果没有沟通，管理者很难及时、全面和准确地了解有关情况，很难解答上述问题。

3）持续绩效沟通的方法

绩效沟通的方法很多，虽不能说哪种方法是最好的，要在具体环境下总存在一种适合的方法。在实际应用当中，也可以同时采用几种方法。如表7－2列举了不同的沟通方法及其优缺点。

表7－2　各种沟通方法与其优缺点

方法	定义	优点	缺点
定期面谈	指员工与管理者定期进行一对一的面谈	沟通及时并可达到一定深度；可培养上下级关系；可对某此不便公开的事情进行沟通	难以进行团队间的沟通；面谈容易带个人感情色彩
书面报各	指员工使用文字或图表的形式向管理者报告工作的进展情况	节约管理者的时间和企业成本；解决了异地沟通的问题；培养员工独立思考与书面表达能力；可迅速获得大量信息	信息流向单一；可能流于形式，脱离实践；容易使管理者陷入文件堆中
团队会议	团队成员定期或不定期的对某一话题进行讨论	集思广益可获得大量不同的信息；可对公共问题进行有效讨论；缩短信息传递的时间与环节	消耗大量的时间与金钱；容易造成议而不决的情况；容易造成成员的分派对立

方法	定义	优点	缺点
非正式沟通	在日常生活中随时随地发生的沟通	可获得一些"小道消息"及时解决员工问题，提高员工的满意度； 沟通时间、地点、形式灵活多变	容易形成小团队； 缺乏正式沟通的严肃性

（2）绩效信息收集

1）绩效信息收集的内容

绩效信息的收集并不是越多越好，也不是越全面越好。因为收集信息需要大量的人力、物力和财力，所以要有选择性地收集以下几方面的信息：销售情况、员工的工作表现、新产品的市场情况及客户对新产品的反应。

2）绩效信息收集的目的

做任何事情都是有目的的，而绩效信息收集的主要目的是：及时发现问题并提供解决方案；为一些纠纷提供依据；提供一份详细的员工工作情况记录，为绩效考评和薪酬提供依据；对员工心理、态度、行为和技能进行了解，发现他们的优势和劣势，并相应采取培训措施。

3）绩效信息收集的方法

绩效信息收集的方法很多，在现实中不是使用单一的方法，往往是几种方法同时并用。这样可以充分利用各种方法的优势而尽力避免它们的劣势。绩效信息收集的方法主要有管理者观察法、同事反馈法和工作记录法。

3. 绩效考评

（1）绩效考评的一般程序

绩效考评是绩效管理体系中的一个重要环节，一般程序如图7－1所示。

当一个人知道自己将要被考核或当一个人考核别人时，往往会感到有些焦虑，而绩效考评就是一个考核与被考核的过程，因此产生焦虑就是不可避免的。那么如何才能使绩效考评富有成效呢？一个好的绩效考评系统

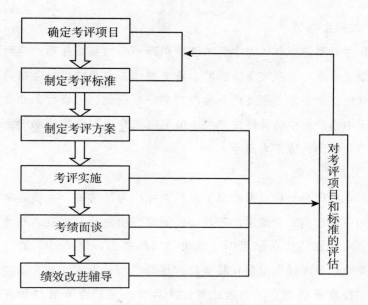

图 7 - 1 绩效考评程序图

应该符合以下几点要求。

1) 获得最高管理层和所有员工对该考评系统的支持。这是绩效考评系统能否成功的关键。

2) 选择适当的考核工具。针对不同的工作性质应该采取不同的考核工具，同时也需要考虑考核工具的实用性和成本。

3) 选择适当的考核者。绩效考评者主要包括上级、同事、下级、自评、小组和客户。

4) 选择适当的考核时间。一般来讲绩效考评是一年一次或一年两次，具体实施时间要考虑到成本与效益间的关系。

5) 保证绩效考评的公平。公平的绩效考评不但可以平息员工的抱怨，还能对员工起到激励作用。保证考核公平需要由不同部门的管理者组成评审小组，并建立及时有效的信息反馈系统。

（2）绩效考评的类型

绩效考评主要包括以下三大类型。

1）效果主导型

效果主导型是指考核时主要关注结果而不是过程或品质。这种考核方式的主要优点是容易制定考核标准、容易操作，主要缺点是考核具有短期性和表象性。此方法主要适用于相对成熟、规范化、流程化的企业，同时也适用于中小企业中的具体生产操作岗位（或企业初创期的部门负责人），但对于事务性的岗位不太适合。

2）品质主导型

品质主导型是一种以考核员工品质为主的考核方式，主要是看被考核者品质如何，如员工忠诚度、责任心、诚信道德水平等都在考核之列。这种考核方式的主要优点是可以考核出员工的能力，辅助员工进行潜能开发，主要缺点是考核很难量化且衡量、操作性和效度差。此方法主要适用于业务平稳发展的企业，要求此类企业具有一定职业素质的职业经理人（中层领导）。

3）行为主导型

行为主导型的考核方式是由企业建立工作中的行为标准或规范，强调在完成工作目标过程中的行为必须符合这种标准或规范，通过对员工行为与企业行为标准或规范的比较与考核，推断出员工的工作业绩。这种考核方式的主要优点是考核标准容易制定，操作性较强，主要缺点是关注过程，不太关注结果。该方法主要适用于结束创业期后需要规范化、流程化的企业，业务稳定发展，需要培养继任者（梯队建设）的企业和管理性、事务性的岗位。

4. 绩效考评的误区及解决方法

在进行绩效考评时，常常会陷入以下误区，导致绩效考评无效或完全失败，因此，应该提前采取相关措施来尽可能避免这些误区的发生。

（1）相似误差，指考核者对与自己具有相似特征、爱好、专长或同校、老乡等的被考核者给予较高的评价。改进方法是多人考核或加大定量指标。

（2）趋中误差，指考核者不愿或不能明确区别被考核者之间的实质差异，导致被考核者的分数集中在中间状态。改进方法是使用强制比例法或对比法。

（3）晕轮效应，指考核者对被考核者的某项工作进行考核时，总是受以前主观印象或被考核者的某项突出特点所影响。改进方法是增加考核次数或进行不定期考核。

（4）近期行为，指考核者只凭被考核者的近期行为表现，即被考核者在绩效考评最后期间的表现好坏，进行考核，导致考核者对被考核者在整个考核期间的业绩表现作出相同的结论。改进方法是使用关键事件法。

（5）极端倾向，指考核者将绩效考评定在两个极端的倾向，不是标准过宽就是标准过严。改进的方法是统一标准并使用强制分布图法和对比法。

（6）从众心理，指考核者在进行考核时容易受到周边人的影响。改进方法是采用定量标准。

（7）偏见误差，指考核者对被考核者进行考核时容易受到被考核者所属社会团队性质的影响。改进方法是把自己的思维定势记下来并不断提醒自己不要犯这样的错误。

（8）标准模糊，指考核时考核标准模糊，使得考核者使用一些次要标准来进行考核。改进方法是制定一套完善的考核标准考核。

5. 绩效考评结果的应用

绩效管理能否获得成功的关键在于绩效考评结果能否得到正确的应用。很多绩效管理以失败告终的主要原因就是绩效考评结果应用不当。传统上，人们进行绩效考评的主要目的是帮助组织做出一些薪酬方面的决策，但现在看来，这种做法很显然是片面的。一个组织更需要通过绩效考评留住那些绩效好的员工，并不断促使他们做出更好的业绩。绩效考评结果的应用主要有以下方面。

（1）绩效结果用于薪酬调整

薪酬调整是绩效考评结果的一种非常普通的用途。一般来说，为了增强报酬的激励作用，在员工的薪酬体系中，有一部分报酬是与绩效挂钩的。从事不同性质工作的员工与绩效挂钩的报酬所占的比例也不相同，如销售人员与绩效挂钩的薪酬所占的比重要大于行政人员与绩效挂钩的薪酬比重。绩效结果运用于对员工的长期激励主要体现在对工资的调整方面：一是将考核用于年度工资额的调整，即对考核结果优秀的员工，上调其下一年度的工资；二是工资的定期调整，即以年度考核结果为依据来决定工资是否调级以及调级的幅度如何。绩效考评结果运用于对员工的短期激励，主要体现在奖金分配方面。业绩考核结果为年终奖金发放提供了很好的依据，但奖金的发放形式和水平因所处企业的不同而不同。

（2）绩效结果用于职位调换

即通过分析累积考核结果的记录，发现员工工作表现与其职位的不适应性问题，查找原因并及时进行职位调换。如能级较高的员工，由于个人爱好或其他原因不能适应现有职位，能力没有充分发挥出来，或能级较低的员工不能胜任现有职位，但可以胜任较低序列的职位。对这两类员工可参照个人选择，有组织、有计划地将其调到新的职位，真正做到人适其事、事得其人。职位调换还包括公司有计划地将一批优秀人才在各种职位间轮换、交流，以培养其全面的才能。

（3）绩效结果用于培训教育

即通过分析累积考核结果的记录，发现员工群体或个体与组织要求的差距，从而及时组织相关的培训教育活动：工作态度上的落后分子，须参加企业的适应性再培训，到生产部门接受训练、重塑自我；对于能力上的不足可通过组织有针对性的培训活动，开发员工潜力，提高其工作能力；组织各种情景模拟形式的管理者培训，不断开发和提升管理干部的管理能力。培训后，公司需要对员工的绩效进行调查，比较培训前绩效的变化情况。如果绩效提高且明显，则说明培训有效，反之，需要进一步对培训做出调整。

（4）绩效结果用于个人发展

每个公司员工在实现组织目标的同时，也在实现着个人的职业目标。绩效考评结果反馈给员工个人，同时由考核者指出其工作的优点和缺点，可使员工改进工作有了依据和目标。在组织目标的指导下，员工不断提高工作能力，开发自身潜能，不断改进和优化工作的同时也有助于员工职业目标的实现，有助于个人职业生涯的发展。现代人力资源管理非常注重个人职业生涯的设计，试图将其纳入组织目标中来，使两者之间达成方向上的一致。考核作为一种导向，明确了公司的价值取向。考核结果的应用，一方面强化了员工对公司价值取向的认同，使员工个人职业生涯得到有序发展。另一方面，考核结果的应用实现了价值分配激励功能，使员工个人的职业生涯发展得更快。个人职业生涯的发展反过来又会促进组织的发展。

（5）绩效结果用于晋升调整

连续的考核结果记录为职位晋升和干部选拔提供了依据。例如，有些企业规定：对于连续两次绩效考评结果为"优"的员工，纳入公司人才库，并作为重点人才培养，在内部职位空缺时，优先考虑其职位晋升；面对绩效考评结果为"不合格"的员工，由主管对其进行重点面谈，年内职位不予晋升；如果连续两次"不合格"，则视为不能胜任，由公司进行待岗培训；如果连续三次"不合格"，则由公司辞退。

（6）绩效结果用于激活沉淀

绩效考评结果累积不佳的员工将逐渐成为沉淀层，如不加以激活终将被淘汰出局。对这部分员工，企业首先要加大竞争压力，促其提高警惕，再对其进行参加态度和能力方面的专项培训。培训合格者在通过严格考核的情况下可以在内部寻找工作职位，如果还不能适应工作，只能被调到外部劳动力市场。企业考核结果垫底的少数员工，只有依靠不断地改进工作水平、提高能力才可在竞争中反败为胜。

（7）绩效结果用于人力资源开发

有效地开发现有的人力资源、最大限度地发挥人力资源的整体功效，是公司人力资源管理工作的中心任务。考核作为基础性环节，提供了全体员工的动态、连续和完整的考核结果记录。通过分析考核结果，可以发现员工及组织中存在的问题。

（8）绩效结果充当员工选拔和培训的效标

所谓"效标"就是衡量某个事物有效性的指标。绩效考评的结果可以用来衡量招聘选拔和培训的有效性。如果选择出来的优秀人才实际的绩效考评结果确实很好，那么就说明选拔是有效的。反之，要么说明是选拔不够有效，要么是绩效考评的结果有问题。员工接受培训之后的效果，可以从培训之后一段时间内的绩效表现中反映出来。如果绩效有所提高或提高得很显著，就说明培训确实是有效果的。如果绩效没有变化，就说明培训没有达到预期的效果。

二、制定绩效考核标准

对员工进行绩效考核，要有一个统一的标准，而且这个标准要是科学合理有效且能被员工认可才行。那么如何才能设定一个统一的考核标准呢？需从下列几个方面考虑。

1. 绩效考核标准的分类

绩效考核的标准一般分为三类：绝对标准、相对标准和客观标准。

（1）绝对标准是指建立员工工作的行为特质标准，然后将达到该项标准列入评估范围内，而不是在员工之间作比较。绝对标准的评估重点在于以固定标准衡量员工，而不是与其他员工的表现作比较。

（2）相对标准是指将员工间的绩效表现相互比较，也就是以相互比较来评定个人工作的好坏，将被评定者按某种角度作顺序排名，或将被评估者归入先前决定的等级内，再加以排名。

（3）客观标准是指评估者在判断员工所具有的特质以及其执行工作的绩效时，对每项特质或绩效表现，在评定量表上每一点的相对基准上予以定位，以帮助评估者作评价。

2. 绩效考核标准的特点

一项有效的人事考核标准必须具有下列八项特点。

（1）标准要针对工作本身而定

绩效考核标准应该根据工作本身来建立，而不管做这项工作的人是谁。每项工作的绩效考核标准应该就只有一套，而非针对每个工作的人各订一套。

绩效考核目标和标准不同，目标应该是为个人而不是为工作而定的，其典型特征是必须具有挑战性。一位主管虽领导很多人从事相同的某项工作，应该只订出一套工作标准，但对每位部属却可能设定不同的目标，因为目标会依个人之经验、技术、过去的表现而有不同。

（2）标准要合理

绩效考核的项目是在部门或员工个人的控制范围内，而且可通过部门或个人的努力达成。

（3）标准应公开

绩效考核标准对主管及员工都应该是清楚明了的：如果员工对人事考核标准概念不清，则事先不能确定努力方向；如果主管不清楚人事考核标准，则无从衡量员工表现之优劣。

（4）标准应综合大家的意见

所制定的绩效考核标准应让主管与员工都认为是公平合理的。这在激励员工时非常重要。员工认为这是自己参与制定的标准，自己有责任遵循该标准工作，达不到标准而受相应的惩戒时也不会有诸多抱怨。

（5）标准要尽可能具体而且量化

人事考核的项目最好能用数据表示。一般属于现象或态度的部分，因为抽象而不够具体，就无法客观衡量比较。

（6）标准有时效性

绩效考核资料必须定期迅速而且方便取得，否则，某些评估因失去时效性而没有多大的价值了。

（7）标准必须有意义

绩效考核项目是配合企业的目标来制定的，所采用资料也应该是一般例行工作中可以取得的，而不应该是特别准备的。

（8）标准是可以改变的

因为绩效考核标准须经同意并且可行，所以有必要时应定期评估并予以改变。

3. 考核标准的总原则

绩效考核标准的总原则是：工作成果和组织效率依据组织的战略，就可制定个人或群体的工作行为和工作成果标准。标准尽管可有多项，每一项也有很明细的要求，但衡量绩效的总的原则只有两条：是否使工作成果最大化；是否有助于提高组织效率。

个人的工作成果最大化就有助于提高组织效率。组织效率的含义非常广，如组织的盈利能力强、产品质量好、客户服务满意度高都是组织效率高的表现。个人的工作成果评价，必然以有助于提高组织效率为前提，否则，就谈不上好的工作绩效。

4. 建立多样化工作标准

绩效考核在整个管理程序里是相当重要的一环。它要和组织目标及每一个部门在功能上一致配合。绩效考核的项目到底要有多少，并没有一个肯定的数字可作为标准答案。如果工作职责简单明确，如一名流水线操作工的工作，则只需设立单项绩效标准，如果工作内容复杂，则需设立多项绩效标准。

绩效考核的标准可是单项的，也可以是多项的，就评估本身而言，必须具备相当的信度和效度。"恰当"和"实际"可以说是决定绩效考核标准时应该把握的原则。

5. 考核指标的量化问题

在企业的绩效考核中，指标的量化问题，像人力资源部、企管部、行政部、财务部、客户服务部门等综合部门的考核指标的量化问题，是让人头疼的问题。但实际上，这也并不是无计可施的。所谓指标的量化本质上是一个沟通的问题。如果领导者和员工之间能够进行有效的沟通，那双方对一定的行为就会有一个绩效标准，即规定怎样的表现可以得到怎样的分数等级。例如就责任感来讲，中层经理可以给责任感写一个等级定义，描述一下什么情况下是 5 分，什么情况下是 4 分、3 分，什么情况下是 1 分。这样，部门的量化考核就迎刃而解了。

三、人力资源管理人员绩效考核量化指标

1. 人力资源经理绩效考核量化指标

如表 7 - 3 列示了人力资源经理绩效考核量化指标。

表 7 - 3　人力资源经理绩效考核量化指标

名　　称	人力资源经理绩效考核量化指标				
序号	关键业绩指标	计算公式/考核办法	考核周期	数据来源	考核结果
1	人均利润	净利润/公司在员工工总数	年度	年度财务报告表、年度人员统计表	
2	人均产值	销售收入/公司在员工工总数	年度	年度财务报表、年度人员统计表	
3	人均工资	工资总额/公司在员工工总数	年度	月工资报表	
4	人员结构比例	期末技术、管理、生产、销售等人员在全体人员中所占比例	年度	人员汇总表、岗位职责表	

名 称	人力资源经理绩效考核量化指标				
5	人员规模	期末从业人员总数及增长比例	年度	人员汇总表	
6	人员稳定性	员工流失率	年度	招聘数据	
7	制度、文本的规范化程度	所有相关制度及文本是否规范化	年度	各种文本	
8	员工满意度	通过专业的员工满意度调查，获得员工对公司的整体评价	年度	员工满意度调查报告	

2. 人力资源规划岗位绩效考核量化指标

见表 7-4 所示的人力资源规划岗位绩效考核量化指标。

表 7-4　人力资源规划岗位绩效考核量化指标

名 称	人力资源规划岗位绩效考核量化指标				
序号	关键业绩指标	计算公式/考核办法	考核周期	数据来源	考核结果
1	后备干部比例	（期末累计后备干部总数/员工总数）×100%	年度	人员汇总表、人员流失率	
2	人力资源成本预算控制率	（期末人力资源实际支出/期初预算）×100%	季度/年度	财务报表	
3	人力资源规划方案提交及时性	人力资源规划提交及时有效	年度	归档文件	
相关说明					
被考核人		职 位		部 门	
考核人		职 位		部 门	

3. 招聘管理岗位绩效考核量化指标

招聘管理岗位绩效考核量化指标，如表7-5所示。

表7-5　招聘管理岗位绩效考核量化指标

名　　称	招聘管理岗位绩效考核量化指标				
序号	关键业绩指标	计算公式/考核办法	考核周期	数据来源	考核结果
1	人员需求达成率	（报到人数/需求人数）×100%	月度	人员需求申请单、入职统计表	
2	员工自然流动率	（流动员工数/员工总数）×100%	月度	离职单	
3	骨干员工流失率	（流失的骨干员工/流失的员工总数）×100%	年度	离职单、岗位统计表	
4	员工适岗率	（绩效考核评价为差的员工数目/员工总数）×100%	年度	绩效考核表	
5	招聘计划完成率	（实际招聘到岗人数/计划需求人数）×100%	年度	招聘计划	
相关说明					
被考核人		职　位		部　门	
考核人		职　位		部　门	

4. 薪酬福利岗位绩效考核量化指标

薪酬福利岗位绩效考核量化指标，如表7-6所示。

表7-6　薪酬福利岗位绩效考核量化指标

名　　称	薪酬福利岗位绩效考核量化指标				
序号	关键业绩指标	计算公式/考核办法	考核周期	数据来源	考核结果
1	公司激励政策的适合性	激励政策是否科学有效、是否留住了核心及骨干人才	年度	激励政策、年度人力资源报告	

续表

名　称		薪酬福利岗位绩效考核量化指标			
2	员工工资发放及时性	按照工资延误发放的天数酌情扣分	年度	人力资源工作统计、工资发放表	
3	员工工资发放出错率	按照工资发放出错频次酌情扣分	年度	人力资源工作统计、工资发放表	
4	薪酬调查方案提交及时性	薪酬调查方案及时有效性	年度	存档资料	
5	员工薪酬满意度	员工满意度调查结果	年度	薪酬调查报告	
相关说明					
被考核人		职　位		部　门	
考核人		职　位		部　门	

四、员工绩效考核的步骤和方法

1. 绩效考核的步骤

绩效考核工作一般按照以下步骤和程序进行：制定考核计划，确定考核标准，选择考核方法，收集分析数据资料，评定考核结果及对考核结果的反馈运用。

（1）制定绩效考核计划

为了保证绩效考核能有效和顺利进行，首先应根据绩效考核的目的和要求制定考核计划，选择考核的对象，确定考核内容，制定考核的标准和考核方法，选择参评人员和安排考核时间。这是因为考核目的不同，则考核对象也不同。如为晋升职务，只需考察和评价具有晋升资格的员工。如果为加薪或评选先进，则应对全员进行考核。

不同的评价目的和评价对象，重点考核的内容不一样：发放奖金，应以工作业绩为主要考核内容；评定专业技术职称，应重点考核专业技术水平；职务晋升，就既要考核工作业绩，又要考核工作态度和工作能力。

不同的考核目的、考核对象和考核内容对应的评价时间是不同的：一个人的思想觉悟及工作能力在短时期内不会改变，考核时间应长一些，一般是一年一次；对于工作业绩变化较快的像生产、销售等岗位，考核时间应短一些，一般是每月一次；专业技术人员、管理人员的工作短期内不会见效，考核期应长一些，以一年一次为好。

另外，考核的方法与考核的内容是紧密相联的。例如，职务晋升，需要对候选人进行比较，择优选择。

（2）确定绩效考核标准

绩效考核的标准是评价员工的尺度。考核标准可以分为绝对标准和相对标准两类。

1）绝对标准

在绩效考核时，大多采用绝对标准。如废品率不要超过2%、出勤率要达到90%、文化程度至少为大学本科等都是绝对标准。这种标准是以现实为依据的，不随被考评员工的不同而改变，因而有较强的客观性。绝对标准又分为业绩标准、行为标准和任职资格标准。其中，业绩标准，如对生产工人的定额要求，对独立核算单位的利税指标；行为标准，如上班时间不许看报纸，工作场所不准抽烟；任职资格标准，如企业财务主管必须有大学本科以上学历，具有高级会计师职称，有 5 年以上从事财会工作的经历。

2）相对标准

如评定先进时，规定 20% 的指标。此时每个员工既是被考核的对象，又是考核的尺度。因而标准在不同的被考核群体中往往有差别，而且无法对每一个被考评员工单独做出"好"还是"不好"的评价。

（3）选择绩效考核方法

确定了考核目的、考核对象、考核内容及考核标准以后，就要选择相应的考核方法。由于绩效考核的方法很多，且每种方法都有优缺点和适用范围，所以，在实际工作中，应根据具体的考核要求有针对性地加以选择。

（4）实施绩效考核计划

绩效考核是一项长期、复杂的工作，对于数据收集工作要求很高。进行这项工作时，应注重经常性的长期跟踪，随时收集相关信息，使数据资料收集工作形成一种制度，应将考核中收集的数据资料与平时收集的数据资料结合起来，从而能更准确、客观地评价一个人。

（5）分析数据资料和评定考核结果

根据考核的目的、标准和方法，对所收集到的数据资料进行分析、处理、综合，具体过程如下。

1）划分等级

把每一个考核项目，如出勤、责任承担、工作业绩等项目，按一定的标准划分为不同等级。一般可分为 3～5 个等级，比如可按好、中、差划分为三个等级，也可按优、良、合格、稍差、不合格划分为五个等级。

2）对单一评价项目的量化

为了能把不同性质的项目综合在一起，必须对每一个考核项目进行量化，即赋予不同的评价等级以不同数值，用以反映实际特征。以五等级为例，可以把优等定为 10 分，良好定为 8 分，合格定为 6 分，稍差定为 4 分，不合格定为 2 分。

3）对同一考核项目不同评价结果的综合

在有多人参与的情况下，同一项目的考核结果会有所不同。为综合这些意见，可采用算术平均法或加权平均法。仍以五等级为例，假设三个人对某员工工作能力的考核分别为优等（10 分）、合格（6 分）和不合格（2 分）。如采用算术平均的方法，该员工的工作能力应为合格（6 分）。如果这三个人分别是其上司、同事和下属，其考核结果的重要程度不同，则可以通过赋予他们不同的权重反映出来。比如上司的意见最重要，则可定为 50%，同事次之，可定为 30%，下属再次之，可定为 20%。则该员工的工作能力界于良好与合格之间：$10 \times 50\% + 6 \times 30\% + 2 \times 20\% = 7.2$（分）

4）对不同项目的考核结果的综合

有时为达到某一考核目标需要考察多个考核项目。只有把这些不同的考核项目综合在一起，才能得到较全面、客观的结论。例如，要从总体上考核一个人的能力时，就要将其知识、判断能力、社会交际能力等各方面因素综合起来。再如，在决定某个员工是否获得晋升时，就必须考察其工作业绩、工作态度、业务能力等各个方面。在综合不同考核项目的过程中，有时可采用算术平均法，但由于考核的目标、层次及具体职务不同，每个考核项目的重要性也不一样，所以在大多数情况下，对不同项目考核结果的综合应用加权平均的方法。

（6）绩效考核结果的反馈运用

得到考核结果并不意味着绩效考核工作的结束。在该过程中获得的大量信息可以运用到企业各项管理活动中。

1）把考核结果反馈给员工，可以帮助员工找到问题，明确方向。这对于员工改进工作和提高绩效会有促进作用。

2）为任用、晋级、加薪、奖励等提供依据。

3）诊断和检查企业管理各项政策，如诊断人员配置、员工培训方面的失误及存在的问题。

一般来说，一种绩效考核的步骤和程序应用相对稳定和统一，组织不应随意变动，也不应对同样的雇员采取不同的考核步骤和程序。当然，一个组织的绩效考核步骤和程序不一定完全按照上述的步骤和程序进行。如一些小企业的绩效考核就可以简单得多，可以把其中的某几项步骤或程序合为一种。此外，虽然我们对绩效考核程序做了一定的阶段划分，但实际上，组织内的绩效考核的几种步骤和程序有时是同时进行的，且不是严格区分开来的。

2. 绩效考核的方法

目前企业采用的绩效考核方法各不相同，但差别较大，基本方法有以下几类。这些考核方法各有优点，也各有不足，不必去断言哪一种方法是最优的，而是应该在指导人事部门进行绩效考核的实际运用中，选择一种较为合适的考核方法。

（1）常规考核方法

常规方法最后出现的结果是按工作绩效由大到小排序的员工名单。据此，可以做出精简粗织、人事调整的决策。

1）排序法

排序法是指按绩效表现从好到坏的顺序依次给员工排序。这种绩效表现既可以是整体绩效，也可以是某项特定工作的绩效。这种绩效顺序仅适用于小企业。当企业员工的数量比较多时，以这种方法区分员工绩效就比较困难，尤其是对那些绩效中等的员工。这时，考核人员可采用间接排序法：第一步是把最好的员工列在名单起首，表现最差的员工列在名单末尾；然后在剩下的员工中挑选最好的列在名单开首第二位，把表现最差的列在名单例数第二位……这样依次进行，考核人员不断挑选出最好的和最差的员工进行直接排序，最后填排序名单上中间的位置。

2）两两比较法

两两比较法指在某一绩效标准的基础上把每一个员工都与其他员工相比来判断谁"更好"，记录每一个员工和任何其他员工比较时被认为"更好"的次数，根据次数的高低给员工排序。这种方法较之排序法的优点在于考虑了每一个员工与其他员工绩效的比较，更加客观，缺点是：如果需要评价的人数很多，则需作的比较次数将非常多，工作量很大，并且若评价出甲比乙表现好，乙比丙表现好，丙比甲表现好，则无法自圆其说。

3）等级分配法

由考核小组或考核人员先拟订有关的考核项目，接着按考核项目对员工的绩效作出粗略的排序。设立一个绩效等级，并在各等级设定固定的比例分配，如"优"10%，"较优"20%，"中"40%，"较差"20%，"差"10%，按每个人的绩效排序分配绩效等级。采用这种方法，人事考核结果不再着重于具体排序，而着重于每个人的绩效等级。这种方法的问题在于员工的绩效可能不适于分配设定的等级。

（2）行为考核法

行为评价法与常规考核法不同。这种方法可以使考核人员能够独立于其他员工，仅依据客观的行为标准来考核每一个员工。

1）量表评等法

量表评等法是应用最广泛的绩效考核法。量表评等通常包括对几项有关的考核项目的评估，如评估中级管理人员的工作实绩时，一般制定的考核项目有政策水平、责任心、决策能力、组织能力、协调能力、应变能力和社交能力等方面。进行量表评等时，需对每个项目设立评分标准，最后把各项目得分与权数相加，即得出每个项目的绩效评分。

2）关键事件法

从这一次考核到下一次考核之间，考核人员应该搜集情报，以使考核尽可能公平正确。如果未能做到这一点，考核就可能只是依据模糊的记忆来判断。

"关键事件法"共有三个基本步骤：当有关键性事情发生时，填在特殊设计的考核表上；摘要评分；与员工进行评估面谈。

考核的记录并非一种标准，而是收集员工工作的重要事迹。收集的事实需要以能对考核人员及管理阶层发挥作用为前提，也就是要能协调员工了解工作需要，兼能发展员工潜能，以使员工担当更重要的职责。

3）行为评等法

行为评等法是关键事件法的深化和突破。它主要是通过行为事实方面的依据来考核员工。这些行为事实，就是平时记录下来的关键事件。

行为评等法首先要进行工作分析，收集描述是否胜任该工作岗位的行为事实，把这些行为事实细分为多个方面，每个方面都设立具体的标准，并对每个方面的重要性进行量化，即分配权数。根据这些基于行为事实的等级标准和权重，可以形成一张含义明晰、衡量公正、易于使用的表格。考核人员可以利用这张行为评等表格进行员工考核。

4）混合标准评等法

混合标准评等法综合了关键事件法和行为评等法的长处，尽量避免了两者的弊端。作为一种实践发展的产物，它是有较大优越性的。混合标准评等法使用混合标准量表。此表在设计的系统性方面与行为评等法很相似，但它不同于行为评等法对每一行为表现的精确量化，其是就某项工作的几个特定方面分别作出三种行为描述表示绩效的高、中、低三档，而没有明确的分值。

5）行为观察评等法

行为观察评等法是行为评等法的另一种发展。行为观察评等法并非考核被考核者做某项工作的水平或优劣程度，而观察被考核者做某项特定行为的频度，设定与频度相关的分值。例如，一名营业员在一月之内与顾客发生 0 次争执得 5 分，发生 5 次以上争执得 0 分。行为观察评等法的突出优点是直观、可靠，让被考核者更易接受反馈、提高自我绩效。

（3）工作成果考核法

工作成果考核法共有以下两种方法。

1）绩效目标考核法

绩效目标考核与目标管理很相似，但考核绩效更有针对性。绩效目标通常是特定的、有时限的、有条件的、与组织目标完全一致的。绩效目标不仅有总目标，还有很多项分目标，按员工达到目标的程度独立考核，最后再加权平均。

这种考核法的最大优点在于为员工的工作成果树立了明确的目标，能激励员工尽量向目标靠拢。绩效标准越细致，员工人事考核中的偏见和误差越少。这种方法的缺点在于需要较多的时间和精力去制定一套完整的人事考核标准。此外，绩效目标尽管可能成为激励员工努力工作的强大动力，但也可以导致员工之间不必要的激烈竞争，使内耗增加、整体绩效下降。

2）指数考核法

指数考核法与绩效目标评估法的区别在于绩效衡量的方式不同：指数法通过更客观的标准（如生产率、出勤率、跳槽率等）来考核绩效。

（4）行为锚定法

行为锚定法就是建立起一个行为性的评定量表，对每一个等级运用关键事件进行行为描述的方法。行为锚定法的展开通过下面几个步骤。

1）选定绩效评估要素。就是选择需要评估的要素，并对其内容进行界定描述。

2）获取关键事件。通过对工作比较熟悉的一组人（任职者或任职者的主管人员）提供一些做得好的关键事件和工作做得不好的关键事件。

3）将关键事件分配到评估要素中去。

4）由另外一组对工作同样了解的人，对关键事件重新进行审定、分配和排序。

5）将前后两组人对关键事件的分配结果作横向比较，将其中80%一致的关键事件保留下来，并作为最后使用的关键事件。这一步是为了使保留下来的事件分配得更加客观。

6）对关键事件进行评定，看看分配到各个要素、各个等级上的关键事件是否可以代表各自的要素和等级。

（5）360度绩效考核

360度绩效考核也称全视角绩效反馈，是让被考核人的上级、同级、下级和服务的客户等对其进行评价。通过综合各方面的意见，使被考核人清楚自己的长处和短处，从而达到提高自己的目的。

360度绩效考核对组织成员的这种自上而下、自下而上、本人的、平级的以及来自企业外部的顾客的全方位的考核，反映了追求全面和客户中心的管理思想。这种考核与传统考核的评价方法不同。它不是仅把上级的评价作为员工的绩效考核的唯一来源，而是将在组织内、外部与员工有关的主体（其中也包括员工本人）的信息作为绩效考核的信息来源。

施行360度绩效考核可以使组织成员对组织目标和组织绩效进行总结、交流，可以强化客户（包括内、外客户）中心的理念，可以对被考核人的工作行为、个体特质作出比较全面的判断，可以为持续改进工作和员工发展提供参考依据。

360 度绩效考核的缺点和不足可以总结为以下几个方面。

1）360 度绩效考核以员工个人特质、人际促进、职务奉献等为主要考核内容，对于整体绩效中最重要的任务绩效难以涉及或深入，或者容易使客观性最强的任务绩效指标主观化。这是 360 度绩效考核最致命的缺陷。

2）360 度绩效考核的最大问题是评估效率低，不适合进行大规模考核。

3）360 度绩效考核的过程容易受到文化等因素影响，使考核结果发生扭曲，使考核变形、走样。在传统文化和习惯影响下，在考核指标以工作态度、积极性、合作精神、努力程度等为主的情况下，360 度考核容易转化为考核人对被考核人的道德评判——由绩效评估不知不觉地变成评选"好人"。

4）很多企业在实践过程中，只是通过 360 度绩效考核收集到的信息与员工的奖惩或者晋升联系在一起，而不是将未来的绩效改善作为关注点，结果造成了提供绩效考核的人为了影响考核的结果而故意提供虚假的信息。员工们可能会消极地对待甚至抵制这一评估活动。

5）360 度绩效考核主要是针对中高层经理人员的考评，不适用于公司的全员考核。

6）360 度绩效考核主要评价被考评人的素质、德行、管理能力等与发展相关的绩效，其他方面不考核。

7）360 度绩效考核主要用于职业发展，指导对员工的培训、员工调配任免、晋升淘汰等，不宜单纯以此为主来决定的直接业绩激励，如奖金、股权（强行挂钩，效果一般不好）。

8）360 度绩效考核要求企业具备"三稳定"的前提条件，即企业的战略相对稳定、组织架构相对稳定以及人员相对稳定。因此，对于快速成长的企业、战略转型中的企业、组织结构和人员变动频繁的企业，都不适用。

（6）KPI 法

KPI 法即关键绩效指标（Key Performance Indicator，简称 KPI）考核法。它是通过对工作绩效特征的分析，提炼出最能代表绩效的若干关键指标，并以此为基础进行绩效考核的模式。

KPI 是战略导向的指标，体现了量化和突出主要矛盾的管理思想。KPI 考核的一个重要的管理假设就是一句管理名言："如果你不能度量它，你就不能管理它。" KPI 抓住那些能有效量化的指标，将之有效量化，而且在实践中可以"要什么，考什么"，抓住那些亟须改进的指标，提高绩效考核的灵活性，给组织、部门和职位带来不少益处。

KPI 法比较适用于与企业或组织的战略目标有着比较紧密的联系、对企业或组织具有直接增值或未来发展潜力的岗位的考核，如总经理、副总经理、研发人员、销售人员、生产人员等岗位属于 KPI 的考核范围，而对于事务性岗位，则不太适合。另外，一个职位是否适合用关键绩效指标来进行考核，归根结底还要视企业或组织的战略目标而定。

（7）平衡计分卡

平衡计分卡（Balanced Score Card，简称 BSC）是由美国著名的管理大师罗伯特·卡普兰和复兴方案国际咨询企业总裁戴维·诺顿提出来的。它是在总结了十二家大型企业的业绩评价体系的成功经验基础上提出的具有划时代意义的战略管理业绩评价工具。《哈佛商业评论》将平衡计分卡评为近年来最具影响力的管理学说。根据有关权威调查显示，在《财富》排名前 1000 家公司中，55% 以上已经实施了平衡计分卡这一工具或者理念。

平衡计分卡是一种战略性人力资源管理思想和指导方法。在我们制订企业的战略发展指标时，要综合考虑企业发展过程中的财务指标和一系列非财务指标的平衡，不能只关注企业的财务指标，而是要在关注财务指标的同时关注客户、业务流程、学习与成长等非财务指标。也就是说，第一，企业的战略目标是由企业的财务指标和一系列非财务指标构成的；第二，企业的各个部门和每一个员工的绩效考核指标是由企业的战略目标分解得到的。

平衡计分卡的"平衡"体现在以下三个方面。

1）短期与长期的平衡

企业的目标是获取最大利润，企业的建设要获得持续的收入而不是某一次的"中大奖"。BSC 能以战略的眼光合理调节企业长期行为与短期行为的关系，从而实现企业的可持续性发展。在平衡计分卡的四部分中，有的指标是超前的，而有的指标是滞后的。

2）财务与非财务的平衡

尽管利润是企业的最终目标，但财务指标却与客户、内部流程、学习与创新等非财务指标密不可分。只有两方面都得到改善，企业的战略才能得到实施。

3）指标间的平衡

在指标设置的权重上，四个指标应该一视同仁，没有偏向。在这方面，跟我们以前惯用的"短板管理"有很大差异，原因就在于："短板管理"往往是短期的，倾向性很强；BSC 是长期的战略评估，必须要协调发展。BSC 四个方面构成一个整体的循环，如果在某一方面有所偏废，那么即使其他三方面做得非常好，企业最后必然还是失败的。因为它的循环发生了断裂，到后期必然成为企业的"短板"，限制企业的发展。

平衡计分卡打破了传统的只注重财务指标的业绩管理方法，认为传统的财务会计模式只能衡量过去发生的事情。在工业时代，注重财务指标的管理方法还是有效的，但在信息社会里，传统的业绩管理方法并不全面。组织必须通过在客户、供应商、员工、组织流程、技术和革新等方面的投资，获得持续发展的动力。基于这种认识，平衡计分卡方法认为，组织应从四个角度审视自身业绩：客户、业务流程、学习与成长、财务。通过这个全面的衡量框架，能帮助企业分析哪些是完成企业使命的关键成功因素及哪些是评价这些关键成功因素的指标，促使企业员工完成目标。

五、绩效沟通

绩效沟通是绩效管理的灵魂与核心，贯穿于绩效管理的全过程。良好的绩效沟通能够及时排除障碍，最大限度地提高绩效。

1. 绩效沟通的含义

绩效沟通是指在绩效管理过程中，管理者和员工之间就工作绩效相关问题进行的正式或非正式的沟通过程。沟通是绩效管理的灵魂，缺乏沟通或沟通不畅，绩效管理就会只是表面文章、流于走场。绩效管理就是上下级间就绩效目标的设定及实现而进行的持续不断双向沟通的一个过程。在这一过程中，管理者与被管理者从绩效目标的设定开始，一直到最后的绩效考评，都必须保持持续不断的沟通。

2. 绩效沟通的目的

绩效沟通的主要目的在于：使沟通的双方在绩效结果和改进方面达成共识，帮助员工分析自身的强项与弱点，以便日后更加出色有效地完成工作，同时为员工确立下阶段的目标。

3. 绩效沟通的原则

一般来讲，沟通应符合以下几个原则。

（1）沟通应该及时

绩效沟通具有前瞻性的作用，能在问题出现时或出现之前就通过沟通将问题消灭于无形或及时解决掉。因此，及时性是沟通的一个重要原则。

（2）沟通应该真诚

一切沟通都是以真诚为前提的。真诚的沟通可以尽可能多地从员工那里获得信息，进而在帮助员工解决问题的同时不断提高管理者的沟通技能和沟通效率。

（3）沟通应该定期

管理者和员工要约定好沟通的时间和时间间隔，保持沟通的连续性。

（4）沟通应该具有建设性

沟通的结果应该具有建设性，应能给员工未来绩效的改善和提高提供建设性的建议，应帮助员工提高绩效水平。

（5）沟通应该具有针对性

泛泛的沟通既无效，也无效率，管理者必须珍惜沟通的机会，关注于具体问题的探讨和解决。

4. 绩效沟通的内容

绩效沟通的内容应由三个部分组成，即工作目标和任务、工作评估、要求与期望。

（1）工作目标和任务

主要包括：双方各自阐述自己的工作目标；明确组织目标，并努力把二者统一起来；讨论确定个人绩效考评周期的工作计划和目标，以及为此应采取的措施，制订短期和长期个人发展计划。

（2）工作评估

主要包括：讨论工作计划完成情况及效果，如目标实现与否；讨论员工个人发展落实情况，如工作能力、经验的提高等；回顾过去一段时间工作的表现情况，如工作态度、工作业绩等；讨论工作现状及工作环境情况，如工作量、工作动力、与同事合作、工作方法等；工作中存在的问题与不足。

（3）要求与期望

主要包括：针对工作中存在的问题和不足提出改进措施或解决方法；明确应进行哪方面的培训；提出对员工工作和个人发展的期望；讨论员工可以从上级得到的支持和帮助；了解员工对管理者提出的工作建议和意见。

5. 绩效沟通的方式

（1）正式沟通方式

绩效沟通的正式方式有以下几种。

1）定期的书面报告

员工可以通过文字的形式向管理者报告工作进展、反映发现的问题。当员工与管理者不在同一地点办公或经常在外地工作的人员较适用定期的书面报告。

2）一对一正式会谈

这种方式能提供面对面讨论和解决问题的手段。这对于及早发现问题、找到和推行解决问题的方法是非常有效的，其能使管理者和员工进行比较深入的探讨，有利于建立管理者和员工之间的融洽关系。

3）定期的会议沟通

定期参加会议的人员相互之间能掌握工作进展情况，且通过会议沟通，员工往往能从管理者口中获取组织战略或价值导向的信息。

（2）非正式沟通方式

1）走动式管理

走动式管理是指主管人员在非工作期间不时地到员工座位附近走动，与员工进行交流，或者解决员工提出的问题。主管人员对员工及时地问候和关心会使员工减轻压力，感到鼓舞激励，因此它是比较常用且比较容易奏效的一种沟通形式。但是，主管在走动式管理过程中应注意，不要对员工具体的工作行为干涉过多，否则，会使员工产生心理压力和叛逆情绪。

2）开放式办公

开放式办公指主管人员的办公室随时向员工开放，只要在没有客人或没有开会的时间里，员工可随时进入办公室与主管人员讨论问题。现在这种方式已被很多公司采用。这种方式的优点就是员工处于比较主动的位置，能增强员工沟通的主动性，同时也使整个团队的气氛得到改善。

3）工作间歇时的沟通

主管人员可以在各种工作间歇时与员工用一些较为轻松的话题进行沟通，从而引入一些工作中的问题，并应尽量让员工主动提出这些问题。例如，也许只有 20 分钟喝咖啡时间的交谈比任何正式会议得到的沟通效果更加显著。

4）非正式的会议

非正式的会议也是一种比较好的沟通方法，主要包括联欢会、生日晚会等各种形式的非正式的团队活动，这时，主管人员可以在轻松的氛围下了解员工的工作情况和需要帮助的地方。同时，主管人员在这种以团队形式举行的聚会中也能够发现团队中存在的问题。

六、绩效评估

绩效评估是绩效管理过程中的一种手段，是激励、引导员工的行为及调动员工积极性的重要管理方式。绩效评估是评价员工工作态度、工作效果的工作。

1. 绩效评估的含义

绩效评估是指通过运用科学的考核标准和方法，考察员工岗位职责的执行程度及评价员工工作态度、工作成绩和效果的工作。

绩效评估是一门科学与艺术并重的工作，其概念的外延和内涵随着经营管理的需要而变化。从内涵上来说，绩效评估是对人和事的评价，即对人及其工作状况、工作结果（即员工在组织中的相对价值或贡献程度）分别进行评价。从外延上来说，绩效评估是有目的、有组织地对日常工作中的员工进行观察、记录、分析和评估的过程。

2. 绩效评估指标体系的设计

绩效评估结果客观与否的首要问题是要建立与考核内容相适应的评估指标体系。评估指标体系把评估客体、评估主体、评估方法与评估结果联结在一起，成为人力资源评估工作指向的中心。

评估指标的设计既应注意科学性，又应兼顾可操作性，因此应坚持以下原则。

（1）指标与员工需求相一致，不同的职务有不同的指标。

（2）指标应该具有普遍性和足够的代表性，应适用于所有评估对象，不能仅反映或适用于个别的评估对象。因此，要选择那些共性的特征作为评估指标。

（3）指标间要有相对的独立性，不能相互包容、交叉，即每个指标都有相对独立的内涵和外延。

（4）指标必须是执行某一职务的关键要素。因为职务对能力、素质的要求是多方面的，不可能包罗万象，一一罗列，所以评估指标要抓住其中最关键的。

（5）指标的定义必须明确、具体，不能让人感到模棱两可，难以操作。

（6）指标应该具有完备性，指标体系总体上要能反映评估对象的主要特征。

（7）指标必须与组织目标相联结，且能够适应当前环境的要求。

3. 绩效评估的方法

（1）方法依据

采用绩效评估方法的依据是采用人力资源管理的工作绩效评价的目标管理法和要素评定法，并结合360度绩效反馈法进行。

（2）评估的等级及权重的设置

考评的等级根据评估内容和要素考虑设置6级，分为A、B、C、D、E和F，对应为7、5、4、2、1和不作评价。基础权重为1，最高权重为1.6，以0.1为一个等级，共设立6级。

A：出色，工作绩效始终超越员工本职位常规标准要求，能够在规定的时间之前完成任务，完成任务的数量、质量等明显超出规定的标准。

B：优良，工作绩效经常超出员工本职位常规标准要求，能够严格按照规定的时间要求完成任务并经常提前完成任务，经常在数量、质量上超出规定的标准。

C：可接受，工作绩效经常维持或偶尔超出员工本职位常规标准要求，基本上达到规定的时间、数量、质量等工作标准。

D：需改进，工作绩效基本维持或偶尔未达到员工本职位常规标准要求，偶尔有小的疏漏，有时在量、质、期上达不到规定的工作标准。

E：不良，工作绩效显著低于常规员工本职位工作标准的要求，工作中出现较大的失误，或在时间、数量、质量上达不到规定的工作标准，经常突击完成任务。

F：不做评价，在绩效等级表中无可以利用的标准或因时间等因素无法得出结论并进行评价。

权重：加权是依据测评项目相对总体的"分量"而赋予不同的权重，以区分各工作的轻重缓急、重要性。权重要根据各项工作产出在工作目标中的"重要性"而不是花费时间来决定。权重由各部门提出建议并在与管理者协商后确定。各项工作的基础权重如下：日常性工作为 1（最高1.15），月度重点工作和项目性工作为 1.05（最高 1.6），年度重点工作为1.1（最高 1.6）。采用比较加权法，在与基础权重进行比较的基础上，做出重要程度和难度的判断，确定该项目的权重系数。

（3）实施手段

为避免面对面评价的负面因素，提高评估的客观性和评价效率，应采用基于网络的评价实施手段。

（4）评估主管和评估对象

评估主管和评估对象关系如下。

1）组织中主管人事的部门作为评估主管，对组织中各部门进行评估。

2）组织各部门互为同级，评估有项目关联的工作内容。

3）各基层单位人事部门作为下级对组织中各部门工作及参与的项目性工作予以评价。

这样，作为组织各部门可形成全面的评价角度，而考评对象主要是针对工作内容设计的。

（5）评估的方式和周期

一般考核采用直线式，主要分领导评估和自我评估。对于项目性工作或其他重大工作，采用 360 度绩效反馈法，一般由上级、同级、下级在工作结束后分别对评估对象进行评估。每年作为一个周期进行绩效管理汇总，并形成书面报告。

（6）评价内容与评估要素

评价内容包括以下与评估对象相关的几个方面。

1）组织人事会议确定的年度重点工作

对于各部门，可能是独立完成的项目性工作，也可能是与其他部门共同完成的项目性工作，也可能是有基层单位参与的项目性工作，根据绩效计划确定具体的量、质、期标准等要素，作为考评内容。此项内容，由于完成时间较长，所以先分别按进度进行考评，年终时进行总评。

2）每月由组织人事办公会确定当月的重点工作

一般均由各部门提出，基本由自身独立完成。工作的量、质、期标准可作为考评内容，可设立 3~4 个要素，每月进行考评，每个周期末汇总。

3）例行的日常工作

这些工作是各部门独立完成的工作，量、质、期标准较为明确，一般设立 2~3 个要素，按月或其完成时间考评即可。

（7）年终（季度）考评结果的计算

年终（季度）考评分数 = $\sum$（各项工作等级分数 × 权重）

年终（季度）考评平均分数 = $\sum$ ［（各项工作等级分数 × 权重）］ ÷（工作项目数 — 不作评价的工作项目数）

各项工作等级分数为上级、同级、下级及自我评估的加权分数之和。

上级 = （50% ~80%）× 评估等级分数

同级 = （20% ~30%）× 评估等级分数

下级 = （10% ~20%）× 评估等级分数

自我 = 20% × 评估等级分数

其中评价权重百分比随评估项目的不同而不同。如无下级和客户时，上级和自我评估权重分别为 80% 和 20%。上级、自我、同级都有时，评估权重分别为 60%、20%、20%。如全部存在时，则上级、同组、下级、自我的评估权重分别为 50%、20%、10%、20%。

七、绩效反馈

绩效反馈是绩效管理过程中的一个重要环节。它主要通过管理者与员工之间的沟通，就被考核员工考核周期内的绩效情况进行面谈，在肯定成绩的同时，找出工作中的不足并加以改进。由于绩效反馈在绩效考核结束后实施，而且是考核者和被考核者之间的直接对话，所以，有效的绩效反馈对绩效管理起着至关重要的作用。

1. 绩效反馈的含义

绩效反馈是指将考核结果反馈给员工，让员工了解主管对自己的期望，找到自己有待改进的方面，提出自己在完成绩效目标中遇到的困难，寻求上级帮助，并协商下一个绩效周期的绩效目标，制定新的绩效合约，使员工自己明确今后的努力方向，制订改善计划与措施。

2. 绩效反馈的方法

要做好员工绩效反馈，须把握如下四个方面。

（1）制定反馈规范

员工绩效反馈是一项十分慎重、严肃的工作。为了能够使这项工作有条不紊地开展，提高反馈的效果，很有必要制定反馈规范，如态度规范、语言规范、时间和场合的规范等都是有必要制定的。

（2）落实反馈人员

组织人力资源管理部门要做好绩效考核反馈人员的落实工作。一般来说，员工的绩效考核反馈由其主管负责，部门负责人的绩效考核反馈则由组织的高层管理人员负责。

（3）确定反馈方式

员工绩效考核反馈有多种方式，如互动交流式、指导建议式、批评帮助式、心理暗示式。上级领导在反馈下属员工作绩效考核时，选择反馈的形式应因员工绩效考核的具体状况而定。

（4）整理反馈结果

员工绩效考核反馈的沟通意见，是绩效考核的重要成果。作为员工绩效考核反馈者，要善于整理反馈意见。整理的反馈意见应起到以下几方面的作用：第一，能为指导、帮助员工改进工作绩效服务；第二，可作为员工绩效考核的重要资料；第三，能形成有效的自我反馈机制。自我反馈是一种特殊的单渠道反馈方式。首先，组织与员工一起建立一套严格的、明确的绩效标准。然后，员工自觉地将自己的行为与工作目标相对照，通过这种对照，员工自己对绩效会有一个正确的认识。

3. 绩效反馈必须遵循的原则

为了提高绩效反馈的效果，管理人员在对员工的绩效进行反馈时必须遵循如下原则。

（1）清楚地向员工说明绩效反馈的目的。

（2）建立和维护双方的信任。

（3）尽量少批评，避免出现对立和冲突。

（4）鼓励下属说话，多问少讲，认真倾听员工意见。

（5）集中在绩效，而不是员工个体的性格特征。

（6）集中于未来而非过去，重点放在解决问题上。

（7）通过赞扬肯定员工的有效业绩，优点和缺点并重。

（8）反馈要具体，制定具体的绩效改善目标，确定绩效改进检查的日期和方法。

（9）绩效反馈经常化，而不要只在年底绩效考核后进行。

（10）以积极的方式结束绩效反馈。

4. 绩效反馈面谈

为了做好员工绩效面谈，可以采取以下十个方法。

（1）精心准备绩效反馈面谈

即"不打无准备之仗"。上级领导同下属员工进行绩效反馈面谈的准备工作包括：对下属员工工作业绩的充分了解，如该员工的优点所在，如何道出待改进的缺点，怎样同下属员工就绩效改进计划达成共识，以及绩效反馈面谈时间、地点的选择、确定。

（2）选择绩效反馈面谈的地点

绩效反馈面谈应选择比较隐秘且不受干扰的地方，如会议室、办公室或咖啡厅等都适宜作为面谈的地点，可为上级领导和下属员工进行绩效反馈面谈创造良好的沟通环境。

（3）通知下属员工参加绩效反馈面谈

上级领导要将绩效反馈面谈的目的、内容、时间和地点等告知下属，这样做一是能使员工感到面谈是受重视的，二是能够提高面谈的效果。

（4）积极欣赏、肯定员工出色的工作绩效

任何一名员工，对待自己的工作绩效，都存在乐于被领导欣赏、肯定的心理需求。从欣赏、肯定员工工作绩效为绩效反馈面谈的切入点，一方面可以激励员工继续保持、发扬自己工作的闪光点，另一方面能为绩效反馈面谈营造宽松的氛围。

（5）善于聆听员工对他人评估自己绩效的看法

运用适当的问话技巧诱发员工讲出自己的真实想法。倘若员工对上级、同仁的"揭短"意见抱有消极抵触情绪，上级领导则应以其日常工作表现的事实为依据与其沟通，让员工理智地接纳、认同上级和同仁的批评意见。

（6）阐述工作目标，帮助解决问题

通过阐述组织或部门能够实现量化的工作目标，指出需要具备的工作能力素质要求。通过坦诚、互动沟通，不断增强员工绩效反馈的观念和提高工作能力的意识。

在了解、掌握员工工作绩效中存在的不足或问题事实的基础上，针对员工工作业绩的不足之处提出善意的批评及改进措施，以帮助员工发现、认识和解决自己在工作态度、能力、业绩上存在的问题。

（7） 发现员工的培训需求

在同员工做绩效反馈面谈过程中，善于发现员工的培训需求。发现和提出员工需参加的具体培训科目，让员工积极参加组织的员工岗位知识、技能培训，不断提高员工工作能力以及工作绩效水平。

（8） 对员工工作绩效改善提出具体建议

上级领导同下属员工进行绩效面谈，不能以指责者、批评者的身份出现，而要扮演绩效改善的分析者、指导者和教练的角色，通过向员工提出工作绩效改进的具体建议，以指导员工正视、解决自己工作中的缺点或不足，帮助员工在新的绩效反馈年度里，创造出更好的工作业绩。

第八章

薪酬管理

一、薪酬的构成

从广义上讲，薪酬分内在薪酬与外在薪酬。外在薪酬有基本薪酬、奖励薪酬、成就薪酬、附加薪酬、非财务性薪酬等存在形式。狭义上的薪酬一般指外在薪酬。现介绍如下。

1. 基本薪酬

它主要看员工的劳动熟练程度、工作的责任大小、工作环境、劳动强度和不同工作在国民经济中的地位，并考虑劳动者的工龄、学历、资历等因素，按照员工实际完成的劳动定额、工作时间或劳动消耗而计付的劳动报酬。它是员工薪酬的主要部分和计算其他部分劳动报酬的基础。基本薪酬的形式包括等级薪酬、岗位薪酬、结构薪酬、技能薪酬和年龄薪酬等几种主要类型。基本薪酬由于数额固定，所以能为员工提供一个较稳定的收入来源，能够满足员工起码的生活需要。由于基本薪酬风险较小，所以那些有避免承担风险倾向的员工在一定范围内，宁可接受一个较低但较稳定的薪酬，而不是一个稍高但不稳定的薪酬。正因为如此，企业通过基本薪酬这一形式，既可以为员工提供一个稳定的收入来源，又可起到减少企业薪酬总额、降低劳动成本的作用。

2. 奖励薪酬

基本薪酬虽然能保障员工基本的生活需要，能帮助企业减少薪酬成本，但由于与员工工作的努力程度和劳动成果没有直接联系，所以不利于调动员工劳动积极性。因而，基本薪酬不宜成为员工薪酬的惟一形式，还必须有奖励薪酬。奖励薪酬又称为效率薪酬或刺激薪酬，主要运用分成的思想。当员工领取基本薪酬时，员工增加努力程度和劳动投入而增加的产出全部归雇主所有，而运用分成的思想实行奖励薪酬时，员工从通过自己努力而新增加的每一单位产品中可得到相应的好处，因而劳动积极性比较高。

3. 成就薪酬

成就薪酬是指当员工在组织内工作相当出色、为组织做出重大贡献时，企业以提高基本薪酬的形式付给员工的报酬。成就薪酬与激励薪酬的相同之处在于都取决于员工的努力及对企业的贡献和成就。成就薪酬与激励薪酬的不同之处在于：成就薪酬是对员工在过去一个较长时间里所取得的成就的"追认"，通常表现为基本薪酬的增加，具有永久性，只要员工不离开企业，就不会消失；而激励薪酬是员工现时的表现和成就挂钩，具有一次性，一旦员工停止努力，工作成绩下降，就会失去，员工为了保持这部分薪资收入，必须不断努力工作。另外，企业不但要解决员工的劳动积极性问题，还要考虑减少企业认为条件比较理想、想要挽留的员工的流动性，保留一个稳定的、忠于企业的骨干员工队伍。成就薪酬由于将薪酬与员工的长期表现挂钩，所以，如果优秀员工在企业工作一段时间后离开企业，自己的收入就会受到损失。为了避免这种损失，员工在考虑更换雇主、另谋高就时，就会更加慎重，不轻易"跳槽"。如在日本，员工"跳槽"则会造成较大损失。

4. 附加薪酬

附加薪酬指根据员工的特殊劳动条件和工作特性以及特定条件下的额外生活费用而计付的劳动报酬，作用在于鼓励员工在苦、脏、累、险等特定岗位工作。习惯上，一般把属于生产性质的附加薪酬称为津贴，属于补助性质的附加薪酬称为补贴。津贴大体上可分为工作津贴和地区津贴两大类。工作津贴主要有特殊岗位津贴、特殊劳动时间津贴、特殊职务津贴。地区性津贴主要有艰苦边远地区津贴和地区生活津贴。附加薪酬通常还包括小额优惠，是以附加报酬或额外福利的名义支付给劳动者的报酬，如各种保险、免费和折扣的工作餐、优惠的住房、免费或低价提供的食堂、澡堂、俱乐部、服务等属于小额优惠。这些项目有的以货币形式支付，有的则以实物形式支付。

5. 非财务性薪酬

非财务性薪酬主要指较喜欢的办公条件、较宽松的午餐时间、特定的停车位、较喜欢的工作安排、业务用名片、动听的头衔等内容。

广义上的薪酬，除外在薪酬外，还包括内在薪酬。内在薪酬包括参与决策、承担较大的责任、个人成长机会、较大的工作自由及自由裁定权、较有趣的工作、活动的多元化等内容。

虽然有些人在单位比较安逸，但单位从不提供培训，员工也不承担较多责任，也毫无压力。表面上看，这种悠闲是一种福利，实际上则造成人的能力降低，使人逐渐落伍、贬值，在市场上失去竞争力。这是最可怕的一种剥夺。在市场经济的今天，已经有很大一部分人认识到了这一点。因此，在择业的时候，公司能所提供的培训机会以及由此所带来的个人的成长机会，成为大多数应聘者所考虑的重要因素之一。另外，较大的工作自由、有趣的工作和良好的职业声望，也是应聘者或企业现有员工所着重考虑的因素。一些跳槽者发现，到了新单位，工资涨了，可自我感觉下降了，因为过去能享用的个人电脑没有了，职业声望没有了，出国培训的机会也没有了。因此，最重要的，是让你的员工有机会成为他想成为的那种人，没有比让一个人的能量释放和自我实现更强大的激励了。

总之，员工的薪酬主要包括外在薪酬和内在薪酬。内在薪酬包括参与决策、更富有挑战性的工作、承担较大的责任、企业所能提供的培训机会和学习机会、个人成长机会、较大的工作自由及自由裁定权、较有趣的工作、活动的多元化等内容。外在薪酬包括从组织中得到的各种形式的基本薪酬、奖励薪酬、成就薪酬、附加薪酬、非财务性薪酬。

二、薪酬的设计

人力资源薪酬体系的设计是现代企业管理的重要环节，关系到员工的切身利益和企业的发展前景，意义相当深远。

薪酬体系的设计要有利于培养人才并留住人才，是企业的重要课题。有些企业一味增加工资，或不断增加业务收入提成，希望以此留住人才。但这些方式能否作为公司的长期管理手段呢？实际上，薪酬设计不能单纯考虑一个方面的问题，需要全面长远的眼光。综合起来，薪酬设计应考虑下面四个方面的内容。

1. 薪酬体系设计的原则

（1）按劳取酬原则

按劳取酬原则也就是按劳分配原则，要求以劳动为尺度，按劳动的数量和质量进行报酬分配。这是公平工资制度的首要原则。

（2）同工同酬原则

也称同岗同酬原则。它要求对于从事相同岗位劳动的劳动者给予相同的报酬。这是在工资制度中处理岗位与岗位之间工资关系的基本准则。岗位是否相同，以岗位价值相似性来判断。岗位价值即岗位工作所要求的技能、岗位工作的难易程度、岗位工作所承担的责任以及岗位工作条件。如果在价值相似的岗位上工作，就应得到同等的工资报酬，不能因性别、年龄、种族、民族、婚姻状况、信仰等原因而受到不平等的对待。

（3）外部平衡原则

这是通过与外部比较来确认一个组织系统工资水平合理性的基本手段，或者说是工资制度中用以调整各类人员工资水平关系的一条准则。它通常要求一个行业或组织的工资水平应与其他相关行业或组织的工资水平保持大体平衡。如果本行业或组织的工资水平过低，会使本系统工作人员的工作积极性受到挫伤，并导致人才流失。如果本行业或组织的工资水平过高，则增加了财政负担。

2. 薪酬构成设计

通过工作分析和评价就可发现这种工作相对于本企业的价值。职务工作的完成难度越大，对企业的贡献越大，重要性就越高，相应的价值就越大。企业内所有职务的工资都按同一贡献律原则定薪，便可保证企业薪酬制度的内在公平性。在找出了这样的理论上的价值后，还必须据此转换成实际的薪资值，才能有实用价值。这便需要进行薪资构成设计。

薪酬构成是指一个企业的组织结构中各项工作的相对价值与对应的实付薪资之间的关系。这种关系不是随意的，而是依据某种原则并遵循着一定的规律。这种关系和规律通常用"薪资结构线"来表示，如图 8－1 所示。

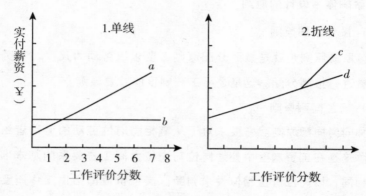

图 8－1　典型的薪酬构成线

理论上薪资构成线可呈任何一种曲线形式，但实际上它们多呈直线或由若干直线段构成的一种折线形式。薪酬构成首先要求具有内在公平性，即企业各项职务的薪资是按某种一致的分配原则确定的，是可以清晰地加以说明的。在市场经济中通行的原则便是等价交换，也就是谁的贡献越大，对企业的价值相对越高，所获报酬也就越多。因此，报酬与贡献成正比，而正比的关系是线性的，即是一种直线性关系，其对应的关系线便会呈直线形式。

3. 薪酬设计的八个要点

薪酬是一个极其敏感的话题，而做好薪酬体系的设计是一件困难的工作，如果出现一些设计纰漏或管理措施欠妥，就可能会影响到劳资关系的稳定，轻则影响员工的工作积极性，重则会影响到企业的稳定和可持续发展。

如何设计具科学性、合理性、系统性的薪酬体系，做到按劳分配、多劳多得、公平公正呢？管理者在设计薪酬体系时，要注意以下八项细节。

（1）注意薪酬结构要合理

薪资体系一般由基本薪、职位薪、绩效薪、年资、加班工资、奖金等组成。尤其是基本薪、职位薪、绩效薪的比例要合理。基本工资对企业来说一般是通用型，满足当地最低工资水准，体现薪水的刚性。职位薪则根据不同职位的工作分析，来分析岗位的价值，做出科学准确的岗位评估，来体现职位薪水的高低，满足员工内部薪资平衡心理。绩效薪是根据绩效结果的达成，来确定绩效工资多少。企业内不同层次的员工，绩效薪占整个薪资总额比例不一样：一般高层占40%～50%，中层占20%～30%，基层占10%～20%。年资属于内部普调工资，应体现工资的平衡公平性。加班工资的计算则要体现工资的合法性。

（2）注意薪酬水准具竞争力

薪酬水准影响到企业吸引人才的能力和在本行业的竞争力。因此，如果一个企业的薪酬水准低于当地同类型企业和行业市场水准，同时又没有与之相配合的措施，如稳定及较高的福利、便利的工作条件、有吸引力和提升性的培训机会等，就容易造成员工流失，直接或间接影响企业的利润率和经营发展目标的实现。

（3）注意执薪公正，做到同工同酬

如果一个企业的薪酬不能做到同工同酬，那员工就会认为自己受到不公正待遇。因此，员工在工作中就会产生消极怠工，降低努力程度，在极端情况下将有可能辞职。如果这是一名普通员工的话，或许他的做法给企业造成的损失不会太大，但却可能使公司名誉受损。如果一名优秀员工或者高级主管消极工作态度，甚至是辞职离去，给企业造成的损失将难以估量。

（4）注意同级别、同层次员工分工合理，劳逸平均

如果一家企业在同一层次和同一级别的员工中，有些人一天到晚忙得连喘息的机会都没有，而有些员工却无事可做、喝茶聊天，就说明岗位工

作分析出了问题。同级别、同层次的员工岗位工作量、工作难易程度、岗位职责如果不一致，那在薪酬的公平、公正和薪资对等性方面肯定存在问题。长此以往，公司的员工一定会是牢骚满腹，轻则造成内部不团结，影响士气，重则造成员工消极、人心不稳、跳槽频繁。

（5）注意中高层与基层员工薪资水平差异不能太大

中高层管理或技术人员确是属于企业核心人才，所产生的价值确实不一样，工资水准也不一样。但如果出现企业中高层岗位的薪水与基层员工的差异达到8～10倍以上，则基层员工与管理层的关系将会疏远甚至僵化，基层员工将会情绪低落、士气下降，整个公司将出现死气沉沉的局面，而中高层的工作也难以开展。

（6）注意调薪有依据，绩效考评公正、公平

企业内岗位的调薪，做好了能激励员工的士气，做不好会动摇部分员工的信心。尤其是毫无根据地随意调薪，或绩效评估不公正，会导致员工对企业的薪酬系统产生怀疑，甚至不满。因此，调薪必须有依据，讲原则，重激励。

（7）注意薪资计算准确，发放及时

企业不能够做到准时发放薪资，或薪资计算经常出现错误，都会导致员工对公司的信用产生疑问，很可能致使公司名誉遭受损失，也可能使外部投资者对该企业丧失信心。同时，拖欠员工薪水也违反劳动法律法规，得不偿失。

（8）注意公司利润与员工适当共享

企业是个利益共同体，利润由大家创造，那收益也应共同分享。因此，企业利润要拿出少部分对重要岗位、重要员工和努力工作有良好业绩的员工进行分享。同时，注意分配的度。如果分给员工的过少，可能会导致员工不满，影响员工工作的积极性。如果分给员工的过多，那公司自身留取的盈余可能不能满足长远发展的需要。与分给员工过少相比，过多的向员工分配利润造成的公司损失更大。一般优秀企业如华为、TCL、联想等企业都会拿出10%～20%的利润分配给员工。这同期股期权的激励还不一样。

4. 薪酬分级

从企业内外部条件所得出的薪酬构成线，为不同的工作确定了一个对应的薪酬值。这在理论上是很合理的。但在实际操作上，若企业中每一种职务都各有一种独特的薪酬，那薪酬的发放与管理就会出现困难甚至混乱的局面。因此，在实际中总是把众多类型的薪酬归并组合成若干等级，形成一个薪酬等级系列。这一步骤其实已成为整个薪酬制度建立过程中不可少的环节。这样，经工作评价而获得的相对价值相近的一组工作，便被编入同一等级。尽管这些职务的相对价值并不尽相等，但因差别不大被编入同一等级便可大大简化管理。因此，薪酬分级在实践中是切实可行的。

职级划分的区间宽窄及职级数多少的确定取决于诸如结构线的斜率、职务总数的多少、企业的薪酬管理政策和晋升政策、企业的规模等因素。总的原则是，职级的数目不能少到相对价值相差甚大的职务都处于同一职级即无区别，也不能多到价值稍有不同便处于不同职级而需作区分的程度。此外，级数太少则难以晋升，不利于士气，而太多则晋升过频而刺激不强，徒增管理成本与麻烦。实践中，有的企业薪酬等级数中只有 4～5 级，也有的企业级数平均为 10～15 级。

5. 薪酬体系的执行、控制与调整

企业薪资体系建立以后，如何投入正常运作并对之实行适当的控制与管理，使其发挥应有的功能，是一个相当复杂的问题，也是一项长期的工作。从本质上讲，劳动报酬是对人力资源成本与员工需求之间进行权衡的结果。在实际工作中，绝对公平的薪酬标准是不存在的。在制定和实施薪酬体系过程中，及时的沟通、必要的宣传或培训是保证薪酬改革成功的因素之一。因此，一方面，可以利用薪酬制度问答、员工座谈会、满意度调查、内部刊物等形式，使广大员工了解本企业薪资制度制定的依据，听取他们的意见，并认真对待，才能使员工们感到公平和满意，也才能获得他们的支持。另一方面，薪资体系制定后，还需要根据事实及时或定期进行调整和修改。较好的办法是：只要可能就努力提高那些待加薪的职位的薪资，而对已经超出了薪资等级范畴的职位则不予以加薪。总之，设计薪酬体系是一项影响因素众多、涉及面广泛的系统工程，必须认真对待才行。

三、薪酬奖励方式

绩效奖励的方式多种多样，而让员工满意需要管理者制定灵活多变的奖励方式，以便于员工自己选择，真正做到让员工各取所需。

哪些奖励方式能够让员工心满意足呢？以下几种奖励方式可供管理者参考借鉴。

1. 允许员工自由选择福利项目

福利以多样的形式和丰富的内容满足着员工的各种需要，让员工在工作中无后顾之忧。随着商业环境的日益严峻、员工工资的不断提高、劳动力市场流动性加大以及工作价值多元化的发展，员工和公司对福利日益看重。事实上，福利在员工的报酬中已占有重要位置，成为激励员工不可或缺的手段，形式也更加灵活和个性化。

不久前，开始兴起的"灵活福利"方案就是一个代表。它是一种更具个体化的福利组合。

灵活福利方案允许员工从众多福利项目中加以选择，允许每个员工选择一组适合自己需要的福利。这种措施可以满足不同需要，其为每个员工建立一个灵活的消费账目，并为每种福利标明价格。

选择项目可能包括以下几方面。

（1）医疗方案，既有较为便宜的医疗方案（承保项目较少），也有昂贵的医疗方案（承保项目较多）。

（2）假期选择。

（3）储蓄和养老金方案。

（4）生活保险。

然后，由员工自己选择福利项目，直到他们账户中的钱用完为止。

灵活福利方案通过允许员工选择最能满足当前需要的报酬组合使报酬个性化。这种方案显然对员工有吸引力，因为员工可根据自身需要确定福利的种类和覆盖的范围。

2. 对突出员工予以重奖

一般而言，奖金对员工的刺激效果是比较明显的，而事实证明，重赏给人的刺激远远大于加薪和福利的刺激。重赏可能会使组织有一个突飞猛进的发展或获得巨大效益，也有助于出类拔萃的优秀人才脱颖而出。

三一集团有限公司始创于 1989 年。多年来，三一集团秉持"创建一流企业，造就一流人才，做出一流贡献"的企业宗旨，打造了业内知名的"三一"品牌。

2008 年 2 月 20 日晚，三一集团举行"2008 三一节庆典暨表彰大会"，对一批功臣进行重奖。

"今晚公司对员工的奖励，现金将近 7000 万元，包括股权奖励在内，奖励金额达到 20 亿元。"晚会主持人说。

2007 年，三一集团实现销售收入 135 亿元，是湖南省首家销售收入超过百亿元的民企。销售收入超过上年的 65%，实现利润 40.2 亿元，为历年利润的总和，海外销售收入突破 2 亿美元。在晚会上，三一集团的奖励对象为：技术领军人物、技术骨干、为公司发展做出过杰出贡献的有功者。活动现场，数名"过百位三一功臣"得到了丰厚的奖励。其中，一份高达 3500 万元的巨额奖金让在场的每一个人都格外关注，因为当事人李冰已经去世了。李冰的遗孀徐伟欣专程赶到颁奖现场领取了这一巨额奖金。公司还以正式文件明确了李冰的家属永久享受公司副总经理家属的待遇，包括生日礼金、大事福利、节日物资等礼遇，李冰的子女由公司全额资助至大学毕业。

一个公司能如此豪爽地犒劳自己的员工，令人震撼。如此行事，员工又怎能不用心做事，怎能吝啬付出？

实践证明，企业把重赏与对骨干员工的尊重紧密结合起来，才能使真正有才干的员工在工作中努力贡献才能，从而也鼓舞其他员工努力工作，形成人人力争上游的良好局面，制造出一批又一批而不是一个或几个立功者。有众多争先恐后去立功的员工存在，企业离兴旺发达的日子就不会远了。

3. 给员工意外的惊喜

事先约定的丰厚奖励如果得当，可以让员工努力去争取。但在目标日益临近的时候，员工可能失去激情。视奖励为应得的心态是不会让人对某项奖励终生难忘的。而没有规则可循的奖金却能够让人喜出望外。它可以用来酬谢员工特别的成就或特殊的努力，也可以在一些重要的节日或重要的活动中调动气氛。期待意外奖励的心情和得到意外收获的感受都会让员工记忆深刻。

得到一份意想不到的奖励，员工感到自己得到了领导的重视，会格外兴奋。这种非同寻常的重视会给员工留下刻骨铭心的回忆，会让员工终生难忘。以这种方法对员工进行"攻心"，屡试不爽。

玛丽·凯化妆品公司的创始人玛丽·凯喜欢采取给当事人一个意外惊喜的办法奖励员工。不少推销指导员都因此而受惠。其中一位推销指导员获得的一份大理石纪念品上刻有这样一段文字："你们愿意别人怎样对待自己，你们也应该怎样去对待别人。"

密歇根州公司的一位员工在度假回来后，惊喜地发现了公司给他的奖励——装修一新的厨房。

一些企业通过给优秀员工一份意想不到的奖励，激发员工的工作热情、创造性和革新精神，促进了工作绩效的大大提高。对于那些为企业做出突出贡献的人，给予一定的特殊奖励，既可以使荣誉获得者经常以这种荣誉鞭策自己，又可以为其他人树立学习的榜样和奋斗的目标，因而具有很强的感召力和影响力，使企业具有凝聚力、向心力。

四、激励薪酬

激励薪酬是为鼓励员工超额劳动或努力实现某些既定的企业目标，事先规定具体考核指标和奖励标准，并在员工实际业绩达到标准后按规定予以兑现的薪酬。因此，激励薪酬是出于激励目的而设立的薪酬，既适用个人也适用团队和组织。

与传统薪酬相比，激励薪酬既可以将薪酬与实际绩效挂钩，又可以控制薪酬费用。因为，激励薪酬是依据预定目标的实现度来发放的，与业绩联系了起来。同时，激励薪酬通常是一次性的，不会造成固定薪酬支出负担。因此，激励薪酬在现代薪酬体系中已得到了十分普遍的应用。需要注意的是，激励薪酬的确定必须考虑任务和工作的数量、质量、创新性、合作精神等因素。单单考虑数量的激励薪酬是不能达到激励薪酬的目的的。而这却是目前许多企业激励薪酬制度的通病。

激励薪酬的主要类型有下列几种。

1. 按照激励效果的时间长短分类

（1）短期激励薪酬

短期激励薪酬主要是对年度内员工超额完成某项工作指标所给予的奖金。短期激励薪酬制度有一个发展演进的过程，最初始的形式是计件工资，而后是奖金和成就工资等。它们都是绩效薪酬的前身。但是一些观察和研究表明，个体激励薪酬形式，例如计件工资，虽然对个体绩效有一定的刺激作用，但难以进行质量和责任方面的监督，与以团队为基础的管理也不太吻合，故计件工资目前对一些企业来讲，已经过时。

（2）长期激励薪酬

长期激励薪酬是对员工多年努力综合成果的肯定和回报，把重点放在雇员多年努力的成果上，主要指包括给予高层管理者和高级专业技术人员的股票、期权、红利及一般员工的劳动分红、员工持股计划等形式。这样，他们会把精力主要放在投资回报、市场占有率、资产净收益等组织的长期目标上。严格来讲，长期激励的收入形式属于资本性的利润分配，并非真正意义的薪酬。下面主要对股权激励薪酬进行简单的分析。

1）股权激励薪酬的含义

股权激励薪酬是通过多种方式让员工（尤其是经理阶层和核心技术骨干）拥有本企业的股票或股权，使员工与企业共享利益、共担风险的长期激励薪酬方案，目前较多的用于企业经营管理者的股权激励计划。这是由于在现代公司制企业中，所有者（股东）与经营管理者之间委托代理关系中蕴涵的代理风险很大，信息不对称和高额的监督成本又使企业对经营管理者的约束机制软化，而经营管理者的积极性和效率又是公司生存发展的关键因素。

股权激励则把股东的利益、风险与经营管理者的利益、风险有机统一，把经营管理者的利益纳入公司的目标函数中，使经营管理者从自身利益出发，去关心公司的长期价值和长远发展，形成高激励、低成本、持续性、长期性、利益与约束并存的激励机制。

2）股权激励的类型

①现股激励。组织以赠送或有价转让的方式，使员工即期获得本企业的股票，但组织对股票出售价格和员工持股时间均有明确规定。

②期股激励。组织与员工以合约形式，确定员工可以且必须在未来某一时期以规定价格（通常按签约时的股价）购买一定数量股票，同时也规定了员工对所购股票再转让的条件。

③期权激励。组织赋予员工在未来某一时期以规定价格购买一定数量股票的权利，员工到期可行使或放弃该权利，同时对员工在购股后再售出股票的条件作出明确规定。

现股、期股的激励对象要承担一定的持有风险，并需投入相当的资金。这就限制了用于激励的股权数量和激励力度。现股、期股的激励导向是使经理趋向于积极而较为稳健的经营管理。期权激励风险小、投入资金少、成本低。因此，期权方案设计中用于激励的股权数量大、激励力度强，形成引导经理"创新和冒险"的激励导向，但也有产生虚假利润和泡沫经济的风险。

2. 按照激励对象的不同分类

（1）个人激励薪酬制度

个人层面的激励薪酬制度是根据员工个人的产品的数量、产品或服务的质量、销售额、工作安全记录、出勤率等来决定其激励薪酬的制度，旨在激励员工达到与工作相关的绩效标准。个人激励薪酬制度的主要类型有：计件制、绩效制和佣金制。

1）计件制

①简单计件绩效制

计件绩效制薪酬 = 完成产品的数量 × 每件产品的工资率

②梅里克多计件绩效制（见表 8-1）

表 8-1 梅里克多计件绩效制

类　别	判　定	获得额定工资
劣等员工	在标准产量的 83% 以下	$0.9 \times M$
中等员工	在标准产量的 83%～100% 之间	$1.0 \times M$
优秀员工	在标准产量的 100% 以上	$1.1 \times M$

注：M 为基本工资额

③泰罗差别计件绩效制（见表 8-2）

表 8-2 泰罗差别计件绩效制

判　定	获得的工资
在标准产量的 100% 以下	$M_1 =$ 低工资率 $N_1 \times$ 完成产品的数量
在标准产量的 100% 以上	$M_1 =$ 高工资率 $N_2 \times$ 完成产品的数量

2）绩效制

①标准工时绩效制。以节省工作时间的多少来计算应得的工资。当员工的生产工时低于标准工时，按节省的百分比给予不同比例的奖金。如某

员工完成标准工时 4 小时的工作只用了 2.5 小时，该员工节省了 37.5% 的时间，工资就为 $1.375 \times M$。

②哈尔西 50 - 50 奖金制。特点是员工和企业分享成本节约额。通常进行 50—50 比例的分配，即若员工在低于标准时间内完成工作，可以获得的奖金是其节约工时的工资的一半。

③罗恩奖金制。罗恩奖金制的水平不固定，依据节约时间占标准时间的百分比确定。

3）佣金绩效制

①单纯佣金制。没有底薪，只有佣金，按销售额计算。

②混合佣金制。销售人员有一定的底薪，其他特点与单纯佣金制基本相同。

③超额佣金制。特点是：必须完成一定基础数量的销售额，在此基础上根据个人超额部分计算薪酬的一种制度。

例：某员工的底薪为 300 元，佣金为 2.5%，最低销售标准量为 100 件，在某一个月他销售了 200 件产品，每个产品的单价是 50 元，那么该员工的收入就是：$300 + （200 - 100）\times 50 \times 2.5\% = 425$（元）。

（2）团队激励薪酬制度

团队激励是对员工集体绩效的一种激励，常见的有两种：一是小组激励计划；二是利润分成计划。

1）小组激励计划

小组激励计划是指小组成员个人的奖励必须在小组的整体目标达到后才能实现。小组激励计划与个人奖励计划的绩效标准类似，包括质量、安全记录、顾客满意度等指标。

小组奖金的发放方式依据情况的不同而不同：若小组成员对小组业绩的贡献大体相同，奖金就可平均发放；若小组成员对小组业绩的贡献有较大差异，就应依据贡献的大小来发放奖金，也可先拿出一部分奖金平均发放，剩余部分按贡献不同而区别发放。

2）利润分成计划

它是指由于团队的贡献，组织绩效有了明显的改善，给予团队一定奖励的薪酬激励制度，主要有三种形式。

①斯坎伦计划。由约瑟夫·斯坎伦于1935年提出的利润分享计划，特点是强调员工参与。这也是早期斯坎伦计划的本意。后来，斯坎伦计划增加了货币奖励计划。斯坎伦计划包含三个组成部分：第一，在管理层提供组织有关工作信息的基础上，通过团队合作降低成本；第二，员工提出的降低成本的建议，由一个专门的管理委员会负责具体落实和监督；第三，依据组织业绩提高的程度对员工进行奖励，鼓励员工参与。

利润分享通常通过斯坎伦比率来确定：

$$斯坎伦比率 = \frac{劳动力成本}{产品销售价值}$$

通常是先计算出组织前三年的斯坎伦比率，作为参照系。若利润提升，斯坎伦比率降低，那么就应给予员工相应的奖励。

员工奖金 = 节约成本×75% =（标准工资成本－实际工资成本）×75% =（商品产值×斯坎伦比率－实际工资成本）×75%

②拉克计划。由艾伦·W·拉克于1933年提出，类似于斯坎伦计划。不同之处是，拉克计划关注产品销售价值与原材料购买值之间的差价，即增加值。

拉克比率越大，对组织越有利。只有在拉克比率提高时，员工才能获得奖励。与斯坎伦计划只关注劳动力的成本降低相比，拉克计划关注的面要更加广泛。

③提高分享计划。由米歇尔·费恩于1973年提出，方法是依据劳动时间比率来衡量生产力水平的高低，进而确定团体的奖励。即通过统计或历史资料分析，得出生产一件产品所需的标准时间，然后将实际劳动时间与标准时间相比较，以此确定每个员工的奖金。

提高分享计划之所以称为"提高"，还在于此计划包含回购规定，也就是说，组织对团体的奖励金额是有最高限额的，如果奖金超出这个限额，组织就将超出部分储存起来。假如奖金重复超过限额，组织可以一次性向员工付款回购超过限额的储存部分。然后，组织可以提高标准劳动时间。

团队薪酬激励制度与个人薪酬激励制度相比，有明显的优点：一方面，团队激励薪酬制度有利于团队凝聚力的加强，有利于团队合作意识的培养；另一方面，团队绩效考核的标准比个人绩效考核标准更容易设计，对管理来讲更方便。因此，团队激励比较适合协作性比较强的工作，尤其是个人绩效很难准确考核的工作。

（3）组织整体激励薪酬制度

组织整体激励是指在组织利润整体提升或效率提高时，对整个组织的员工给予奖励，使员工更加努力工作，促使员工目标与组织目标协调一致。利润分享计划与员工持股计划是两种主要形式。

1）利润分享计划

利润分享计划也就是将组织的利润拿出一部分，与员工共同分享，分为现金制和递延制两种。现金制就是以现金的形式在季度末或年度末发放给员工奖金。递延制是指将员工应得的奖金存在组织为员工开立的专门账户中，作为员工退休后的收入。这两种方式的核心差别在于生产率的不同，即员工退休后收入减少，所交个人所得税的比率自然随之降低。

利润分享计划的奖金额度一般通过三种方式来确定：第一种是固定比例法，也就是依据组织目标的实现程度，以利润或收入的固定比例作为员工奖金的发放额度；第二种是升级比例法，也就是随着组织利润的增加，员工获得奖金的比例也随之增加；第三种是获利界限法，前提假设是，员工的努力对组织业绩的提升是有限度的，超过这一限度的提升都是员工努力之外的因素带来的，如经济环境的改善、技术的创新、工具的现代化等都是员工努力之外的因素。因此，规定只有在组织利润超过事先的最低标准，且低于最高标准时，才实施利润分享计划。

2）员工持股计划

员工持股计划是指，为了使员工感觉到自己是公司的主人，更好地激励员工努力为组织的目标服务，公司赋予员工在一定期限之后，以一定的折扣价格购买一定量公司股票的权利。员工获得期权后，就可以在股票市场价格上涨时行权，获得买入价与市场价之间的差价。若股票市场价跌破折扣买入价，员工就要承担相应的风险。

五、薪酬体系的改革

在经济发展快速变化的今天，每个管理者都想顺应时代潮流，大胆进行改革。但在各种改革中，员工薪酬体系的改革难度最大、所涉及的面最广，人事经理应全面权衡各种利弊再进行改革。员工薪酬体系的改革，不仅仅是对过去那些过时的、用处不大的薪酬体系进行改进，更重要的是应给员工薪酬体系注入新的活力。

员工薪酬体系改革主要在员工薪酬体系设计的基础上进行，重点是对奖金、实物以及管理人员薪酬体系的改革。

1. 奖金方案的改革

许多国家的生产增长率下降，使得人力资源管理变得愈来愈重要。生产率的增长不仅来源于固定资产的增长，而且也在于人力资源的合理利用。多劳多利、按劳取酬是激励人及刺激生产率增长的最好办法之一。尽管薪酬通常由员工在工作上花费了多少时间来决定，但是奖金却是根据生产率确定的。所有奖励方案的设计与改革的基本目的都是为了提高员工的生产效率，从而获得更大的优势。为了做到这点，人事管理必须以员工的需要和公司的经营目标为中心，运用并改进各种奖励手段。生产效率高的工人，可能宁愿按他们的工作成效获得薪酬。事实上，如果不按这种方式获得报酬，他们很可能无法长久保持优秀业绩。

奖金能够对那些当之无愧的人起到十分重要的激励作用——而许多人应该得到这些奖励。

但是在引进任何一种形式的激励系统之前必须先确定产量标准。这些标准是衡量一位中等水平、受过良好训练、正常工作的员工应该能够在一定时期内完成的工作尺度。例如，公司可能决定某部门的员工应该每小时生产 4 个产成品，那么产量标准就是 4 个。工业工程或决策部门中的时间研究专家过去一直负责工作标准的建立，越来越多的"拥有"各种经历的个人组合在这一领域发挥着重要作用。无论标准如何确定，奖金都是一种更加直接的平衡报酬和业绩的方法。这种奖金改革的方案可以个人、小组或公司为单位的形式来进行。

（1）个人奖励改革

许多个人奖励改革的方法得以采用，目的是为了提高工人的生产效率和公司的利润率。按照奖励计划，如果员工的生产率高，就会因多劳而多得。

1）直接计件制改革

按照直接计件制改革，每生产一个单位的产品就会得到事先规定好的数目的工资。计件报酬率的计算是通过标准小时产量划分为一份工作的报酬率实现的。这要求在改革的奖励计划中必须有一个保证的基数。

直接计件制改革是最广泛应用于奖励系统中的方法。它简单易行，让员工容易理解。

2）标准工时改革

标准工时改革是一种个人奖励改革计划。在该计划中要计算出每个单位产出所需的时间。我们再次假定每小时 25 个单位产品或每单位产品需 0.04 小时为标准产量，5 元为每小时工作报酬率，每天工作 8 小时，那么一名员工每生产一个单位产品的时间补助为 0.04 小时（而不是每单位 0.20 元的计件报酬率）。一位以每天 280 单位的生产率工作的员工一天内生产的所有产品都可得 11.2 个标准小时（280 单位 × 0.04 小时/每单位），一天的报酬为 11.2 个标准小时 ×5 元每小时，为 56 元。标准工时计划具有直接计件制计划的各种特征，优点在于计件报酬率不必随每一次报酬率的变化而重新计算。

直接计件制改革和标准工时改革中都存在着与产量标准有关的一个潜在问题。当个人产量不容易区分时，常常要用小组奖励改革计划和全公司的计划来取代个人奖励改革计划。

（2）小组（或集体）奖励改革

个人奖励受到一定条件的限制。工作常以另外一种方式进行组织，即生产效率来自小组的共同努力，并且如果不是这样的话，就难以判断每个人的贡献。在这种情况下，就必须在小组中使用奖励。例如，如果小组的产量超过了 100 个单位的标准，那么每个成员都可以按比例获得奖金。

小组奖励改革既有优点又有不足之处。例如，在变压器的生产线上，可能有 10 名员工在进行同样的操作，且必须一起工作才能成功地完成全部任务。如果有 9 名员工完成了任务，但另一个人没完成，则整个小组的生产率将受到影响。然而，在这种情况下，工作压力很大，以至于这个人将面临要么达到小组的标准要么离开小组的选择。小组奖励改革旨在促进集体工作并鼓励老员工成为新员工的顾问或师傅，让小组成员在必要时伸出援助之手。

（3）公司整体奖励改革

当公司过去的奖励体系不能适应新情况时，就必须整体进行改革。下面将介绍分红制、职工股权计划和斯坎伦计划三种不同的整体改革的内容。

1）分红制

分红制是将公司利润按事先规定的百分比给员工的一种报酬改革计划。许多公司利用这种计划把员工的利益和公司的利益联系在一起。分红改革计划还对招聘、激励和留住员工很有帮助，常常能够促进生产效率的提高。

正常情况下，大多数全日制员工经过一段规定时间后就会被纳入公司的分红计划中。应得利益决定了员工实际在账户中可拥有的利润额，而且应得利益通常是分级设置的。这种逐渐给予利益的办法能够鼓励员工留在本公司，以减少人员流动。

分红制旨在将员工和公司的经济利益拴在一起。实施分红制的前提是工作效率得到提高，成本得以降低。同时，利润变化会影响到分红。例如，如果某公司连续几年效益不佳，员工就无法从其计划中受益。当员工已习惯了从分红制中获得递增的报酬，或者当该计划本身代表了公司福利计划的主要部分时，可能会成为特别的问题。

2）员工股权计划

公司提供给员工普通股股票的公司整体奖励计划，叫作员工股权计划，又称员工持股计划。员工持股计划作为一种分红计划改革有许多好处。特别是员工持股计划的支持者认为，员工获得了企业的股票，与企业的关系就更加密切了。

3）斯坎伦计划

斯坎伦计划是一种把员工和公司业绩紧密连在一起的利益分享计划。利益分享计划（也称作生产率奖励、小组奖励和业绩分享奖励）一般指许多或所有员工共同努力以达到公司生产率目标的奖励计划。

斯坎伦计划由约瑟·斯坎伦 1937 年创立，现在仍然是集体奖励的一种成功方法，在小企业中尤为有效。员工因为他们所提建议节省了劳动成本而受到经济奖励。这些建议由员工管理委员会进行评价。节约额是工资成本与该成本所产生的销售价值的比值。如果公司能够通过提高运转效率降低工资成本，则它会和员工共同分享节约所得。

2. 管理者薪酬体系改革

为什么要对管理者薪酬体系进行改革呢？那是由于管理者的薪酬与其贡献不成比例。因此，我国企业界对经营管理者制定了薪酬体系方案。

（1）确定管理者的薪酬

企业一般把最高层管理者的工资增长与整个公司的业绩联系在一起。对于中层管理者，公司希望把整个公司的业绩和市场占有率及内部因素连在一起来考虑报酬因素。对于基层管理者，薪水通常根据市场占有率、内部工资关系和个人业绩来决定。

总之，管理者级别越高，他们自主设计其工作的弹性就越大。由于管理工作的多样性，在决定管理者的薪酬时根据市场定价是可以利用的最佳途径。首先，这些工作对组织来说极其重要，而这些人员的工作能力强，难于替换。其次，公司经常为培养经理进行数目可观的投资，即使市场支持高工资决策，管理者在整体劳动中毕竟只占相对很小的百分比，而且对全部劳动成本的整体影响也很小。最后，由于广泛的外部联系，他们很可能对现行的市场薪酬很了解。

（2）选择管理者薪酬类型

管理者的薪酬通常由五个部分组成，即基本薪水、短期奖励或奖金、长期奖励和资本增值计划、行政福利、津贴。

1）基本薪水

尽管基本薪水可能并不是管理者总薪酬中的最大部分，但薪水显然十分重要。它是决定管理人员生活水平的一个因素，还为其他薪酬形式提供了依据。例如，奖金及一定的福利额可以年薪作为基准。

2）短期奖励或奖金

奖金的支付反映了对于奖励价值的管理信条。事实上，今天所有的高级管理人员都获得了以基本薪水为基准的奖金。这种薪酬组成成分逐渐具有普遍性。

3）长期奖励

股份所有权是一种长期奖励，目的是进一步把管理者的利益和公司的整体利益连在一起。例如有家公司的董事会要求高级管理人员持有公司的股票，通常要求总经理持有价值为他们基本薪水4~5倍的股份。有的公司的要求更加严格，要求总经理必须持有其年薪7倍的股份。

4）管理者的福利

管理者的福利通常比其他员工所得福利要高得多。这种福利和经理的高薪有关。

5）额外津贴

额外津贴是公司提供给一小部分主要管理者特殊的额外福利。除了职位因素外，这种报酬要么并不被看作是所得收入，要么以比普通收入低税率纳税。

第九章

职业生涯管理

一、职业生涯管理概述

职业生涯管理是一种专门化的管理，即从管理角度，对员工从事的职业所进行的一系列计划、组织、领导和控制等管理活动，以实现组织目标和员工个人目标的结合。

1. 职业生涯管理的概念

职业生涯指一个人在一生中从事的各种工作的总称，是客观职业的总和。职业生涯管理是组织通过帮助成员设计职业发展计划，并从组织上给予这种计划实现的保证，从而达到满足成员的职业发展愿望，满足组织对成员不断提升的质量要求，进而实现组织发展目标与个人发展目标的协调和相互适应，实现组织与员工的共同成长、共同受益。职业生涯管理的前提是，假定人的命运是能够被掌握的，人能够通过谋求职业上的成功获得满足。

首先，职业生涯管理体现了"以人为本"的理念。"以人为本"理念认为"人是第一要素"、"人是人事管理的核心"、"人应获得利益"以及"应对人进行开发"。职业生涯管理正是它们的综合体现。其次，职业生涯管理体现了组织和员工双赢的现代雇佣观念。最后，职业生涯管理体现了组织存在价值的多元化。

2. 职业生涯管理理论综述

（1）约翰·霍兰德的人业互择理论

约翰·霍兰德是美国约翰·霍普金斯大学心理学教授、美国著名的职业指导专家。他于1959年提出了具有广泛社会影响的"人业互择"理论。这一理论首先根据劳动者的心理素质和择业倾向，将劳动者划分为六种基本类型，相应的职业也划分为六种类型，即实际型、学者型（研究型）、艺术型、传统型（常规型）、事业型（企业型）、社会型，如表 9 - 1 所示。

约翰·霍兰德的人格性向理论的意义在于提供了一个劳动者与职业的相互选择和适应的方法。劳动者如果能与职业互相结合，便能达到理想的工作和适应状态。这样就使劳动者能够充分发挥自己的主观能动性，提高工作的满意度，使其才能与积极性得到充分的发挥。

以上对人格性向的划分并不是绝对的，在现实中，大多数人都具有多种性向。约翰·霍兰德指出，这些性向越相似，则一个人在选择职业时所面临的内在冲突和犹豫就会越少。为了进一步说明这种情况，他建议将这六种性向分别放在一个正六角形的每一个角上，每一个角代表一个职业性向。某两种性向越接近，则它们的相容性就越高。如果某人的两种性向是紧挨着的话，那么这个人将会很容易选定一种职业。如果此人的性向是相互对立的话，那么这个人在选择职业时就会面临两难的境地。

表 9 - 1　劳动者的六种基本类型

类　型	劳动者	职　业
实际型	（1）愿意使用工具从事操作性强的工作； （2）动手能力强，做事手脚灵活，动作协调	主要指各类工程技术工作、农业工作。通常需要一定体力，需要运用工具或操作机器。主要职业：工程师、技术员；机械操作工、维修安装工人、矿工、木工、电工等；司机；测绘员、描图员；农民、牧民等
学者型（研究型）	（1）抽象思维能力强，求知欲强，肯动脑，善思考，不愿动手； （2）喜欢独立和富有创造性的工作； （3）知识渊博，有学识才能，不善于领导他人	主要指科学研究和科学试验工作。主要职业：自然科学和社会科学方面的研究人员、专家；化学、冶金、电子等方面的工程师、技术人员；飞机驾驶员、计算机操作人员等

续表

类 型	劳 动 者	职 业
艺术型	（1）喜欢以各种艺术形式的创作来表现自己的才能，实现自身价值； （2）具有特殊艺术才能和个性； （3）乐于创造新颖的、与众不同的艺术成果，渴望表现自己的个性	主要指各类艺术创作工作。主要职业：音乐、舞蹈、戏剧等方面的演员、艺术家编导、教师；文学、艺术方面的评论员；广播节目的主持人、编辑、作者；绘画、书法；艺术、家具、房屋装饰等行业的设计师等
传统型（常规型）	（1）喜欢按计划办事，习惯接受他人的指挥和领导，自己不谋求领导职位； （2）不喜欢冒险和竞争； （3）工作踏实、忠诚可靠，遵守纪律	主要指各类与文件档案、图书、统计报表之类相关的各类科室工作。主要职业：会计、出纳、统计人员；打字员；办公室人员；秘书；图书管理员，导游、外贸员工，保管员，审计人员，人事员工等
事业型（企业型）	（1）精力充沛、自信、善交际，具有领导才能； （2）喜欢竞争，敢于冒险； （3）喜爱权力、地位和物质财富	主要指那些组织与影响他人共同完成组织目标的工作。主要职业：经理企业家，政府官员，商人，行业部门和单位的领导者、管理者等
社会型	（1）喜欢从事为他人服务和教育他人的工作； （2）喜欢参与解决人们共同关心的社会问题，渴望发挥自己的社会作用； （3）比较看重社会义务和社会道德	主要指各种直接为他人服务的工作，如医疗服务、教育服务、生活服务等。主要职业：教师、行政人员；医护人员；衣食住行服务行业的经理、管理人员和服务人员；福利人员等

（2）职业生涯发展理论

对职业生涯发展理论作出贡献的人有金斯·佰格、格林·豪斯、萨伯和施恩。其中，施恩提出将人的一生分为九个阶段。

1）成长阶段（0～20岁左右）

这一阶段人不仅完成身体方面的成长，而且完成了对知识的获取、职业兴趣和才能的培养。

2）进入工作实践阶段（16~25岁左右）

在这段时间内，劳动者初次进入劳动力市场寻找职业，与雇主达成协议，成为组织中的一员。

3）基础培训阶段（16~25岁左右）

在这期间，劳动者获得组织成员资格，开始融入组织适应工作，完成安排的工作任务。

4）早期职业的正式成员资格阶段（17~30岁左右）

在这期间，劳动者开始履行与职业相关的义务，承担责任，进一步发展完善自己，为以后的职业发展奠定基础。

5）职业分析阶段（25岁以后）

这一阶段，劳动者一般担当重要职务或承担重要责任。劳动者经过一段时间的工作实践，开始冷静地分析自己从事的职业、重新确定或再次作出职业选择，包括为了获得更大的职业发展而重新回到学校继续学习、充电，进行自我开发，制订长期的职业发展计划。

6）职业中期危险阶段（35~45岁左右）

这期间，劳动者较为现实地评估自己的能力、职业目标及职业前景，对前途作出更具体的决定。

7）职业后期阶段（40岁~退休）

在这期间，劳动者由于各方面的成熟，承担更为重大的责任，达到事业的顶峰。之后，劳动者的能力、精力开始下降，开始追求职业的稳定。

8）衰退与离职阶段

这一阶段中，劳动者接受能力、精力下降，准备退出职业生涯，接受角色的转换。

9）退休阶段

劳动者从社会回到家庭，适应社会角色的转换，建立新的价值观。

（3）佛隆的"职业动机理论"

佛隆认为"人的行为受其动机驱使，人在选择职业时也不例外，不过此处主要受职业动机的影响",相关的公式如下。

竞争系数 = 职业缺口数/求职者数目

职业实现概率 = 职业需求 × 竞争力 × 竞争系数 × 随机几率

职业效价 = 职业价值观 × 职业中各要素评估值

职业动机强度 = 职业效价 × 职业实现概率

职业中各要素是指求职者对某项工作的兴趣、从事该职业能得到的薪水、拥有的名望和工作环境等因素。

（4）埃德加·施恩的职业锚

埃德加·施恩认为，职业规划实际上是一个持续不断的探索过程。在这一过程中，每个人都在根据自己的天资、能力、动机、需要、态度和价值观等慢慢地形成较为明晰的与职业有关的自我概念。施恩还说，随着一个人对自己越来越了解，这个人就会越来越明显地形成一个占主要地位的职业锚。所谓职业锚就是指当一个人不得不做出选择的时候，他或她无论如何都不会放弃的职业中的那种至关重要的东西或价值观。正如"职业锚"这一名词中"锚"的含义一样，职业锚实际上就是人们选择和发展自己的职业时所围绕的中心。一个人对自己的天资和能力、动机和需要以及态度和价值观有了清楚的了解之后，就会意识到自己的职业锚到底是什么。施恩根据自己在麻省理工学院的研究指出，要想对职业锚提前进行预测是很困难的。这是因为一个人的职业锚是不断发生着变化的。它实际上是一个不断探索过程所产生的动态结果。有些人也许一直都不知道自己的职业锚是什么，直到他们不得不做出某种重大选择，比如到底是接受公司将自己晋升到总部的决定，还是辞去现职转而开办和经营自己的公司。正是在这一关口，一个人过去所有的工作经历、兴趣、资质、性向等才会集合成一个富有意义的模式（或职业锚）。这个模式或职业锚会告诉此人，对他或她个人来说，到底什么东西是最重要的。施恩根据自己对麻省理工学院毕业生的研究，提出了以下五种职业锚。

1）技术或功能型职业锚

具有较强的技术或功能型职业锚的人往往不愿意选择那些带有一般管

理性质的职业。相反,他们总是倾向于选择那些能够保证自己在既定的技术或功能领域中不断发展的职业。

2)管理型职业锚

有些人则表现出成为管理人员的强烈动机,"他们的职业经历使得他们相信自己具备被提升到那些一般管理性职位上去所需要的各种必要能力以及相关的价值倾向"。必须承担较高责任的管理职位是这些人的最终目标。当追问他们为什么相信自己具备获得这些职位所必需的技能的时候,许多人回答说,他们之所以认为自己有资格获得管理职位,是由于他们认为自己具备以下三个方面的能力。

①信息分析能力。指在信息不完全以及不确定的情况下发现问题、分析问题和解决问题的能力。

②人际沟通能力。指在各种层次上影响、监督、领导、操纵以及控制他人的能力。

③情感能力。指在情感和人际危机面前只会受到激励而不会受其困扰和削弱的能力,以及在较高的责任压力下不会变得无所作为的能力。

3)创造型职业锚

麻省理工学院的有些学生在毕业之后逐渐成为成功的企业家。在施恩看来,这些人都有这样一种需要:"建立或创设某种完全属于自己的东西——一件署着他们名字的产品或工艺、一家他们自己的公司或一批反映他们成就的个人财富等。"比如,麻省理工学院的一位毕业生已经成为某大城市中的一个成功的城市住房购买商、修缮商和承租商而另外一位麻省理工学院的毕业生则创办了一家成功的咨询公司。

4)自主与独立型职业锚

麻省理工学院的有些毕业生在选择职业时似乎被一种自己决定自己命运的需要所驱使着:他们希望摆脱那种因在大企业中工作而依赖别人的情况。因为当一个人在某家大企业中工作的时候,他或她的提升、工作调动、薪金等诸多方面都难免要受别人的摆布。这些毕业生中有许多人还有着强烈的技术或功能导向。然而,他们却不想(像持有技术或功能型职业锚的人那样）到某一个企业中去追求这种职业导向，而是决定成为一位咨询专家，要么是自己独立工作，要么是作为一个相对较小的企业的合伙人。具有这种职业锚的其他一些人则成了工商管理方面的教授、自由撰稿人或小型零售公司的所有者等。

5）安全型职业锚

麻省理工学院还有一小部分毕业生极为重视长期的职业稳定和工作的保障性。他们似乎比较愿意去从事这样一类职业：这些职业应当能够提供有保障的工作、体面的收入以及可靠的未来生活。这种可靠的未来生活通常是由良好的退休计划和较高的退休金来保证的。

对于那些对地理安全性更感兴趣的人来说，如果追求更为优越的职业，意味着要在他们生活中注入一种不稳定或保障较差的地域因素的话——迫使他们举家搬迁到其他城市，那么他们会觉得在一个熟悉的环境中维持一种稳定的、有保障的职业对他们来说是更为重要的。对于另外一些追求安全型职业锚的人来说，安全则是意味着所依托的组织的安全性。他们可能优先选择到政府机关工作，因为政府公务员看来还是一种终身性的职业。这些人显然更愿意他们的雇主来决定他们去从事何种职业。

二、职业生涯规划

1. 职业生涯规划概述

（1）职业生涯规划的含义

职业生涯规划是指个人发展与组织发展相结合，在对个人和内外环境因素进行分析的基础上，确定一个人的事业发展目标，并选择实现这一事业目标的职业或岗位，编制相应的工作、教育和培训行动计划，对每一步骤的时间、项目和措施做出合理的安排。

良好的职业生涯规划应具备以下特性。

1）现实性

规划要进行系统思考且有事实依据，并非只是美好幻想或不着边际的梦想，否则将会延误职业生涯发展的机遇。

2）适应性

规划未来的职业生涯目标，牵涉多种可变因素，因此规划应有弹性，应留有余地，在职业生涯发展的过程中需要不断进行调整以增加其适应性。

3）适时性

规划是预测未来的行动，确定将来的发展目标，因此各项主要活动何时实施、何时完成，都应有时间和时序上的详细安排，以作为检查行动是否完成的依据。

4）持续性

职业生涯不应该有空白，人生每个发展阶段应能持续连贯衔接。

（2）职业生涯规划的构成

1）外职业生涯

外职业生涯是指个体从事职业时的工作单位、工作地点、工作内容、工作职务、工作环境和工资待遇等因素的组合及其变化过程。外职业生涯的构成因素通常是由别人给予的，也容易被别人收回。外职业生涯因素的取得往往与自己的付出不符，尤其是在职业生涯初期。外职业生涯发展是以内职业生涯发展为基础的。

2）内职业生涯

内职业生涯是指个体从事一项职业时所具备的知识、观念、心理素质、能力和内心感受等因素的组合及其变化过程。

内职业生涯各项因素的取得，可以通过别人的帮助来实现，但主要的还是由个体努力追求而得以实现。与外职业生涯的构成因素不同，内职业生涯的各构成因素内容一旦取得，别人便不能收回或剥夺。

内职业生涯的发展是外职业生涯发展的前提，能带动外职业生涯的发展。它在人的职业生涯成功乃至人生成功中具有关键性作用。因而在职业生涯的各个阶段，都应重视内职业生涯的发展。尤其是在职业生涯早期和中前期，一定要把对内职业生涯各因素的追求看得比外职业生涯更重要。在职业生涯初期应该选择使自己锻炼最大的工作，即最有利于内职业生涯发展的工作。

（3）职业生涯规划期限

职业生涯规划期限，划分为短期规划、中期规划和长期规划。

短期规划，一般为 3 年以内的规划，主要是确定近期目标，规划近期完成的任务。

中期规划，一般为 3～5 年，规划 3～5 年内的目标与任务。

长期规划，其规划时间是 5～10 年，主要设定较长远的目标。

2. 职业生涯规划的特点

（1）个体与企业互动发展的有机结合

职业生涯规划是一个个体与企业互动的过程。它不是企业强加在个人身上的实施方案，而是企业员工在自己内心动力的驱使下，结合社会和企业的发展，依据现实条件和机会所制定的个人化的职业生涯发展方案。

（2）个人能力为规划基础

每个人对职业道路的规划都离不开个人能力这个前提，否则就没有可操作性。对个人能力的认识是一个不断调整的过程，而机遇往往偏爱那些具有特定能力的做好准备的人。

（3）个体发展规划的可变性

职业生涯规划是有机的、动态的、逐步展开的过程，而不是机械的、一成不变的。个体的每一种经历、每一种职业体验，都会导致对自我的重新认识，校正自己的职业抱负，无论是成功还是失败，都会使员工重新认识自己的潜力和局限，随时间、周围环境和社会形势等因素变化而调整原来的职业生涯规划。

（4）解决个体发展问题的有限性

职业生涯规划可以解决员工在职业发展过程中的某些问题，重点是规划员工在企业内的发展。但是考虑到影响员工及企业发展的多种因素，职业生涯规划并不能帮助个体解决所有问题，具有一定的局限性。

（5）规划设计的现实性

员工的职业生涯规划必须要与现实相结合。考虑现实因素，职业生涯规划成功与否的关键不仅在于个体的努力，更在于目标与现实的结合。

3. 职业生涯规划的内容

职业生涯规划的主要内容反映规划制定者对价值观念、能力的自省程度和对职业生涯发展的自我把握程度。

一个较完整的职业生涯规划包括以下十个方面内容。

（1）题目

题目应该包括规划者姓名、规划年限、起止日期、年龄跨度等内容。开始日期详细到年、月、日，截止日期可以到年。从题目可以看出是员工的职业生涯规划是阶段性的还是终生的。

建议第一次写职业生涯规划的人，不宜将规划年限定的很长，制定两三年的规划即可。

（2）职业方向

职业方向是对职业的选择，比如律师、教授、医生、音乐家、军人、企业管理人员等都属于职业选择的范畴。在职业的道路上应该先确定自己的方向和定位，然后再决定谋求何种职位。职业方向的选择反映职业生涯动机，或称主观愿望。

在职业生涯发展的道路上，重要的不是现在所处的位置，而是迈出下一步的方向。

（3）社会环境分析结果

通过对社会大环境分析开拓视野，即了解所在国家或地区的政治、经济发展趋势及发展方向，了解所选定的职业在社会环境中的地位及社会发展趋势对此职业的影响等内容。人才竞争日趋激烈，大学生就业难等诸多问题不断涌现，就业环境看起来并不乐观。这就更需要认真分析社会环境。这样才有可能做出一个适合社会发展的职业生涯规划。

（4）企业分析结果

企业分析结果包括以下内容：企业的发展领域，企业在本行业中的地位和发展前景，企业产品在市场上的发展前景；企业主要领导人的抱负、境界和能力；企业文化、制度，特别是企业用人制度，如绩效考核和晋升制度；自己对企业发展战略、企业文化、管理制度的认同程度；企业组织结构发展的变化趋势，与自己有关的未来职务发展预计；企业能提供的各种教育培训机会，担任更高级职务或职务内涵变化的可能性；相关职务的待遇及发展趋势以及在本企业内实现职业生涯的可能性。每个人都应该客观地进行企业分析，预测自己的职业发展空间和可能性。

（5）重要角色及其建议

我们周围会有一些比较"资深"的人士在自己职业生涯开发与管理中扮演重要角色，应该努力寻找这些关键角色，并征求他们的建议。个人应该知道关键角色的作用和建议及保持联系的方法、频率和目的。

对家庭主要成员、好朋友、直接上级、职业生涯管理专家、更高层次领导的建议和要求，管理人员本人不一定完全赞同，但应客观地记录并认真地思考其可用性。

（6）目标及实现时间

规划中的职业生涯目标是指可以预见的长远目标。比如，20岁的年轻人可能只预见到30岁时的目标是担任地区经理，40岁的管理人员可能已预见到55岁时的职业生涯目标是担任跨国公司总经理。

职业生涯目标可分为多项并不互相排斥的目标。

职务目标：专业＋职务，如财务经理、负责销售的地区经理。

能力目标：如具有能够和上级领导无障碍沟通的能力，组织大型公关活动的能力，组织结构设计能力。

成果目标：如秘书部部长计划用两年时间编写一本详细的《秘书工作手册》。

经济目标：如在40岁以前赚取50万元。

（7）成功的标准

成功的标准是能回答与职业生涯相关的价值观念问题。例如：如果没有得到预期的职务是不是失败？如果得到预期的职务是否代表全部的成功？如何检验非职务目标的成功？家庭生活对于职业生涯成功的关系和重要程度如何？

有的人对职业生涯成功的定义就是事业的成功，为了事业可以牺牲健康和家庭。有的人对职业生涯的成功定义为是保障个人事务和家庭生活的基础，即如果能起到基础的保证作用，就视其为成功。有的人认为个人事务、职业生涯、家庭生活的平衡协调发展，才是职业生涯的真正成功。

人类的追求经历了四个发展阶段：首先是追求安全；其次是追求自由；再次是追求成功；最后是追求幸福。人的价值观念也在不断变化和澄清，应在职业生涯中进行真实的价值观念描述。成功的标准不可人云亦云，而需要按照自己内心的真实想法确立，否则成功就是别人的成功。

（8）自身条件及潜能测评结果

职业生涯设计要帮助个人真正了解自己。在进行职业生涯设计时，员工对过去的职业生涯要有自传，提供个人背景材料，对自己的能力和潜力进行自省，并表明自己的预期发展目标，且要将自己本身的条件、发展潜能、发展方向与环境给予的机遇和制约条件相比较，最终达到"觉醒"，即知道自己已经做了什么、想要做什么、未来能做什么。自身条件应包括兴趣、爱好、天赋、专长、知识水平、操作能力、沟通和协调能力、身体条件、价值观念、情绪智力、家庭条件等因素。

通过业绩评估和其他检测方法可以明确现有知识水平、专业能力、沟通能力、管理能力、表达能力和身体健康状况等条件，而通过潜能测评可以发现未来的发展潜力。

（9）差距

分析目前条件与实现目标所需知识能力等方面要求的差距，即在思想观念、专业知识水平、具体操作能力、心理承受能力、讲演能力、身体适应能力等方面的具体差距，如缺乏系统观念、英语口语欠缺、在众人面前表达能力不强、不会使用计算机互联网、不知道如何注意倾听等都属于差距。

（10）缩小差距的方法

1）教育培训的方法

制定教育培训实施计划，即根据能力差距和目标分解制定教育培训的具体内容、日期、地点、方式等方面的计划。可以选择上 MBA 课程，或者选择参加相应的培训，以有针对性地提高自己的特定能力。教育培训计划贵在可实施性和有效性。

2）讨论交流的方法

选定讨论交流对象、主题、时间、方式等内容。和相关领域的朋友进行讨论交流，或许可以使自己"顿悟"。一个人的能力和思想毕竟是有限的，多和别人讨论交流必将对于个人成功起到重要的作用。

3）实践锻炼的方法

争取改变工作内容或工作方法，着重处理自己能力较差的工作。

4. 职业生涯规划的作用

（1）职业生涯规划对个人的作用

我们都生活在一个变革的时代。不仅公司在变革，社会在变革，每个人也在不断地进行自我变革。对个人来说，这种自我变革的重要手段就是职业生涯规划。它是现代管理的重要思想，是每个员工充分开发自己的潜能并自觉地进行自我管理的有效工具。只有善于对自己所从事的职业进行自我规划，才能有正确的前进方向和有效的行动措施，才能充分发挥自我管理的主动性和积极性，充分开发自身的潜能，保证在事业上取得更大的成功。具体地说，职业生涯规划对个人有如下作用。

1）规划可以帮助个人明确职业发展目标

职业生涯规划的重要内容之一，是对个人进行分析。通过分析，认识自己，了解自己，客观地测评自己的能力，评价自己的智慧；确认自己的性格，判断自己的情绪；找出自己的特点，发现自己的兴趣；明确自己的优势，衡量自己的差距；获取公司内部有关工作机会的信息。通过这些分析，基本可以确定符合自己兴趣与特长的职业生涯路线，正确设定自己的职业发展目标，并制定行动计划，使自己的才能得到充分发挥，使自己得到恰当的发展，以实现职业发展目标。

通过职业生涯规划，可选择适合自己的职业，可运用科学的方法，采取有效的行动，化解人生发展中的危机与陷阱，使事业获得成功，实现自己的人生理想。

2）规划有助于个人抓住关键

制定职业生涯规划的一个最大好处是有助于我们知道日常工作的轻重缓急。没有职业生涯规划，很容易陷入与人生目标无关的日常事务当中，而且会忙得晕头转向不能自拔。一个忘记关键事情的人，会成为琐事的奴隶。有人曾经说过："智慧就是懂得该忽视什么东西的艺术。"的确如此，通过规划，能使我们紧紧抓住工作的关键并明确什么对自己最有价值，避免"眉毛胡子一把抓"，增加成功的可能性。

3）规划引导个人充分发挥潜能

没有职业生涯规划的人，即使他们有巨大的力量与潜能，也很容易把精力放在小事情上，使他们忘记了自己本应做什么。规划能帮助个人集中精力，全神贯注于自己有优势并且会有高回报的方面。这样有助于充分发挥潜力。另外，当你不停地在自己有优势的方面努力时，这些优势会得到进一步发展。最终，在达到目标时，你自己成为什么样的人比你得到什么东西重要的多。

4）规划能鞭策个人努力工作

职业生涯规划能在两个方面起作用：它既是努力的依据，也是对自己的鞭策。规划给了个人一个看得着的射击靶。随着个人规划的一步一步实现，就会有成就感并获得心理上的满足。对许多人来说，制定和实现规划就像一场比赛，随着时间的推移，一步一步地实现规划。这时思想方式和工作方式又会逐渐改变。有一点很重要，就是规划必须是具体的、可以实现的。如果规划不具体——无法衡量是否实现了——就会降低自己的积极性。

5） 规划能评估目前的工作成绩

职业生涯规划的一个重要功能是提供自我评估的重要手段。如果规划是具体的、可衡量的，规划的实施结果是看得见、摸得着的，那个人就可以根据规划的进展情况评价目前取得的成绩。失败者面临的共同问题，就是他们极少评估自己所取得的进展。他们大多数人或者不明白自我评估的重要性，或者无法度量已经取得的进步。

为了有效地实现自我价值，以保证在事业上取得更大的成就，任何人都需要对个人所要从事的职业、要去的工作组织和单位、要担负的工作职位以及在工作职位上的发展道路进行全面的策划，确立明确的目标，并为实现各阶段的事业目标自觉地进行有关个人的知识、技术与能力的开发活动。因此，职业生涯设计在现代人力资源管理中是强化自我管理、有效开发与利用员工智能的重要手段。

当然，规划的作用不仅仅是以上几个方面。它的许多作用是无法用语言来表达的，只有在生活和工作中去慢慢体会。

（2） 职业生涯规划对企业的作用

由于职业生涯规划的内容包括职业目标的选择和有效实现职业目标的途径，所以它不仅决定个人一生事业成就的大小，也关系到公司战略的成败。从企业角度来考虑，职业生涯规划主要是企业对员工职业生涯的管理。通过这一手段，企业不但能保证未来人才的需要，而且能使人力资源得到有效的开发。具体来说，职业生涯规划对企业的作用体现在下面几个方面。

1） 规划能保证企业未来人才的需要

无论对员工还是对公司而言，职业生涯规划都至关重要。从公司的角度来说，如果不能有效地鼓励员工进行职业生涯规划，将会导致职位空缺时找不到合适的人员来填补，使得员工对企业忠诚度降低以及对员工的培训和开发缺乏针对性。企业可以根据发展的需要，预测未来的人力资源需求，通过对员工的职业生涯规划，为员工提供发展空间、人员开发的鼓励政策以及与职业发展机会相关的信息，从而使员工发展与企业发展结合起来，有效地保证企业未来发展的人才需要，避免出现职位空缺时找不到人的现象出现。

2）规划能使企业人力资源得到有效开发

职业生涯管理能使员工的个人兴趣和特长受到企业的重视，使员工的积极性提高、潜能得到合理的挖掘，从而有效地开发企业的人力资源。同样，企业组织在了解员工的职业兴趣以及他们对成长与发展的方向和要求后，结合企业发展的需要，合理地指导员工职业兴趣的开发和帮助员工确立成长与发展的方向，增强企业的有效人力资源，使企业更适合社会发展和变革的需要。

3）规划能使企业留住优秀人才

现在的企业员工流动率很高，令企业无奈的是，大量优秀人才的流失不但减少了企业的人才存量，还增强了竞争对手的人力资源实力，使企业陷入被动地位。虽然企业优秀人才的流失有多方面的原因，如待遇不理想、专长得不到发挥、没有发展机会，但归结为一条，就是企业欠缺对员工职业发展的应有考虑，缺少对员工职业生涯的管理。

对优秀人才来说，其最关心的是自己的职业与事业的发展，如果自己的才能得到发挥，发展受到重视，就不会轻易地跳槽。西方企业组织的大量实践经验证明，凡重视了解并开发员工兴趣，不断地给员工提供具有挑战性的工作任务，并为他们的成长和发展以及参与管理创造机会和条件的企业，即重视职业生涯规划的企业，就能使员工的满意程度增加，就能留住人才和吸引人才。否则，员工的不满意感就会增强，员工就会跳槽。

5. 职业生涯规划的步骤和方法

职业生涯规划是一个周而复始的连续过程，包括认识自我、确定志向、评估职业生涯机会、选择岗位或职业、确定职业生涯发展路线、设定职业生涯发展目标、制定行动计划与实施措施、及时进行评估与反馈等八个步骤。

（1）认识自我

认识自我就是对自己做全面分析，通过自我分析，认识自己、了解自己：了解自己的性格，判断自己的情绪；找出自己的特点，发现自己的兴趣；明确自己的优势，衡量自己的差距。因为只有认识了自己，才能对自己的职业或岗位做出正确的选择，才能选定适合自己发展的职业生涯路线，才能对自己的职业生涯目标做出最佳抉择。故自我评估是职业生涯规划的重要步骤之一。

全面认识自己是一件很困难的事情。职业生涯规划是一个过程，认识自我是规划的第一步。如果忽视了这一步，或自我评估不全面，职业生涯规划将会因根基不牢而中途夭折。

（2）确定志向

志向是事业成功的基本前提，没有志向，事业成功也就无从谈起。俗话说："志不立，天下无可成之事。"纵观古今中外，各行各业的佼佼者，都有一个共同特点，即具有远大的志向。立志是人生的起跑点，反映着一个人的理想、胸怀、情趣和价值观，影响着一个人的奋斗目标及成就大小。因此，在制定职业生涯规划时要确立志向。这是制定职业生涯规划的关键，也是一个人生涯规划重要的一步。

（3）评估职业生涯机会

评估职业生涯机会，主要是分析内外环境因素对自己职业生涯发展的影响。每个人都生活在一定的环境中，成长和发展都与环境息息相关。因此，在制定个人的职业生涯规划时，要分析环境的特点、环境的发展变化、自己与环境的关系、自己在特定环境中的地位、环境对自己提出的要求以及环境对自己的有利条件与不利条件等因素。只有对这些环境因素充分了解，才能做到在复杂的环境中避害趋利，使自己的职业生涯规划得以实现与发展。

对内外环境的分析通常包括三个方面。

1）组织环境分析

组织环境分析主要包括对组织发展战略、企业文化、管理制度、组织结构、未来的人才需求以及用人标准等因素的分析。

2）经济环境分析

经济环境分析主要分析市场的竞争、经营环境的变化、产业结构的调整、经济发展趋向以及经济模式的变化等因素。

3）社会环境分析

社会环境分析主要分析社会政策的变化、科学技术的发展、社会的变迁以及价值观念的变化等因素。

（4）选择岗位或职业

通过自我评估、职业生涯机会的评估，认识自己、分析环境，并在此基础上对自己的职业做出选择。也就是说在职业选择时，要充分考虑到自身特点，即自己的性格、兴趣和特长；要充分考虑到环境因素对自己的影响，即组织环境、经济环境和社会环境的影响。对这些因素的分析，是职业选择的前提条件。也就是说要认识自我、了解自己、分析环境、了解职业，使自己的性格、兴趣、特长与职业相匹配。这一点无论是对刚步入社会初选职业的年轻人还是对于在职人员都非常重要，甚至对即将退休或已退休且要再次选择职业的人员也同样重要。

（5）确定职业生涯发展路线

在职业选择后，还须考虑向哪一路线发展，即是走行政管理路线，向行政方面发展，还是走专业技术路线，向业务方面发展等。发展路线不同，职业生涯的要求也就不同。这一点不能忽视。因为，即使同一职业也有不同的岗位，有的人适合做行政工作，可在管理方面大显身手，成为卓越的管理人才；有的人适合做研究做学问，可在某一领域有所突破，成为著名的专家学者；有的人适合经营，可在商海大战中屡建功勋，成为一名经营人才。如果一个人不具有管理才能，却选择了行政管理路线，那这个人就很难成就事业。由此可见，职业生涯路线的选择，也是职业生涯发展能否成功的重要步骤之一。

（6）设定职业生涯发展目标

职业生涯目标的设定是职业生涯规划的核心。一个人事业的成败，很大程度上取决于有无正确并且适当的目标。生涯目标的设定是在继职业选择、职业生涯路线选择后，对人生目标进行的抉择，其是以自己的最佳才能、最佳性格、最大兴趣、最有利的环境等条件为依据的。通常目标分为短期目标、中期目标、长期目标和人生目标。短期目标又分为日目标、周目标、月目标、年目标。中期目标时间一般为3—5年。长期目标时间一般为5—10年。

（7）制定行动计划与实施措施

在确定了职业生涯发展目标后，行动便成了关键的环节。不实施行动就不能达到目标，也就谈不上事业的成功。这里所指的行动是指落实目标的具体措施，主要包括工作、训练、教育、轮岗等方面的措施。例如，为达到目标，在工作方面计划采取什么措施以提高工作效率？在业务素质方面，计划如何提高业务能力？在潜能开发方面，采取什么措施开发潜能？这些问题的解决都需要具体的计划与明确的措施，并且这些计划要特别具体，以便于定时检查。

（8）及时进行评估与反馈

俗话说："计划赶不上变化。"的确，影响职业生涯规划的因素很多且在不断变化。有的变化因素是可以预测的，而有的变化因素则难以预测。在此状况下，要使职业生涯规划行之有效，就必须不断地对职业生涯规划进行评估与修订。职业生涯规划修订的内容包括：职业的重新选择、职业生涯路线的选择、人生目标的修正、实施措施与计划的变更等方面。

三、员工职业生涯设计

成功的人才开发都是以人为中心，从人的本质出发，把每个人的职业设计计划与组织的培养使用计划有机地结合起来，以不断满足人才的各种需要，最终求得更为全面的发展，使人才在不断实现自我价值中，永远保持工作的主动性、积极性和创造性。

1. 职业生涯设计概述

职业生涯是一个人从接受职业教育培训到寻找职业、就业、直至完全脱离职业工作的整个人生职业工作历程。它包含以下要点：首先，职业生涯是个体的行为经历，是一个人一生中的工作任职经历或历程；其次，职业生涯是时间概念，而且实际中的职业生涯对于不同的人而言有长有短；最后，职业生涯是一个发展动态的概念，包含了职业发展、变更的过程，包含从事什么工作、职业发展、职业转换等内容。

职业生涯设计是对一个人未来在职业岗位上工作和发展的整体策划。它包括：选择什么职业；在什么组织和什么地方从事这个职业；在这个职业队伍中担任什么角色；在个人一生的各发展阶段的职业变更；为实现设计接受的各种教育和训练。要进行合理的职业生涯设计，必须从主观和客观两方面考虑：主观方面，涉及到个人的价值观、态度、需要、动机、个性、能力、发展取向等内容；客观方面，涉及到个体所处的社会环境和组织环境。

2. 职业生涯设计程序

职业生涯设计由自我评估、环境分析、确立目标、生涯策略、生涯评估五个阶段组成。

（1）自我评估

自我评估是进行职业生涯设计的第一步。自我评估指的是员工通过各种信息和自身条件来确定自己的职业兴趣、价值观、性向和行为倾向的一个认识自我、了解自我的过程。只有了解自己，才能选定适合自己发展的职业生涯路线，才能对自己的职业发展做出最佳抉择。因此，对自我特征进行分析，是职业设计中的重要环节。通常来说，个人特征分析包括对个体的兴趣、能力、个性与行为风格等方面进行分析。

进行职业设计时要考虑到本人的个性：性格坚定、执着、善于处理各种人际关系和复杂问题者，可考虑从政；探索精神强，较能进行综合分析和思考，能潜心研究的人，可考虑从学；精明老练，善于应变，能变换各种角色者可考虑从商。

进行职业设计时，必须注意能力与职业的匹配，即注意能力与职业期望值的匹配。研究表明，凡是期望值过高的职业设计，都会影响个人的发展和最终成功。

个人素质预示着一个人的潜力和可能达到的高度，预示着他们可能在接受某种培训和刻苦磨练之后，能达到看似不能达到的目标高度。因此，进行职业设计时，应对个人素质进行测评，包括基本素质、特殊素质、智商等方面的测评。

（2）环境分析

主要是分析内外环境因素对个人职业生涯发展的影响。每个人都处在一定的社会环境与组织环境之中，因此，在进行个人职业生涯设计时，也必须要考虑社会环境与组织环境的不同特点、环境的发展变化情况、个体在环境中的地位、个体与环境的关系、环境对个体提出的要求、环境对个体的有利条件与不利条件等内容。只有对这些环境因素进行充分的了解与分析，才能设计合理的职业发展路线。

环境分析包括对社会环境及组织环境的分析。对社会环境的分析内容主要包括：社会各行业对人才需求的状况；社会中各种人才的供给状况；社会政策；社会价值观的变化。组织环境分析内容包括：组织的特色；组织发展战略；组织中的人力资源状况。通过对组织环境的分析，个体可能确认该组织是否是自己所偏好的职业环境，自己在组织中的发展空间和发展机会如何，从而决定是在该组织中寻求发展，还是脱离该组织，到其他组织中寻求发展，并确认哪些类型的组织将是适合自己未来发展的组织。

（3）确立目标

确立目标指的是员工形成长短期职业生涯目标的过程。员工通过对个人特征的分析和内外环境的分析，一方面认识了自己，另一方面了解了内外环境的职业发展机会，从而根据自身的特点和环境条件，为自己确定职业目标。职业生涯目标的设定是职业生涯设计的核心。

个人拟定职业生涯目标时，应该仔细分析主、客观因素，确定大致的方向，然后再逐步将自己的目标具体化、阶段化。

（4）生涯策略

职业发展目标一旦确定，还应该确定达到这一目标的职业生涯路线。有效的生涯计划，需要有确实能够执行的生涯策略。这些具体且可行性较强的行动方案，会帮助你一步步实现目标，走向成功。

（5）生涯评估

1）成效的评估

职业生涯计划是个人生活与工作的蓝图。由于在规划过程中所考虑的内在和外在、主观和客观的因素较多，而且这些因素会随时间的推移而变化，所以，为了确保规划的可行性和有效性，必须随时对职业生涯规划的内容加以评估。此外，在实际实施过程中，也会发现当初作规划时未曾想到的缺点与困惑。因此，在每实施一段时间后，有必要就计划执行的方法作一评估。

2）计划的修订

实施职业生涯计划时，必须为日后可能的计划修改预留余地。修订的依据是每次的成效评估。至于计划修订的时机，必须考虑下列三点：一是定期检测预定目标的达成进度；二是每一阶段目标达成之时，依据实际达成的状况，修订未来可采取的策略；三是客观环境的改变足以影响到计划的执行。

3. 职业性向的确定

职业咨询专家约翰·霍兰德认为，人格是决定一个人选择职业的一个重要因素。他特别提到决定个人选择何种职业的六种基本的"人格性向"。比如，一个有着较强社会性的人，可能会被吸引去从事那种包含着大量人际交往内容的职业，而不是去从事那种包含着大量智力活动或体力活动的职业。换言之，他很可能会选择从事社会工作这样的职业。霍兰德基于自己对职业性向测试的研究，一共发现了六种基本的人格类型和性向。

（1）实际性向

具有这种性向的人，会被吸引去从事那些包含着体力活动，并且需要一定的技巧、力量和协调性才能承担的职业。这些职业的例子有：森林工人、耕作工人以及农场主等。

（2）调研性向

具有这种性向的人，会被吸引去从事那些包含着较多认知活动的职业，而不是那些以感知活动为主要内容的职业。这类职业的例子有：生物学家、化学家以及大学教授等。

（3）社会性向

具有这种性向的人，会被吸引从事那些包含着较多人际交往内容的职业。这类职业的例子有：心理医生、外交工作者以及社会工作者等。

（4）常规性向

具有这种性向的人，会被吸引去从事那些包含着大量结构性的且规则较为固定的活动的职业。在这些职业中，雇员个人的需要往往要服从于组织的需要。这类职业的例子有：会计以及银行员工等。

（5）企业性向

具有这种性向的人，会被吸引去从事那些包含着大量以影响他人为目的的语言活动的职业。这类职业的例子有：管理人员、律师以及公共关系管理者等。

（6）艺术性向

具有艺术性向的人，会被吸引去从事那些包含着大量自我表现、艺术创造、情感表达以及个性化活动的职业。这类职业的例子有：艺术家、广告制作者以及音乐家等。

许多人实际上都并非只有一种性向。霍兰德认为，所具备的性向越相似或相容性越强，则一个人在选择职业时面临的内在冲突和犹豫就会越少。为了帮助描述这种情况，霍兰德建议将这六种性向分别放在一个如图9-1所示的正六角形的每一个角上。可以看到，此图形一共有六个角，每一个角代表一个职业性向。根据霍兰德的研究，图中的某两种性向越接近，则它们的相容性就越高。霍兰德相信，如果某人的两种性向是紧挨着的，那么他或她将会很容易选定一种职业。否则，如果此人的性向是相互对立的，那么他或她在进行职业选择时将会面临较多的犹豫不决的情况。这是因为他或她的多种兴趣，将驱使他们在十分不同的职业之间去进行选择。

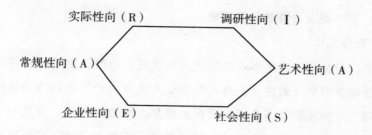

图 9 - 1　职业性向的选择

在表 9 - 2 中，我们总结了一些分别最适合于这六种职业性向的职业类型。比如，具有实际性向的人会被吸引到木工、工程人员、耕作工人、森林工人、公路巡逻员以及机械工人等职业之中。而那些具有调研性向的人则会被吸引到天文学、生物学和化学等研究领域。

表 9 - 2　在每一种职业性向中获得最高分的职业

实际性向	调研性向	艺术性向	社会性向	企业性向	常规性向
如果你在这些职业性向上的得分较高，就请考虑选择下面这些职业					
综合性农业	生物学家	广告管理人员	汽车推销商	综合性农业	会计
企业管理人员	化学家	艺术教师	辅导咨询专家	企业管理人员	汽车推销商
木工	工程师	艺术家	家庭经济指导人员	汽车扎伊尔商	银行员工
电器技师	地理学家	广播员	精神健康工作者	工商管理教师	书记员
工程师	数学家	英语教师	公使	采购员	工商管理教师
农场主	医学技术人员	室内装修人员	自然常识教师	葬礼指导人员	信贷管理人员
森林工人	生理学家	绘图师	娱乐管理人员	人寿保险代理人	食品服务管理人员
公路巡逻官	物理学家	公使	学校管理人员	采购代理人	行政主管
园艺工人	心理学家	音乐家	社会科学教师	房地产商	数学教师
工业设计教师	研究与开发人员	摄影师	社会工作人员	餐厅管理人员	秘书
新兵招募员	学术研究人员	公共关系专家	特殊教育教师	零售人员	
军官	社会学家	发言人		商店管理人员	
农业技术教师					

4. 影响职业生涯的积极因素

（1）影响职业生涯的积极因素

1）勤奋工作

努力、勤奋地工作是事业成功的必由之路。但是，流了汗水并不能保证我们就能取得事业的进步。有人把从业人员分为现实者和成功者两大类型。发现二者的差别并不主要表现在主观努力程度的不同，而是在于：现实者不能摆脱他们在学校学习时形成的模式，不能主动地、积极地对待工作，而是被动地等待别人给他们分配任务，对待成果不会主动利用，像学生一样等待别人给他打分、评奖；成功者善于主动地寻找工作竞争的机会，找出最需要自己做的事情，发掘特殊的工作才能，并通过新的工作任务致力于革新和创造。

2）扩大交际能力

任何一项工作都离不开与人合作、与人交往。但是，谁也不喜欢难以相处的人。那么，怎样才能成为人们喜欢的人呢？

实际上，要成为一个令人喜欢的人，掌握一点基本的社交知识是十分必要的。概括起来，主要有这样几条：待人要热情；善于听取弦外之音；善于提出批评和接受批评；情绪要稳定。

以交往为基础的社会交际，使我们能够在各自的事业上互有所需而不致于经常处于紧张状态。实际上，大家都是相互依赖的，而我们并不愿承认这个简单的事实。因此，从事业成功的角度，仅仅遵守以上四条是不够的。出色的交际艺术不仅包括与他人的良好合作，还在于积极地扩大自己的交际圈，主动与外界进行联系。

3）成为上级的得力助手

对许多雄心勃勃的年轻人，上司似乎是对头或愚蠢的代名词，而且许多人认为接近上司是奉承讨好。带着这种心理，他们经常与上司作对，或者仅仅完成份内工作。上司工作出现失误时，他们会幸灾乐祸，而不是帮助。这种做法对自己是不利的。

（2）影响职业生涯的消极因素

1）忽视彼得原则

彼得原则是管理学中的一个重要理论。彼得原则认为，在等级制度中，每个人都可能被提升到他不再胜任的水平。很多人都了解这一规律，可很少人认为它对自己适用。人们习惯于争夺每一个竞争机会，但是，并不是每个晋升都符合自己的利益。一个不符合你特长的晋升，只会加速你生活中的彼得原则早日来临。比如，有的人因业务能力强，被提拔在管理岗位上，但他对别人的管理却一塌糊涂。

2）忽视组织文化

任何一个组织都有自己的特有的文化。特有的组织文化约束组织成员的行为，而组织文化对组织成员有巨大的影响。任何人忽视这种文化的存在，都会对事业发展产生一定的不良影响。

3）希望赢得每个人的好感

希望得到每个人的好感而沽名钓誉的心理十分可怕。因为在工作中，希望得到所有人好感的人，势必会偏离现实，使工作决策产生偏差。这是一种"妇人之仁"，是个人同情心和个人感情的产物。只有作出坚定而正确的决策，坚持原则，你才能得到人们的尊敬和爱戴。

4）经常埋怨别人

人无完人，人是在犯错误的过程中不断进步的，犯了错误勇于承认没有什么不好。出了差错不要埋怨别人，因为埋怨别人没有任何意义。在错误中吸取经验教训，会使你进步。

5）不以身作则

作为一个管理者，要求下属做到的，自己一定要做到。试想，要求别人不迟到而自己却经常迟到的一个管理者，他的这种要求会有说服力吗？要知道，以身作则、身先士卒是有巨大感召力的。

四、员工职业生涯管理

1. 职业生涯管理中个人和组织的职责

职业生涯管理是指组织和个人对职业生涯进行决策、设计、规划、开发、执行、监控和调整的综合性过程。在这个过程中，员工和组织各自扮演着不同的角色，双方只有共同努力，才能推进员工的职业生涯发展和组织目标的实现。

（1）员工在职业生涯管理中的职责

1）学习职业生涯设计和规划的能力。只有具备了这种能力，才能结合外部条件和自身特点做出合理的决策。

2）具备接受新知识、新技能的能力，更好地适应环境及改变环境。

3）与主管人员进行沟通和反馈，讨论自己的职业生涯目标是否切实可行、进展程度如何、需要进行哪些方面的改进等问题。

4）对职业生涯的目标、规划等做出调整。根据职业生涯的不同发展阶段，适当地调整自己的职业目标和发展规划。

5）最终选择一个自己最适合的职业领域，并努力在这个领域取得成功。

（2）组织在职业生涯管理中的职责

1）指导员工进行职业生涯的设计和规划，结合组织的需要，为员工提供便利条件，如指出组织内部职业发展的途径。

2）监督员工职业决策计划的执行，并及时向员工进行反馈消息。

3）在招聘和选择过程中，要保证员工个人职业计划与组织目标的最佳结合。

4）将人力资源的配置规划与员工的职业决策和规划统一起来。

5）组织为员工提供的广泛的培训和开发活动，帮助员工获得职业生涯决策所需的知识和技能，以顺利实现个人的职业设计与开发。

2. 影响职业生涯发展的因素

职业生涯管理是一个职业选择、设计、决策和开发的综合过程，受到多种因素的影响。这些因素包括以下几个方面。

1）自身条件的影响

职业生涯道德要受到个人自身条件的影响，如个人的生理素质、潜力、局限性、能力、气质、性格、兴趣、价值观、动机、需要等自身条件通过不同的方式制约着个人作出职业决策、设计与开发。

2）家庭的影响

由于一个人最初是通过对父母职业角色的观察甚至是模仿才获得对职业的了解的，所以父母所担负工作角色的价值观、态度、行为等对个人选择职业会产生巨大的影响。这也可以解释为什么某些职业如医生、音乐家等的后代从事同样的工作。

3）学校教育的影响

学校教育对个人职业生涯的影响表现在两个方面：一方面，一个人所接受的教育的程度对他选择什么样的职业、成功的可能性大小等产生着直接的影响；另一方面，学校教育所提供的知识和技能训练为个人职业的选择和发展提供了现实基础。

4）周围人的影响

职业的选择会受到朋友、同龄群体的感染与影响。朋友和同龄群体的工作价值观、工作态度、行为特点等不可避免地会对个人对职业的偏好、选择从事某一类职业的机会、变换职业的可能性等方面产生影响。

5）环境的影响

社会环境中流行的工作价值观、政治经济形势、产业结构的变动等因素，无疑会深深地影响到个人职业生涯的决策、设计与开发。

6）信息的影响

一个人只有掌握全面而准确的职业信息，才能有效地管理自己的职业生涯。职业信息包括对个人职业适宜性的充分了解，也包括对不同职业的前景、所需具备的条件及发展机会的把握。

7）其他因素的影响

对职业生涯的决策、设计与开发还受到许多其他因素的制约，如性别、种族、社会阶层等都属于制约因素。这些因素虽然不十分明显，但仍然占据着一定的影响地位，甚至在某些情况下可能起着主导作用。

3. 职业生涯管理的方法和步骤

通常情况下，职业生涯管理包括以下几个步骤。

（1）自我评估

许多人认为自己最了解自己，但许多错误的职业生涯抉择就是因为对自己认识不清做出的。职业生涯管理的目的就是要通过对以往成长经验的反思评估自己的价值。这可以通过专家协助，多方面评估自我，在了解自己的基础上进行职业规划与开发。

（2）对组织的了解

对自我的了解，为个人的职业生涯管理提供了前提条件。但是对自我的了解不仅限于主观因素方面，还必须对客观环境进行考察，特别是对组织的了解和选择是职业生涯设计与开发中非常重要的一部分内容。对组织的了解应深入到以下几个方面。

1）对组织性质、结构、规模、经营状况、竞争能力、组织文化、领导风格等方面的了解。

2）对组织内部工作性质、工作任务、工作要求、工作条件等方面的了解。实际上也就是了解工作资格要求。

3）对组织内部发展机会、晋升途径、工作报酬等方面的了解。

个人可通过各种媒介获得有关组织的信息，并对不同组织之间的性质、特征加以分析和比较，再结合个人的兴趣、能力等特征，最后选择适当的组织作为自己的工作单位，开始职业生涯的发展活动。

（3）确定志向和设立目标

个人在评估、认识自己以及了解和选择组织的基础上，确定志向，设定职业生涯目标。这是制定职业生涯规划的关键，也是职业生涯规划最重要的一点。

志向是事业成功的基本前提。没有志向，事业的成功也就无从谈起。纵观古今中外，各行各业的佼佼者都有一个共同的特点，就是具有远大的志向。立志是人生的起跑点，反映着一个人的理想、胸怀、情趣和价值观，影响着一个人的奋斗目标及成就。

生涯目标的设定，是职业生涯规划的核心。一个人事业的成败，很大程度上取决于有无正确适当的目标。抉择是以自己的最佳才能、最优性格、最大兴趣、最有利的环境等条件为依据的。通常目标分短期目标、中期目标、长期目标和人生目标。短期目标一般为1~2年，中期目标一般为3~5年，长期目标一般为5~10年。

（4）制定行动方案

行动是最重要的。没有行动，就不能实现目标，也就谈不上事业的成功。这里的行动是指落实目标的具体措施，主要包括工作、训练、教育、轮岗等方面的措施。例如，为达到目标，在工作方面，你计划采取什么措施提高你的工作效率？在业务素质方面，你计划如何提高你的业务能力？在潜能开发方面，应该采取什么措施开发你的潜能？上述问题的解答都要有具体的计划与明确的措施，并且这些计划要特别具体，以便于定时检查。

（5）对职业生涯的调整

人们对最初的职业的选择和设计也许并不满意，相反，对职业生涯的决策、设计、适应、调整等活动则是终生相伴的。随着社会环境、组织环境和个人主客观条件的变化，必须在适当的时候，对职业生涯的目标、方向、实现手段与方式等做出相应的调整。例如在现实生活中，一些有成就的专业技术人员适应现代市场经济发展的需要，不断努力，成长为新一代的企业家，为中国的企业改革和现代化建设做出自己的贡献。如果不是进行了适当的职业生涯调整，这些人很难获得新的职业满意感和更大的职业成就。

　　个人制定一个优秀的职业生涯规划方案要花费很多精力，要掌握丰富的信息，要对自己有充分的了解。人是善变的，环境也是多变的，因此，职业生涯设计的过程非常强调对于不同环境的适应性。成功的职业生涯设计需要时时审视内外环境的变化，并且调整自己的前进步伐，不断修正自己的目标，以使自己立于不败之地。

第十章

劳动关系管理

一、劳动关系概述

1. 劳动关系的含义

劳动关系这一概念最早出现在 1935 年 7 月美国制定的《国家劳动关系法》中。自 20 世纪 50 年代以来，劳动关系学作为社会科学的一部分得到了长足的发展。在绝大多数发达国家，劳动关系已经成为人力资源管理中极为重要的一个研究和实践领域。经过了半个多世纪的发展，劳动关系的内涵不断丰富。在不同的国家和研究领域，人们对它的界定不同，并且也出现了不同的称谓，如劳资关系、雇佣关系、劳工关系、产业关系以及员工关系等都是指劳动关系。

劳动关系是指劳动者与用人单位（包括各类企业、个体工商户、事业单位等）在现实劳动过程中建立的社会经济关系。从广义上讲，生活在城市和农村的任何劳动者与任何性质的用人单位之间因从事劳动而结成的社会关系都属于劳动关系的范畴。从狭义上讲，现实经济生活中的劳动关系是指依照国家劳动法律法规规范的劳动法律关系，即双方当事人是被一定的劳动法律规范所规定和确认的权利和义务联系在一起的，其权利和义务的实现，是由国家强制力来保障的。劳动法律关系的一方（劳动者）必须加入某一个用人单位，成为该单位的一员，并参加单位的生产劳动，遵守单位内部的劳动规则。而另一方（用人单位）则必须按照劳动者的劳动数量或质量给付报酬，提供工作条件，并不断改善劳动者的物质文化生活水平。

在实践中，劳动关系不仅是人力资源管理中的一个概念，也是一个法律概念，具有明确的法律内涵。在我国，调整劳动关系的根本法律是《中华人民共和国劳动法》（以下简称《劳动法》）。1994 年 7 月 5 日颁布、

1995 年实施的《劳动法》，是保护劳动者合法权益、全面规范劳动关系的基本法律。

2. 劳动关系的构成

依据劳动法律法规形成和调整的劳动法律关系，主要由三个要素构成：主体、客体和内容。

（1）劳动关系的主体

从狭义上来讲，劳动关系的主体包括两方，一方是员工及以工会为主要形式的员工团体，另一方是管理方以及雇主协会组织。两者构成了劳动关系的主体，也就是人们主要的研究对象。由劳动关系主体双方所组成的组织，就是所谓的就业组织。从广义上讲，劳动关系的主体还包括政府。在劳动关系的发展过程中，政府通过立法介入和影响劳动关系，调整、监督和干预作用不断增强，因而政府也是广义的劳动关系主体。总之，从广义上来讲，劳动关系的主体具体包括以下方面。

1）员工（劳动者）。是指在就业组织中，本身不具有基本经营决策权力并从属于这种决策权力的工作者。员工的范围相当广泛，包括蓝领工人、医务人员、办公人员、教师、警察、社会工作者等。员工不包括自由职业者。

2）员工团队。是指因共同的利益、兴趣或共同目标而组成的员工组织，包括工会组织和类似于工会组织的专门的职业协会。目前，工会是员工团队最主要的形式，其主要目标是代表并为成员争取利益或价值。

3）雇主。一般是指由于法律所赋予的对组织的所有权，而在就业组织中具有主要的经营决策权力的人或者团体。每个组织都有自身的组织结构，其经营决策权力在组织结构中的分布是不均衡的，并且随管理层次由高到低递减。因此经营决策权往往集中在少数高层管理者手中。

4）雇主协会。管理方团体的主要形式是雇主协会。它们以行业或者贸易组织为纽带，一般不直接介入员工与管理方的关系之中，主要任务是同工会代表进行集体谈判，在劳动争议处理程序中为其成员提供支持，通过参与同劳动关系有关的政治活动、选举和立法程序（修改劳动法）来间接地影响劳动关系。

5）政府。政府在劳动关系中的角色主要是：劳动关系立法的制定者，通过立法介入和影响劳动关系；公共利益的维护者，通过监督、干预等手段促进劳动关系的协调发展；公益部门的雇主，以雇主的身份直接参与和影响劳动关系。

（2）劳动关系的客体

劳动关系的客体是指主体的劳动权利和劳动义务共同指向的事物，如劳动时间、劳动报酬、安全卫生、劳动纪律、福利保险、教育培训、劳动环境等属于劳动关系的客体。在我国，劳动者的人格和人身不能作为劳动法律关系的客体。

（3）劳动关系的内容

劳动关系的内容是指劳动关系主体双方依法享有的权利和承担的义务。按照员工和雇主组织的不同属性，劳动关系的内容包括两个方面。

1）员工依法享有的主要权利有：平等就业、民主管理权、依法休息休假权、劳动报酬权、职业培训权、社会保险和福利权、劳动争议提请处理权。员工承担的主要义务有：按质、按量完成生产任务和工作任务；学习政治、文化、科学、技术和业务知识；遵守劳动纪律和规章制度；保守国家和企业的机密。

2）雇主组织依法享有的主要权利有：依法录用、调动和辞退员工；决定组织的机构设置；任免组织的管理人员；依法制订工资、报酬和福利方案；依法奖励职工。雇主组织承担的主要义务有：依法录用、分配和安排员工的工作；保障工会和职代会行使其职权；按照员工的劳动质量和数量支付劳动报酬；加强对员工思想、文化和业务教育培训；改善劳动条件，搞好劳动保护和环境保护。

3. 劳动关系的表现形式

劳动关系既是经济关系，又是社会关系。劳动者以其符合管理方需要的工作能力从事劳动，获得劳动报酬。同时，劳动力作为一种特殊商品，具有人身和社会属性，在获取经济利益的同时，还要从工作中获得作为人所拥有的自尊、满足和归属感。劳动关系双方由于经济目标而结合，是由处于一定社会环境下的心态、期望、人际关系、行为特征等各异的个体和人群组织所构成的社会体系。因此，我们从多个角度来研究劳动关系的表现形式主要有合作与冲突。

（1）合作

合作是指在就业组织中，双方共同生产产品和服务，并在很大程度上遵守既定制度和规则的行为。这些制度和规则是经过双方协商一致，以正式的集体协议或劳动合同形式，甚至是以一种非正式的心理契约的形式，规定双方的权利和义务。协议内容非常广泛，涵盖双方的行为规范、员工的薪酬福利体系、对员工的努力程度的预期、对各种违反规定行为的惩罚以及有关争议的解决、违纪处理和晋升提拔等程序性规定。

（2）冲突

冲突与合作是对立与统一的关系，如果在某方面出现分歧，合作双方就会出现冲突。

经济学认为，只要有劳资双方存在，劳动关系冲突便无法回避。劳动关系既是职工最切身的利益，也是社会稳定的必要元素，又是培育先进生产力的重要条件。

4. 劳动关系管理的重要性

（1）劳动关系管理的含义

劳动关系管理是指以促进组织经营活动的正常开展为前提，以缓和、协调组织劳动关系的冲突为基础，以实现劳动关系的合作为目的的一系列组织性和综合性的措施和手段。

劳动关系管理研究的内容主要有两个方面：一是促进劳动关系合作的事项；二是缓和、解决劳动关系冲突的事项。具体来说，劳动关系管理的内容主要包括五个方面：员工的罢工、怠工和抵制等问题；因用人单位关闭或处分、排斥员工而引发的劳动关系问题；员工参与管理问题；双方协议制度；集体谈判制度。

（2）劳动关系管理的重要性

劳动关系管理不仅是企业管理的主要内容之一，也是构建和谐社会的主要内容之一。劳动关系是否顺利，直接影响着人力资源管理潜力的发挥以及社会的稳定与发展。和谐的劳动关系是完善现代企业管理课题中的应有之义，更是企业保持持续健康发展的重要基础。因此，如何正确认识和维护劳动关系对社会和谐发展和企业管理来说都具有重要的意义。

1）劳动关系和谐是社会和谐的重要基础

积极推动企业劳动关系和谐创建工作，建立和谐稳定的劳动关系，是企业实现可持续发展的重要途径。

2）有助于提高企业的竞争优势

劳动关系管理的主要任务是预防和处理劳动争议，而劳动争议等问题的出现会严重影响企业的正常经营，削弱企业的竞争优势，因此劳动关系管理对企业的发展是至关重要的。

3）有助于提高员工的生产率

建立并保持良好的劳动关系，可以使员工在心情愉快的环境中工作，即使出现一些矛盾也能顺利解决。这有利于提高员工的工作积极性和工作绩效。

4）有助于提高工作生活质量

员工参与管理是工作生活质量的重要内容，良好的劳动关系有助于促进劳动者及其代表以合作的态度，协商解决与其切身利益相关的重大问题。

二、劳动合同

订立劳动合同的目的是为了在劳动者和用人单位之间建立劳动法律关系，规定劳动合同双方当事人的权利和义务。

1. 劳动合同的概念

劳动关系实际上是一种契约关系，而建立和维持这种契约关系的基本形式和主要手段就是劳动合同的签订和履行。劳动合同，又称劳动协议或劳动契约，在西方国家又被称为企业雇佣合同、企业雇佣协议或企业雇佣契约，是指组织（通常是组织管理者或雇主）与劳动者之间因确立劳动关系、明确彼此的权利和义务而达成的协议。

订立劳动合同的目的是为了在劳动者和用人单位之间建立劳动法律关系，规定劳动合同双方当事人的权利和义务。劳动者和用人单位签订劳动合同的法律地位平等。在劳动合同履行过程中，劳动者必须参加到单位组织的劳动中，担任一定职务或工种、岗位的工作，服从单位的领导和指挥，遵守单位的劳动纪律、内部劳动规则和各项规章制度。同时，劳动者享有单位的工资、劳动保险和福利待遇。

2. 劳动合同的内容

劳动合同是当事人双方经过平等协商所达成的关于权利义务的条款，包括法定条款和约定条款。用人单位为招聘员工、协商相互之间的权利义务而提供的劳动合同草案必须依法具备法定条款。

（1）法定条款

法定条款是依据法律规定劳动合同双方当事人必须遵守的条款。不具备法定条款的劳动合同不能成立。《劳动法》规定，劳动合同应当具备以下条款。

1）劳动合同期限

劳动合同期限是《劳动法》规定的双方当事人权利义务的有效时间。劳动合同按照不同期限分为三种。

①有固定期限的劳动合同。此种劳动合同是当事人订立劳动合同时明确约定合同的生效和终止时间，也称定期劳动合同。

②无固定期限的劳动合同。此种合同是没有明确约定合同终止日期的劳动合同。在正常履行劳动合同的情况下，劳动者可以一直工作到退休。

③以完成一定工作为期限的劳动合同。此种合同是一种特殊的定期劳动合同，双方当事人把完成某项工作或工程为劳动合同的存续期间，约定工作或工程完成后合同就可以终止。

2）工作内容

工作内容是劳动者应当为用人单位提供的劳动，即承担何种工作或职务，包括工种和岗位、工作地点和场所。关于工作的数量、质量标准，如不宜具体规定，做出原则性规定即可。

3）劳动保护和劳动条件

劳动保护是用人单位为保障劳动者在劳动过程中的安全和健康，防止工伤事故和预防职业病的发生，所应采取的技术措施和组织措施。劳动条件是为完成工作任务应由用人单位提供的、不得低于国家规定标准的必要条件。具体的劳动条件应当包括加班加点、工作班制、劳动工作条件、劳动工具、生产工艺流程、安全操作规程、安全卫生制度、健康监察、女职工及未成年工特殊保护和伤亡事故处理制度等内容。

4）劳动报酬

劳动报酬是用人单位根据劳动者劳动的数量和质量，以货币形式支付给劳动者的工资。此项条款应明确员工适用的工资制度、工资支付标准、支付时间、支付周期、工资计算办法、奖金津贴获得条件和标准。如有必要，劳动报酬条款还可以明确加班加点工资的计算办法、支付时间以及下岗待工期间的工资待遇等内容。工资标准不得低于当地最低工资标准，同时也不得低于本单位集体合同规定的最低工资标准。

5）社会保险

社会保险是国家通过立法建立的，对符合法定条件的劳动者在其生育、退休、疾病、死亡、伤残、失业以及发生其他生活困难时，给予物质帮助的制度。本项条款应明确双方当事人各自的社会保险缴费项目、缴费标准和缴费办法等内容。

6）劳动纪律

劳动纪律是劳动者在劳动过程中必须遵守的规则和秩序，包括国家法律、行政法规规定的规则和用人单位按照合法程序制定的内部劳动规则。

7）劳动合同终止的条件

劳动合同终止的条件是导致或引起合同关系消灭的原因，包括法定终止条件和约定终止条件。合同期限届满、约定义务完成属于法定终止条件。约定终止条件即双方当事人根据各自实际情况，经与对方协商一致，将一定情形的发生作为合同终止的法律事实，当约定出现时劳动合同即行终止。

8）违反劳动合同的责任

劳动合同应当明确约定一方当事人违反劳动合同规定给对方造成损失时，应承担的法律后果。

（2）约定条款

约定条款是指除以上法定条款以外，劳动合同双方当事人可以根据实际需要在协商一致的基础上规定的其他补充条款。约定条款的内容只要合法，就同法定条款一样，对当事人具有法律约束力。一般常见的约定条款有以下内容。

1）试用期限

试用期限是劳动者和用人单位为相互了解、选择而约定的考察期，被当事人分别用于考察劳动者是否符合录用条件、用人单位所介绍的劳动条件是否符合实际情况。根据《劳动法》的规定，试用期限最长不得超过6个月。对于2年期以下的短期劳动合同，试用期限基本按照合同期限的1/12确定：半年期劳动合同试用期限不得超过15天，1年期劳动合同试用期限不得超过1个月。试用期限包含在劳动合同的期限内。

2）培训

双方当事人可以约定培训的条件、培训期间的工资标准待遇、培训费用的支付方法、服务期限等内容。

3）保密事项

劳动过程涉及用人单位商业秘密的，当事人应当对有关保密事项加以明确规定，使之成为劳动者履行劳动合同的一项基本义务。

4）补充保险和福利待遇

5）当事人协商约定的其他事项

劳动合同当事人的具体要求千差万别，这就使如住房、班车及子女就学等问题都可成为劳动合同的内容。这些内容只要不违反国家法律和行政法规的规定，一经双方商定，均为合法有效，对当事人具有法律约束力。

3. 劳动合同的订立

（1）订立劳动合同的原则

根据《劳动法》的规定，订立和变更劳动合同应遵循以下原则。

1）平等自愿、协商一致的原则

此项原则就是订立劳动合同程序要合法。

2）不得违反法律、行政法规的原则

此项原则包括两方面的内容。

①订立劳动合同的主体要合法。就劳动者一方而言，除体育、文艺、特种工艺单位等因性质特殊经审查批准可以招用未满16周岁的未成年人以外，其他行业不得招用童工。就用人单位而言，必须能够提供符合国家规定的劳动条件。

②内容要合法。

（2）订立劳动合同的程序

1）要约和承诺

劳动者或用人单位向对方提出订立劳动合同的建议称为要约，即一方向另一方提出订立劳动合同的要求。提出要求的一方为要约方，与之相对的一方为被要约方。被要约方接受要约方的建议并完全同意称为承诺。承诺一旦做出，劳动合同即告成立。这是劳动合同订立的一般程序。通常情况下，要约方往往为用人单位，其通过招工简章、职业介绍机构的招聘登记等形式，提出要约。当然，要约方也可以是劳动者，其可通过求职信、求职登记等形式提出要约。

2）相互协商

被要约方与要约方就订立劳动合同的建议和要求需要进行平等协商。

各自向对方如实介绍自身真实情况和各自的要求，在双方意思表示一致后，协商即告结束。根据我国劳动力市场和用人单位的实际情况，当事人双方协商的基础往往是由用人单位提出劳动合同草案。在协商时应保障劳动者对劳动合同草案充分表达意见和要求的权利。

3）双方签约

劳动合同当事人双方在签约前应认真审阅劳动合同文本约定的内容是否真实，是否与签订的条件一致。经确认后，劳动者本人和用人单位法定代表人签字、盖章，并填写年、月、日。法定代表人可以书面形式委托有关人员代理签字。如果当事人双方要求的劳动合同生效时间与最后一方签字盖章的时间不一致，那就必须注明该劳动合同的生效时间。

4. 劳动合同的履行

劳动合同的履行，是指劳动合同订立以后，劳动者和用人单位双方当事人按照合同条款的要求，共同实现劳动过程及相互履行权利和义务的行为和过程。由于劳动合同是依法订立的，所以双方当事人履行合同是法律赋予双方当事人应尽的义务，也是合同具有法律效力的集中体现。

劳动合同的履行，又分为全部履行和不适当履行两种。全部履行，是指劳动合同双方当事人履行合同中规定的全部义务和实现合同中规定的全部权利。不适当履行，是指劳动合同双方当事人，或一方当事人只履行合同中规定的部分义务，或只实现合同中规定的部分权利。

劳动合同履行的理想模式是全部履行，双方当事人均实现自己的全部权利和履行自己的全部义务。但由于这样或那样的原因，包括双方当事人自己的责任、组织经营状况的变化以及社会经济宏观环境的改变等，都可能使得双方当事人不能够或不愿意按照合同规定的条款一一履行。这样，劳动合同的不适当履行也就出现了。可以说，劳动合同的这种不适当履行是经常出现的。但是，应尽量避免或减少劳动合同的这种不适当履行，或尽量减少合同条款的不履行程度和比例，促进合同的全部履行，或提高合同条款的履行程度和比例。

5. 劳动合同的变更及续订

（1）劳动合同的变更

所谓劳动合同的变更，就是指双方当事人依法对已经生效但尚未履行或尚未完全履行的合同的内容和条款进行修改或增减的行为。

劳动合同的变更一般包括两种类型：法定变更和协议变更。法定变更，是指在法律规定的原因出现时，经当事人一方提出，可以变更企业劳动合同。协议变更，是指双方当事人经协商一致，达成协议，对劳动合同进行变更。当然，协议变更必须符合法律的规定。

1）劳动合同的变更程序

①一方当事人向另一方当事人提出变更劳动合同的请求。提出请求的当事人可以是组织管理者，也可以是劳动者。不管是哪一方当事人提出变更合同的请求，都要就劳动合同变更的理由、内容、条款和条件等作出说明，并给对方当事人一个答复的期限。

②被请求方按期向请求方作出答复。被请求方在接到请求方变更劳动合同的要求后，要在请求方给出的期限内给予答复，不准对对方的请求置之不理。被请求方的这种答复可以是同意，也可以提出自己不同的意见，供双方进一步协商。对于不符合法律规定的请求，被请求方可以表示不同意。

③双方协商，达成书面协议。双方当事人就要求变更的合同内容和条款进行协商，在取得一致意见的基础上，达成和拟定书面协议。书面协议要就变更的内容和条款进行详细说明，并就变更后的条款生效日期作出规定。书面协议要经双方当事人签名、盖章后才能有效。

④备案或鉴证。凡在订立时经过备案或鉴证的劳动合同，变更合同的书面协议也需要送交用人单位主管部门备案，或到鉴证机构办理鉴证手续。需要鉴证的变更协议，只有在鉴证后才能生效。

2）劳动合同变更的原则

①协商一致的原则。由于劳动合同变更是当事人双方的法律行为，所以变更劳动合同必须经当事人双方协商一致，任何一方不得单方面变更劳

动合同的内容。

②有效性原则。劳动合同当事人提出变更合同的时间必须是在合同的有效期内进行，即在合同生效以后至合同有效期届满之前，当事人还没有执行或没有全部执行合同义务可这段期限内进行变更。

③局部性原则。劳动合同当事人提出变更的内容，只能是变更合同内容的部分而不是全部。如果变更原合同的全部内容，就是对原合同的废止或订立新合同，而不是变更合同。

④合法性原则。变更合同要依据国家法律、法规的要求，对原合同的某些条款做些修改、增加或减少，修改后的内容必须不违背国家与地方的法律规定。

3）劳动合同变更的条件

从劳动合同履行过程中的具体情况看，有下列情况之一的，可以变更劳动合同。

①订立劳动合同所依据的法律、行政法规、规章制度发生变化，合同应变更相关的内容。

②订立劳动合同依据的客观情况发生重大变化，致使劳动合同无法履行，经劳动合同双方当事人协商同意，可以变更劳动合同的内容。如：发生自然灾害或事故；用人单位转产或发生分立、合并；用人单位调整生产任务；用人单位情况变化，如迁移厂址；劳动者一方情况有变化，如身体健康状况发生变化等。

（2）劳动合同的续订

劳动合同期限届满，应即终止执行。由于生产、工作需要，在双方完全同意的条件下，可以续订劳动合同。因此，终止劳动合同是指劳动合同期限届满，或者合同规定的任务已完成，或者因劳动者达到法定退休年龄，双方权利、义务履行完毕而宣告劳动关系终结。

续订劳动合同是指有固定期限的劳动合同到期后，双方当事人一致同意继续保持劳动关系，于是在原劳动合同终止前办理续订手续。在劳动合同期满前，双方当事人经协商都愿意续订合同的，应提前通知、提前协商。续订合同时，可以保留原合同条款全部不变，仅仅追加一段有效期限而已，也可以在合同原有条款的基础上，经过双方协商作部分修改后再签订。续订合同的手续和程序一般应与订立原合同的手续和程序一致。

6. 劳动合同的解除和终止

（1）劳动合同解除的条件

劳动合同的解除，是指劳动合同依法订立后，在劳动合同规定的期限尚未届满之前，因当事人双方主客观情况的变化或某种法定事由的出现，经当事人双方协商或者由当事人一方依法提前终止劳动合同的法律效力、解除双方权利义务关系的行为。

劳动合同解除的一般条件包括以下几个方面。

1）用人单位与劳动者双方自愿协商解除。

2）如果具备法律规定的条件，劳动合同当事人可以行使解除权利而解除。如当事人一方违反合同，损害另一方利益，在符合法律规定的条件下，受害方可以行使解除权解除劳动合同。

3）由于不可抗力或意外事故，致使劳动合同不能履行或部分不能履行时，可以解除合同。

4）因国家颁布的法律、法规致使劳动合同不能履行时，则必须解除劳动合同。

5）当订立劳动合同所依据的国家计划变更时，也需要解除合同。

6）由于用人单位关闭、停产而不能履行劳动合同时，也可以解除劳动合同。

（2）劳动合同解除的方法

1）双方协商解除劳动合同

《劳动法》第二十四条规定，经劳动合同当事人双方协商一致，劳动合同可以解除。双方当事人解除劳动合同必须符合下列条件：一是双方自愿；二是平等协商；三是不损害一方利益。另外，双方协商解除劳动合同，应由双方当事人按照要约、承诺的程序达成解除劳动合同的书面协议。

2）用人单位解除劳动合同

对于用人单位单方面解除劳动合同的事由，劳动法规定了三种情况。

第一种情况：用人单位可以随时、直接地通知劳动者解除劳动合同，无需履行任何法定手续和义务。《劳动法》第二十五条规定，劳动者有下列情形之一的，用人单位可以解除劳动合同。

①试用期间被证明不符合录用条件的。

②严重违反劳动纪律或者用人单位规章制度的。

③严重失职、徇私舞弊，对用人单位利益造成重大损害的。

④被依法追究刑事责任的。

这里，"不符合录用条件"主要是指劳动者的知识、能力、品行或身体等实质要件不符合用人单位规定的条件。劳动者"严重违反劳动纪律"的行为，可依据《企业职工奖惩条例》和《国有企业辞退违纪职工暂行规定》等有关法规来认定。"重大损害"由组织内部规章来规定。"被依法追究刑事责任"具体是指：被人民检察院免予起诉的；被人民法院判处刑法（包括作为主刑的管制、拘役、有期徒刑、无期徒刑、死刑和作为附加刑的罚金、剥夺政治权利、没收财产）的；被人民法院根据刑法规定免于刑事处分的。

第二种情况：用人单位有权解除劳动合同，但要履行法定的手续并承担法定的义务。《劳动法》第二十六条规定：有下列情形之一的，用人单位可以解除劳动合同，但是应当提前三十日以书面形式通知劳动者本人。

①劳动者患病或非因工负伤，医疗期满后，不能从事原工作也不能从事由用人单位另行安排的工作的。

②劳动者不能胜任工作，经过培训或者调整工作岗位，仍不能胜任工作的。

③劳动合同订立时，所依据的客观情况发生重大变化，致使原劳动合同无法履行，经当事人协商不能就变更劳动合同达成协议的。

根据《劳动法》第二十八条规定，用人单位在上述各种情况下解除原合同时，还应当依照国家有关规定给予劳动者经济补偿。当劳动者因健康原因或因自身能力不足不能胜任工作时，虽然也使原劳动合同无法履行，但其在主观上并无过错，客观上也仅仅是处于无奈而不能胜任工作，并无如违纪、失职、舞弊之类的劣迹。所以《劳动法》对于用人单位在这种情况下解除劳动合同规定了两个限定条件。

①必须提前三十日以书面形式通知劳动者本人，以便为其安排好今后的生活或寻求新的就业门路准备必要的时间。

②必须依照国家有关规定给予劳动者一定的经济补偿。

第三种情况：用人单位因自身的原因不能履行原劳动合同，在履行法定的手续和义务后，可以解除劳动合同。

《劳动法》对于用人单位在这种情况下解除劳动合同规定了较严格的限定条件。

①用人单位濒临破产进行法定整顿期间或者生产经营状况发生严重困难，确需裁减人员。

②应当提前三十日向工会或者全体职工说明情况，听取工会或者职工的意见。

③向劳动行政部门报告后，可以裁减人员。

④用人单位在六个月内如果重新录用人员的，应当优先录用上述情况下被裁减的人员。

⑤对于上述情况下被裁减的人员，用人单位应当依照国家有关规定给予经济补偿。

3）劳动者解除劳动合同

劳动者解除劳动合同也有两种情况。

第一种情况，提前通知用人单位解除劳动合同的情况。《劳动法》规定，劳动者解除劳动合同，应当提前三十日以书面形式通知用人单位。这一规定实际上是对劳动者解除合同不设置任何障碍和条件，只需履行提前三十日书面通知用人单位的程序就可以了。

这样规定的目的主要是保护劳动者在劳动关系中的弱势地位，保障劳动者享有选择职业的权利。同时，也有利于促使劳动力合理流动，优化劳动力资源配置。但为了防止劳动者任意解除劳动合同而可能会损害用人单位的利益，《劳动法》规定了以下条件。

①劳动者应当提前三十日以书面形式通知用人单位。

②劳动者应当承担因违反劳动合同而给用人单位造成的经济损失。

第二种情况，随时通知用人单位解除劳动合同的情况。《劳动法》第三十二条规定，有下列情形之一的，劳动者可以随时通知用人单位解除劳动合同。

①在试用期内的。

②用人单位以暴力、威胁、非法限制人身自由的手段强迫劳动的。

③用人单位未按劳动合同规定支付劳动报酬或者提供劳动条件的。

在上述②、③情形出现时，劳动者由于合法权益受到侵害而提出解除劳动合同，无须提前通知用人单位。

（3）劳动合同的终止

劳动合同的终止，是指劳动合同期满或者当事人约定的劳动合同终止条件出现，以及劳动合同一方当事人消失，无法继续履行劳动合同时结束劳动关系的法律行为。它意味着劳动关系双方当事人原来依法确立的权利义务归于终结。

劳动合同的终止，同劳动合同的订立一样也必须依法进行，即劳动合同在终止时也必须符合法定的条件，履行法定的手续。劳动合同的终止分为自然终止和因故终止两种情况。

1）劳动合同的自然终止

劳动合同的自然终止，指用人单位与劳动者双方已按劳动合同规定履行全部义务，享受应有权利，合同期满即告终止。在法律意义上，劳动合同的自然终止意味着双方当事人的权利义务关系的自然终结。劳动合同的自然终止一般有以下几种情况。

①因合同期限届满而终止。这是就有固定期限的企业劳动合同而言的，即在劳动合同规定的期限内，用人单位与劳动者双方按照合同规定的条款全部适当地履行了各自的义务，全部实现了各自的权利，劳动合同履

行完毕，自行终止。

有固定期限的劳动合同，在其期限将要届满时，双方当事人中的一方（通常为用人单位）应当提前若干时间通知对方，准备办理劳动合同终止的有关事项。一般说来，通知终止劳动合同的时间取决于双方当事人约定的报酬支付办法和支付时间。具体通知办法可分为以下几种。

a. 若用人单位与劳动者双方约定采用日工资制，以"天"为计量单位计算劳动日每日报酬，劳动合同期满时，一方当事人应于终止前一日通知对方，通知后第二天即为合同终止之日。

b. 以"周"为单位支付报酬的，劳动合同期满时，一方当事人应于终止前三日通知对方，通知后第二天即为合同终止之日。

c. 以"月"为单位支付报酬的，劳动合同期满时，一方当事人应于最后一个月的月末前一周通知对方，到该月末，劳动合同即告终止。

d. 以"年"为单位支付报酬的，劳动合同期满时，一方当事人应于该劳动合同的最后一个月前通知对方，到该月末，劳动合同自行终止。

② 因完成一定的工作而终止。对于以完成一定工作为期限的劳动合同来说，尽管劳动合同中没有明确的时间限定，但因双方当事人约定以完成一定的工作任务为合同期限，一旦劳动合同规定的工作任务完成，也就是合同期限届满，劳动合同即自行终止。而且，因为特定的工作已经完成，所以这类劳动合同不存在续订的问题。即使双方当事人愿意继续维持劳动关系，也只能订立新的劳动合同。

③劳动者达到法定退休年龄。劳动者和用人单位应当严格执行国家有关职工退休的规定，双方在订立有固定期限的企业劳动合同时，合同期限不能超过职工的法定退休年龄。

如果在订立合同时忽略了这一点，那么，凡达到法定退休年龄的职工，都应当按规定及时办理退休手续，不能以劳动合同未到期为由而延长到合同期满后退休。

若劳动者与用人单位订立无固定期限的劳动合同，在劳动者达到法定退休年龄时，应按规定及时办理退休手续。

无论哪一类劳动合同，劳动者达到法定退休年龄、办理退休手续后，原劳动关系即告终止。

2）劳动合同的因故终止

劳动合同的因故终止，是相对于劳动合同的自然终止而言的。劳动合同的因故终止主要包括以下情况。

①协议终止。劳动合同除因期限届满自然终止外，双方当事人还可以在劳动合同中约定劳动合同终止的其他事由，一旦双方当事人约定的事由出现，劳动合同即告终止。另外，在劳动合同的有效期限内，由于各种情况的变化，劳动者另有谋生之道，用人单位也正好不需要该工种的员工，双方经平等协商后，可以终止劳动合同。企业劳动合同的协议终止，主要指上述两种情况。

②劳动关系主体消灭。在劳动合同履行过程中，若劳动者死亡，不论属于何种情形，原劳动合同均告终止。或者由于用人单位资不抵债而宣告破产，原劳动合同也只能终止。

③经裁定或判决终止。劳动争议仲裁部门和人民法院根据劳动合同当事人的请求，经过调查和审理，有依法裁定或判决劳动合同终止的权力。一旦有关劳动合同终止的裁定书或判决书生效，劳动合同即告终止。例如，用人单位与劳动者签订了有固定期限的劳动合同，在合同有效期内，出现用人单位经营不善、濒临破产边缘而长期拖欠劳动者的工资的情况。在这种情况下，劳动者本可以解除劳动合同，但考虑到由自己解除劳动合同不利于向用人单位追偿其所欠工资和得到经济补偿，于是向当地劳动争议仲裁机关提出申请，请求裁定终止劳动合同。劳动争议仲裁机关经调查后，为了保护劳动者的合法权益，有利于劳动者尽快重新就业，可裁定原劳动合同终止，同时责令用人单位在一定期限内清偿其所欠的全部工资，并依照国家有关规定给予劳动者必要的经济补偿。

④因不可抗力而终止。在劳动合同的履行过程中，如果发生了当事人双方不能预见并不能克服或虽然能预见但无法制止其发生的情况，致使原劳动合同无法继续履行，劳动合同即告终止。如原劳动合同签订后，因用

人单位遭受重大火灾，使其无法再恢复生产和经营并履行劳动合同，该劳动合同就不得不终止。

三、劳动争议的处理

1. 劳动争议概述

劳动争议，也就是劳动纠纷，指劳动关系当事人之间对劳动权利和其他相关利益有不同主张和要求。随着我国劳动合同制用工制度向全员的发展，劳动领域将出现人人有合同，事事依合同的劳动法制新局面，劳动争议将通过劳动合同争议的形式表现出来。我国理论界人士对劳动争议的看法各不相同。如 20 世纪 80 年代的劳动法全国统编教材中称劳动争议为："劳动关系当事人因劳动问题引起的纠纷。" 20 世纪 90 年代全国高等教育自学考试教材中称劳动争议为："劳动关系当事人关于劳动权利和劳动义务的争议"。但二者对争议主体的表述是一致的，即劳动关系当事人对劳动争议内容的表述差异较大，产生"劳动问题纠纷"和"劳动权利和劳动义务的争议"。但需要注意的是，前者的涵义广于后者。

在未来的市场经济机制中的劳动市场和企业内，国家法律仅对劳动者劳动权利的基本问题和国家、企业的基本义务做出原则性的规定。如《中华人民共和国宪法》规定："中华人民共和国公民，在年老、疾病等丧失劳动能力的情况下，有从国家和社会获得物质帮助的权利。国家发展为公民享受这些权利所需要的社会保险、社会救济和医疗卫生事业。"然而，物质帮助的资金来源、项目、待遇和支付方式等具体问题，特别是"补充养老保险""福利"等内容，是由用工单位同劳动者，按照国家的有关规定，具体协商确定的。因此，我们认为，对劳动争议概念的表述，应抓住以下几个关键问题。

（1）围绕劳动关系的实质确定劳动争议的内涵，即围绕运用劳动能力和实现劳动这一实质问题，确定劳动争议内涵，区分劳动争议同其他争议。

（2）围绕劳动关系的当事人，确定劳动争议的当事人。

（3）围绕我国劳动立法的对象，确定劳动争议概念的外延。

2. 劳动争议的构成

劳动争议作为人们生产和生活中经常发生的一种矛盾，有自己特定的构成条件。

（1）发生争议的双方当事人必须是劳动关系的当事人

即劳动组织和劳动者是劳动争议的当事人。劳动组织包括享有用工权的企业、事业单位和其他社会组织。劳动者是指具有劳动权利能力和行为能力的公民。

（2）争议的内容是基于劳动关系而发生的

即劳动关系在横向上的产生、变更和消灭，在纵向上的劳动岗位、劳动时间、劳动技能培训、劳动保护、劳动报酬、社会保险和劳动纪律等。

（3）争议表现为因不同主张和要求而做出的意思表示

如反驳对方、拒绝履行对方提出的义务、申请调解、申诉仲裁和向人民法院起诉等都属于此类意思表示。不要仅以一方当事人向企业调解委员会提出申请，或向当地劳动争议仲裁委员会提出申诉为劳动争议发生标志。同时具备上述三个条件的纠纷，即属于劳动争议。

3. 劳动争议的种类

要想处理好劳动争议，就要先划分出劳动争议种类。

（1）按劳动争议所涉及问题的性质，可以分为权利争议和利益争议

权利争议即指工人因组织工会及其他涉及权利问题与企业方发生的争执。这种争议主要发生在资本主义国家的劳资关系中，如日本的劳动法规定，禁止雇主非法的劳动行为，即妨碍工人成立工会、加入工会和参加工会活动等行为。因执行这一规定而发生的争议属于权利争议。在我国，劳

动者的政治权利、经济和劳动权利在立法中已得到充分保障，但在实际劳动中，仍可能产生争议。也就是说，在我国的劳动关系中，不可避免地存在着权利争议。对这种权利争议的处理，应从宪法的原则出发，以维护基本权利的实现为目的。

权利争议又可分为既存权利争议和争取新权利的争议。既存权利是劳动立法和劳动合同已经规定的权利，其争议是适用劳动法规和履行劳动合同而发生的争议。争取新权利的劳动争议则是指制定和变更劳动权利而发生的争议。

利益争议即指劳动关系双方因工资、工时、保险等问题，在协商或履行时产生不同的要求而发生的争议。利益争议又可分为实体利益争议和程序利益争议。实体利益是因协商和履行法律法规和劳动合同对劳动关系双方权利义务规定时发生的争议，其实质是对劳动关系实体权利的侵害或违约损害而引起的纠纷。如因企业拒发工资性补贴，未提供劳保用品或擅自变更职工岗位引发的纠纷，或因职工违反劳动纪律，不辞而别给企业生产造成损失引起的纠纷。程序利益争议是指因劳动关系当事人的实体行为违反法定程序规定而引起的纠纷。如某职工搞假病例证明，利用病假期间，从事第二职业，经某些职工反映，该职工所在企业在掌握证据后作出处分决定，该职工不服所导致的纠纷。

（2）依劳动争议事实所涉及的利害关系人的范围，可划分为个人争议和团体争议

个人争议可分为两种情况：员工、工人直接申诉，不须由工会组织作代表；工人、职员一方人数不足法律规定的团体争议人数。假如法律规定团体争议人数在 10 人以上，那么，第二种情况的个人争议以 9 人以下为限。在我国，劳动争议一般为第一种情况的个人争议，但也有少量的第二种情况。

团体争议是指就同一争议事项，职工方人数达到一定法律规定限额，派 1~3 名代表参加该劳动争议的调解或仲裁活动的争议。这里应该区别于集体争议。集体争议则是指由工会组织出面，代表工人、职工就集体合同

的履行或共同争议事项进行申诉的争议。罢工作为团体争议和集体争议的一种特殊表现形式，是指集体停止工作。按斗争的目标和规模，可分为经济罢工、政治罢工、总罢工。劳动争议在一般情况下同罢工没有必然联系，但是，如果劳动争议得不到及时、公正的处理，就可能向罢工转化，特别是团体争议，涉及人数多，影响大。因此，作好劳动争议的预防和处理工作非常重要。

（3）根据用工企业在生产资料所有制性质上的不同划分

劳动争议可划分为：国有企业劳动争议，集体企业劳动争议，私营企业和个体工商户劳动争议，中外合资合作企业劳动争议，外商独资企业劳动争议。

1）国有企业劳动争议

国有企业劳动争议是指全民所有制企业行政方和职工之间的劳动纠纷。这类劳动争议具有以下特点。

①劳动关系双方当事人地位平等。在国有企业，生产资料归全民所有，企业行政方和职工方都是生产资料的主人，他们都是为了实现劳动权利而加入到这一劳动组织中来的，他们之间只有对国家承担责任的不同，但他们的法律地位平等，权利义务对等。这一特点在向市场经济转变的过程中，随着权利主体明晰化的趋势，将有所改变。

②法定权利义务之争较多。长期以来我国对国有企业管理较为规范，各种类型、层次的法律法规较多，因此，在国有企业，劳动关系双方当事人的劳动权利和义务关系比较明确，劳动争议也较多地表现为法定权利义务之争。

③行政意识较强。由于我国旧的人事管理体制长期运行，在企业内，特别是国有企业内，存在干部和职工之分，所以，发生在国有企业的劳动争议，许多是由于行政方有法不依，官僚作风，随意侵犯职工合法权益造成的。另外，行政意识还表现在行政干扰和上级责任上。因为国有企业长期以来执行指令性计划的生产任务，所以受行政干扰而产生劳动争议的情况较多。

2）集体企业劳动争议

集体企业劳动争议是指在生产资料属于劳动群众集体所有的企业内，行政方和职工之间的劳动纠纷。这类劳动争议具有下述特点。

①劳动关系双方当事人地位平等。在集体所有制企业，从厂长到职工都是生产资料的直接主人，根本利益是一致的。

②民主性强。在集体所有制企业，生产资料直接属于企业全体职工，并享有所有权的四项权能，即占有权、使用权、收益权和处分权。企业领导多为选举产生，因此，其劳动关系具有利益性强、行政意识弱的特点。集体企业的劳动争议也反映出上述特点。

③无法律依据的争议较多。因国家对集体企业劳动关系的立法是薄弱环节，所以便出现"无法可依"、"有法不依"、"可依可不依"的现象，使集体企业出现的劳动争议缺乏处理的法律依据。

3）私营企业劳动争议

私营企业劳动争议是指发生在私营企业内雇主同雇工之间的劳动纠纷。在私营企业，生产资料归雇主个人所有，雇工不占有生产资料。这类劳动争议具有一定程度的不平等、剥削、劳动关系双方自主权较强和缺乏法律依据的特点。但随着我国向市场经济的转变过程中所有权明晰化的趋势，国有企业、集体企业和私营企业发生劳动争议的区别将逐渐消失，用人单位在用工权上将趋于一致。

4）个体劳动争议

个体劳动争议是指发生在个体工商户雇主和帮工或学徒之间的纠纷。在个体工商户内，生产资料归雇主所有，雇主可招用帮工。由于国家对个体工商户的经营规模限制在 7 人以内，所以这类劳动争议具有范围窄、自主性强、一定程度的剥削和缺乏法律依据的特点。

5）中外合资合作经营企业劳动争议

中外合资合作经营企业劳动争议是指发生在中外合资合作企业内，中方合资者和外方合资者同职工之间的劳动纠纷。这种类型的劳动争议具有复杂性、多边性、约定性、自主性等特点。复杂性在于，该种企业生产资料归属情况复杂。多边性在于，企业行政方的多边，即单方或多方的中方，单方或多方的外方，还有董事会、总经理各层责任。约定性在于，该类企业劳动关系双方的权利义务均依中国法律在劳动合同中加以规定才有效。自主性在于，同国营企业相比较，该种企业在用人方面自主性强。因此，解雇中方职工的劳动争议较多。

6）外商独资企业劳动争议

外商独资企业劳动争议是指发生在外商独资企业内，外国投资者和职工之间的劳动纠纷。外国投资者在遵守中国基本法律的前提下，享有较大的经营自主权和用工自主权，并存在一定程度的剥削。这种类型的劳动争议，具有一定程度的剥削和自主性及约定性的特点。劳动合同是调节外商独资企业劳动关系的重要依据。

4. 解决劳动争议的原则

（1）调解和及时处理原则

发生劳动争议时，当事人可以通过协商的方式解决，协商不成的则依法申请调解、仲裁、提出诉讼。调解原则适用于仲裁和诉讼等程序。调解是指在当事人自愿的前提下，由劳动争议处理机构，在双方之间进行协商和疏通，目的在于促使争议双方相互谅解，达成协议，从而结束争议。

处理劳动争议要及时。劳动法规定，提出仲裁要求的一方，应当自劳动争议发生之日起，60 日内向劳动争议仲裁委员会提出书面申请。仲裁裁决一般应在收到仲裁申请的 60 日内作出。

（2）在查清事实的基础上，依法处理原则

劳动争议处理机构应当对争议的起因、发展和现状进行深入细致的调查。在查清事实的基础上，依据劳动法规、政策，公正处理。达成的调解协议、作出的裁决和判决，不能违反国家现行法规和政策规定，不得损害国家利益、社会公共利益或他人合法权益。

（3）当事人在适用法律上一律遵循平等原则，即公正原则

这包括以下两层含义。

1）劳动争议双方当事人，在处理劳动争议过程中，法律地位平等，

平等地享有权利和履行义务，任何一方不得把自己的意志强加于另一方。

2）劳动争议处理机构应当公正执法，保障和便利双方当事人行使权利，对当事人在适用法律上一律平等，不得偏护任何一方。

5. 劳动争议的调解

劳动争议调解同劳动争议仲裁和判决不一样，其有自己的特征和原则。调解在中国自古就有。当今，西方世界称之为"东方经验"，并对此表现出浓厚的兴趣。调解，在处理劳动争议过程中，具有预防的作用。调解是指在第三者的主持下，通过宣传、说服教育和劝导协商的方法，在分清是非的基础上，使纠纷在当事人双方互相谅解中获得解决的一种活动。而劳动调解是以劳动争议为调整对象的调解。它包括企业劳动争议调解委员会的调解、劳动争议仲裁委员会调解和人民法院调解。这是广义理解的劳动争议调解。狭义理解的劳动争议调解仅是指企业劳动争议委员会的调解。

（1）企业劳动争议调解委员会调解

企业劳动争议调解委员会是企业劳动争议调解的调解人。在企业生活中的地位是职工最为关心的问题，也是企业转换经营机制必须要涉及的问题。调解委员会由下列人员兼职组成：职工代表、企业行政代表、企业工会委员会代表。职工代表由职工代表大会选举产生、企业行政代表由企业行政方面指定、工会代表由企业工会委员会指定。调解委员会具体人数由职工代表大会提出，并与厂长协商确定。

企业劳动争议调解委员会的性质是法定的群众性调解组织，即依法产生的企业内部专门调解劳动争议的群众性组织，其劳动争议调解工作属于群众性调解工作。它作为法定的群众性组织，在企业新经营机制中具有相对独立的地位，其独立性表现在三个方面。

1）调委会处理劳动争议的依据是国家劳动法律政策、有效的劳动合同和符合法律法规的企业的规章制度。这既不是企业行政的意志，也不是群众的呼声，而是依法调解。

2）调委会处理劳动争议立足于企业行政和职工之间居中调解，维护双方当事人的合法利益。

3）调委会处理劳动争议依法定程序进行，不受企业内外任何人和组织的干扰。

调委会是处理本企业劳动争议的专门组织，职责和任务是十分明确的，即在职工代表大会的领导下，依法受理和调解本企业内发生的劳动争议。这里的劳动争议，既包括因订立、变更、解除、终止和续订劳动合同产生的争议，也包括因履行劳动合同，关于劳动岗位、劳动时间、劳动安全卫生、劳动报酬、社会保险、劳动纪律及技术培训等条款发生的争议。随着劳动制度改革的不断深入，劳动合同制的用工制度方向已定，正在向全员化发展。劳动争议将愈来愈以劳动合同争议的形式表现出来。

（2）劳动争议仲裁委员会调解

根据《国营企业劳动争议处理暂行规定》第14条第3款规定，劳动争议当事人不愿在企业调解劳动争议，可以向当地仲裁委员会申请仲裁。劳动争议仲裁委员会调解制度则坚持"在查明事实和当事人自愿的基础上进行调解，促使当事人相互谅解，达成协议"的原则。具体来说，可表述为以下几个方面。

1）自愿原则。即实施调解协议自愿，达成调解协议自愿，执行调解协议自愿。

2）事实清楚。即责任分明，在弄清事实真相和是非曲直的基础上，劝导当事人互相谅解，求得一致。

3）合法合理原则。即争议当事人达成协议的内容必须合法，有利于企业生产和不侵犯他人利益及社会公德。

（3）人民法院调解

根据《国营企业劳动争议处理暂行规定》（以下简称"《暂行规定》"）第25条规定，当事人一方或者双方对仲裁不服时，可以在收到仲裁决定书之日起15日内向人民法院起诉。人民法院受理不服仲裁的劳动争议案后，参据《中华人民共和国民事诉讼法》，坚持"根据当事人自愿的原则，在事实清楚的基础上，分清是非，进行调解"。人民法院制作的调解书经双方当事人签字后，即具有法律效力。当事人必须认真履行调解书中的权利和义务，但如果一方当事人不履行调解书中的义务，那另一方当事人就可向该人民法院申请强制执行。

6. 劳动争议调解的程序

企业劳动争议调解是劳动争议调解的狭义范畴，专指在企业劳动争议调解委员会主持下，通过宣传法律、法规和劝导协商，使劳动争议在分清是非和当事人互相谅解的基础上得以解决的调解活动。根据《暂行规定》，企业劳动争议调解按下列程序进行。

（1）劳动争议调解的申请

劳动争议调解的申请是指，劳动争议当事人以口头或者书面的方式，向劳动争议调解委员会提出调解请求。申请是当事人自愿调解的意思表示。劳动争议发生后，当事人如果认为需要通过调解解决劳动争议，就应向劳动争议调解委员会提出申请。

（2）劳动争议调解的受理

受理，是指劳动争议当事人向调委会提出调解申请后，调委会依法审查，决定接受申请的过程。受理审查的主要内容有以下几个方面。

1）申请调解的事由是否属于劳动争议，即发生争议的双方当事人是否一方是本企业的职工，另一方是企业行政。

2）申请调解的劳动争议是否符合劳动争议调解委员会受理劳动争议案件的范围。这个范围是由法律或地方性法规、规章规定的。

3）调解申请人是否合格。调解申请人必须与该劳动争议有直接利害关系。所谓直接利害关系，是指与本劳动争议的诉讼标的有直接的利害关系。

4）有申请对方和具体的申请请求及事实根据。申请人必须在提出的请求中指明谁侵犯了自己的权益或者与谁发生了争议，即对谁提起调解申请。调解委员会经过审查，如果符合受理条件，就应该受理。如不受理，调解委员会应当向当事人说明原因，并告知应向何部门投诉。

（3）劳动争议调解前的准备工作

劳动争议调解前的准备工作是指，企业劳动争议调解委员会，在受理劳动争议案件后、正式调解前，为保证调解工作的顺利进行和纠纷的正确、及时处理，而由调解人员进行的各项活动。

审理前的准备工作，是调解的必经阶段。它的任务是：弄清申请人和申请对方当事人的申请及答辩，查明和收集解决纠纷所必须的证据，为正式开展调解作好准备。争议调解委员会应对调查所得的材料要全面分析，去粗取精，由此及彼，由表及里地进行综合分析，按照劳动法的有关规定，判明是非曲直，分清当事人各自应当承担的责任，拟定调解方案和提出调解意见。因此，调解前的准备工作，具有重要的意义。

（4）实施调解

实施调解通过调解会议的形式进行。调解委员会依据查明的事实，提出调解意见，征求双方当事人的意见。如果双方当事人均表示要接受调解意见，那就可以补充内容，达成调解协议，调解成功。如果一方或双方当事人均不能接受调解意见，也未提出和达成其他一致协议，则调解不成功。

（5）制作调解书

调解成功即制作调解协议书，作为双方当事人履行协议的依据。调解协议书的内容应当包括以下内容。

1）申请人和被申请人的简况。

2）达成协议的时间。

3）争议的事项及其焦点。

4）调查核实的结果。

5）双方当事人达成协议的内容及签名盖章。

6）主持调解的人员等内容。

双方当事人经调解达不成协议，或虽达成协议，但后来一方或双方当事人又反悔的，调委会应制作调解意见书。

（6）调解协议的执行

经调解达成的协议，应当记录在案，应让当事人严格执行。达成协议后，调解委员会应督促双方当事人认真执行协议，但不能强制执行。若有一方或双方当事人反悔或者不能自觉履行协议，调委会应当及时协商解决。经过协商，仍无法执行调解协议的，应视为调解不成。当事人应在调解不成之日起 30 日内，向当地劳动仲裁委员会申请仲裁。

四、劳动保护

劳动保护是我国的一项基本政策，劳动保护不仅能保障劳动者在劳动过程中的安全和健康，而且是促进国民经济发展的重要条件。

1. 劳动保护的含义和作用

（1）劳动保护的含义

劳动保护，就是依靠技术进步和科学管理，采取技术和组织措施，消除劳动过程中危及人身安全和健康的不良条件与行为，防止伤亡事故和职业病的发生，保障劳动者在劳动过程中的安全和健康。

国家为保护劳动者在生产活动中的安全和健康，在改善劳动条件、防止工伤事故、预防职业病、实行劳逸结合、加强女工保护等方面所采取的各种组织措施和技术措施，统称为劳动保护，其具体内容有：工作时间的限制和休息时间、休假制度的规定；各项劳动安全与卫生的措施；对女职工的劳动保护；对未成年工的劳动保护。

（2）劳动保护的作用

1）劳动保护是我们国家的一项基本政策

"加强劳动保护，改善劳动条件"是载入我国《宪法》的神圣规定。早在 1956 年国务院发布《工厂安全卫生规程》、《建筑安装工程安全技术规程》和《工人员工伤亡事故报告规程》时就指出："改善劳动条件，保护劳动者在生产劳动中的安全健康，是我们国家的一项重要政策。"在全国人大七届四次会议上通过的国民经济第八个五年计划纲要中，明确规定了要"加强劳动保护,认真贯彻'安全第一,预防为主'的方针,强化劳动安全监察,努力改善劳动条件,努力降低用人单位职工伤亡事故率和职业病发病率。加强安全技术政策、劳动保护科学的研究和科技成果推广,努力完善检验手段"。目前,国家正在不断通过健全劳动保护立法,强化劳动保护监察和安全生产管理,推进安全技术、职业卫生技术等措施,来保证《宪法》所要求的这一基本政策的实现。

2)劳动保护是促进国民经济发展的重要条件

在生产过程中,人是最宝贵的,是生产力诸要素中起决定作用的因素。探索和认识生产中的自然规律,采取有效措施,消除生产中不安全和不卫生因素,创造舒适的劳动环境,可以减少和避免各类事故的发生,可以激发劳动者的劳动热情,充分调动和发挥人的积极性,提高劳动生产率,提高经济效益。同时,加强劳动保护工作,还可减少因伤亡事故和职业病所造成的工作日损失和救治伤病人员的各项开支,减少由于设备损坏、财产损失和停产造成的直接或间接经济损失。这些都与提高经济效益密切相关。

3)劳动保护是实现社会主义生产目的的重要措施

社会主义生产的目的是为了满足人民日益增长的物质和文化生活的需要,让人民能安居乐业,过上幸福美满的生活。生产过程则是达到这一目的的一种手段。如果在生产过程中劳动者的安全和健康得不到保障,将直接影响这一目的的实现。这不仅给国家造成经济损失,而且会给劳动者及其家庭带来极大的不幸。这也直接违反了社会主义的生产目的。因此,加强劳动保护工作有利于人们安居乐业、家庭幸福美满、社会安定团结,能够加速社会主义的建设步伐。

2. 劳动保护的任务和内容

(1)工作时间的限制和休息时间、休假制度的规定

有关工作时间和休息时间、休假制度,我国《劳动法》作了如下规定。

1)国家实行劳动者每日工作时间不超过八小时、平均每周工作时间

不超过四十小时的工时制度。

2）对实行计件工作的劳动者，用人单位应当根据本法第三十六条规定的工时制度合理确定其劳动定额和计件报酬标准。

3）用人单位应当保证劳动者每周至少休息一日。

4）用人单位因生产特点不能实行本法第三十六条、第三十八条规定的，经劳动行政部门批准，可以实行其他工作和休息办法。

5）用人单位在下列节日期间应当依法安排劳动者休假：元旦；春节；国庆节；法律、法规规定的其他休假节日。

6）用人单位由于生产经营需要，经与工会和劳动者协商后可以延长工作时间，一般每日不得超过一小时。因特殊原因需要延长工作时间的，在保障劳动者身体健康的条件下延长工作时间每日不得超过三小时，每月不得超过三十六小时。

7）有下列情形之一的，延长工作时间不受《劳动法》第四十一条的限制。

①发生自然灾害、事故或者因其他原因，威胁劳动者生命健康和财产安全，需要紧急处理的。

②生产设备、交通运输线路、公共设施发生故障，影响生产和公众利益，必须及时抢修的。

③法律、行政法规规定的其他情形。

8）用人单位不得违反《劳动法》规定延长劳动者的工作时间。

9）有下列情形之一的，用人单位应当按照下列标准支付高于劳动者正常工作时间工资的工资报酬。

①安排劳动者延长工作时间的，支付不低于工资的150%的工资报酬。

②休息日安排劳动者工作又不能安排补休的，支付不低于工资的200%的工资报酬。

③法定休假日安排劳动者工作的，支付不低于工资的300%的工资报酬。

10）国家实行带薪年休假制度。劳动者连续工作一年以上的，享受带薪年休假。

（2）各项劳动安全与卫生保障的措施

为规范用人单位职工劳动安全卫生教育工作，提高职工安全素质，防止伤亡事故，减少职业危害，国家根据《劳动法》的有关规定，制定了《企业职工劳动安全卫生教育管理规定》，明确了各项劳动安全与卫生的措施。主要包括以下几项内容。

1）生产岗位职工安全教育

①新职工上岗前必须进行厂级、车间级、班组级三级安全教育。三级安全教育时间不得少于四十学时。

②厂级安全教育由主管厂长负责，由厂级安全卫生管理部门会同有关部门组织实施。厂级安全教育应包括劳动安全文化的基本知识、本单位劳动安全卫生规章制度及状况、劳动纪律和有关事故案例等多项内容。

③车间级安全教育由车间负责人组织实施。车间级安全教育应包括本车间劳动安全卫生状况和规章制度、主要危险危害因素及安全事项、预防工伤事故和职业病的主要措施、典型事故案例及事故应急处理措施等多项内容。

④班组级安全教育由班组长组织实施。班组级安全教育应包括遵章守纪、岗位安全操作规程、岗位间工作衔接配合的安全卫生事项、典型事故案例、劳动防护用品（用具）的性能及正确使用方法等多项内容。

⑤新职工应按规定通过三级安全教育并经考核合格后方可上岗。

⑥从事特种作业的人员必须经过专门的安全知识与安全操作技能培训，并经过考核，取得特种作业资格方可上岗工作。具体办法按国家有关规定执行。

⑦用人单位职工调整工作岗位或离岗一年以上重新上岗时，必须进行相应的车间或班组级安全教育。用人单位在实施新工艺、新技术或使用新设备、新材料时，必须对有关人员进行相应的有针对性的安全教育。

2）管理人员安全教育

①用人单位法定代表人和厂长、经理必须经过安全教育并经考核合格

后方能任职。安全教育时间不得少于四十学时。

本条规定的安全教育的教材由劳动行政部门指定或认可。安全教育应包括国家有关劳动安全卫生的方针、政策、法律、法规及有关规章制度，工伤保险法律、法规，安全生产管理职责、用人单位劳动安全卫生管理知识及安全文化，有关事故案例及事故应急处理措施等项内容。

②用人单位安全卫生管理人员必须经过安全教育并经考核合格后方能任职。安全教育时间不得少于一百二十学时。

本条规定的安全教育由地市级以下劳动行政部门认可的单位或组织进行。安全教育应包括国家有关劳动安全卫生的方针、政策、法律、法规和劳动安全卫生标准，安全生产管理、安全技术、劳动卫生知识、安全文化，工伤保险法律、法规，职工伤亡事故和职业病统计报告及调查处理程序，有关事故案例及事故应急处理措施等项内容。安全教育考核合格者，由劳动行政部门发给任职资格证。

③用人单位其他管理负责人（包括职能部门负责人、车间负责人）、专业工程技术人员的安全教育由用人单位安全卫生管理部门组织实施。安全教育时间不得少于二十四学时。本条规定的安全教育应包括劳动安全卫生法律、法规及本部门、本岗位安全卫生职责，安全技术、劳动卫生和安全文化的知识，有关事故案例及事故应急处理措施等项内容。

④班组长和安全员的安全教育由用人单位安全卫生管理部门组织实施。安全教育时间不得少于二十四学时。

本条规定的安全教育应包括劳动安全卫生法律、法规，安全技术、劳动卫生和安全文化的知识、技能及本单位、本班组和一些岗位的危险危害因素、安全注意事项，本岗位安全生产职责，典型事故案例及事故抢救与应急处理措施等项内容。

3）组织管理

①用人单位法定代表人和厂长、经理对本单位的安全教育工作负责。用人单位安全卫生管理部门负责组织实施安全教育工作。

②用人单位安全教育工作应纳入本单位培训教育年度计划和中长期计

划，所需人员、资金和物资应予保证。

③用人单位应建立、健全生产岗位职工安全教育、管理人员安全教育、安全员安全教育和班前教育、事故教育、安全活动日（周、月）等项安全教育制度。

④用人单位应建立、健全安全教育档案。安全教育档案由用人单位安全卫生管理部门管理或实行分级管理。

⑤用人单位对于认真开展安全教育并在防止伤亡事故、减少职业病危害方面做出成绩的单位和职工，应予以表彰和奖励。

⑥各级劳动行政部门的劳动安全卫生监察人员有权进入用人单位，对用人单位的安全教育制度、教育内容、组织实施情况等进行监督检查。

⑦劳动行政部门对于认真开展安全教育并在防止伤亡事故、减少职业危害方面做出成绩的组织和人员，应予以表彰和奖励。

（3）对女职工的劳动保护

为维护女职工的合法权益，减少和解决女职工在劳动和工作（以下统称劳动）中因生理特点造成的特殊困难，保护其健康，以利于社会主义现代化建设，国家专门制定了如下规定。

1）凡适合妇女从事劳动的单位，不得拒绝招收女职工。

2）不得在女职工怀孕期、产期、哺乳期降低其基本工资，或者解除劳动合同。

3）禁止安排女职工从事矿山井下、国家规定的第四级体力劳动强度的劳动和其他女职工禁忌从事的劳动。

4）女职工在月经期间，所在单位不得安排其从事高空、低温、冷水和国家规定的第三级体力劳动强度的劳动。

5）女职工在怀孕期间，所在单位不得安排其从事国家规定的第三级体力劳动强度的劳动和孕期禁忌从事的劳动，不得在正常劳动日以外延长劳动时间。对不能胜任原劳动的怀孕女职工，应当根据医务部门的证明，予以减轻劳动量或者安排其他劳动。

怀孕七个月以上（含七个月）的女职工，一般不得安排其从事夜班劳动，且在劳动时间内应当安排一定的休息时间。怀孕的女职工，在劳动时间内进行产前检查，应当算作劳动时间。

6）女职工产假为九十天，其中产前休假十五天。难产的，增加产假十五天。多胞胎生育的，每多生育一个婴儿，增加产假十五天。女职工怀孕流产的，所在单位应当根据医务部门的证明，给予一定时间的产假。

7）有不满一周岁婴儿的女职工，所在单位应当在每班劳动时间内给予其两次哺乳（含人工喂养）时间，每次三十分钟。多胞胎生育的，每多哺乳一个婴儿，每次哺乳时间增加三十分钟。女职工每班劳动时间内的两次哺乳时间，可以合并使用。哺乳时间和哺乳往返途中的时间，算作劳动时间。

8）女职工在哺乳期内，所在单位不得安排其从事国家规定的第三级体力劳动强度和哺乳期禁忌从事的劳动，不得延长其劳动时间，一般不得安排其从事夜班劳动。

9）女职工比较多的单位应当按照国家有关规定，以自办或者联办的形式，逐步建立女职工卫生室、孕妇休息室、哺乳室、托儿所、幼儿园等设施，并妥善解决女职工在生理卫生、哺乳、照料婴儿方面的困难。

10）女职工劳动保护的权益受到侵害时，有权向所在单位的主管部门或者当地劳动部门提出申诉。受理申诉的部门应当自收到申诉书之日起三十日内作出处理决定。女职工对处理决定不服的，可以在收到处理决定书之日起十五日内向人民法院起诉。

11）对违反本规定侵害女职工劳动保护权益的单位负责人及其直接责任人员，其所在单位的主管部门，应当根据情节轻重，给予行政处分，并责令该单位给予被侵害女职工合理的经济补偿；构成犯罪的，由司法机关依法追究刑事责任。

12）各级劳动部门负责对本规定的执行进行检查。各级卫生部门和工会、妇联组织有权对本规定的执行进行监督。

13）女职工违反国家有关计划生育规定的，其劳动保护应当按照国家有关计划生育规定办理，不适用本规定。

14）女职工因生理特点禁忌从事劳动的范围由劳动部规定。

（4）对未成年工的劳动保护

为维护未成年工的合法权益，保护其在生产劳动中的健康，国家对未成年工的劳动保护作了如下规定。

1）未成年工是指年满十六周岁未满十八周岁的劳动者。

对未成年工的特殊保护是针对未成年工处于生长发育期的特点以及接受义务教育的需要，采取的特殊劳动保护措施。

2）用人单位不得安排未成年工从事以下范围的劳动：《生产性粉尘作业危害程度分级》国家标准中第一级以上的粉尘作业；《有毒作业分级》国家标准中第一级以上的有毒作业；《高处作业分级》国家标准中第二级以上的高处作业；《冷水作业分级》国家标准中第二级以上的冷水作业；《高温作业分级》国家标准中第三级以上的高温作业；《低温作业分级》国家标准中第三级以上的低温作业；《体力劳动强度分级》国家标准中第四级体力劳动强度的作业；矿山井下及矿山地面采石作业；森林业中的伐木、流放及守林作业；工作场所接触放射性物质的作业；有易燃易爆、化学性烧伤和热烧伤等危险性大的作业；地质勘探和资源勘探的野外作业；潜水、涵洞、涵道作业和海拔三千米以上的高原作业（不包括世居高原者）；连续负重每小时在六次以上并每次超过二十公斤，间断负重每次超过二十五公斤的作业；使用凿岩机、捣固机、气镐、气铲、铆钉机、电锤的作业；工作中需要长时间保持低头、弯腰、上举、下蹲等强迫体位和动作频率每分钟大于五十次的流水线作业；锅炉司炉。

3）未成年工患有某种疾病或具有某些生理缺陷（非残疾型）时，用人单位不得安排其从事以下范围的劳动：《高处作业分级》国家标准中第一级以上的高处作业；《低温作业分级》国家标准中第二级以上的低温作业；《高温作业分级》国家标准中第二级以上的高温作业；《体力劳动强度分级》国家标准中第三级以上体力劳动强度的作业；接触铅、苯、汞、甲醛、二硫化碳等易引起过敏反应的作业。

4）患有某种疾病或具有某些生理缺陷（非残疾型）的未成年工，是指有以下一种或一种以上情况者。

①心血管系统：先天性心脏病；克山病；收缩期或舒张期二级以上心脏杂音。

②呼吸系统：中度以上气管炎或支气管哮喘；呼吸音明显减弱；各类结核病；体弱儿，呼吸道反复感染者。

③消化系统：各类肝炎；肝、脾肿大；胃、十二指肠溃疡；各种消化道疝。

④泌尿系统：急、慢性肾炎；泌尿系统感染。

⑤内分泌系统：甲状腺机能亢进；中度以上糖尿病。

⑥精神神经系统：智力明显低下；精神忧郁或狂暴。

⑦肌肉、骨骼运动系统：身高和体重低于同龄人标准；一个及一个以上肢体存在明显功能障碍；躯干 1/4 以上部位活动受限，包括强直或不能旋转。

⑧其他：结核性胸膜炎；各类重度关节炎；血吸虫病；严重贫血，其血色素每升低于九点五克（$<9.5 \ g/L$）。

5）用人单位在下列时间段应按下列要求对未成年工定期进行健康检查。

①安排工作岗位之前。

②工作满一年。

③年满十八周岁，距前一次的体检时间已超过半年。

6）未成年工的健康检查，应按本规定所附《未成年工健康检查表》列出的项目进行。

7）用人单位应根据未成年工的健康检查结果安排其从事适合的劳动，对不能胜任原劳动岗位的，应根据医务部门的证明，予以减轻劳动量或安排其他劳动。

8）对未成年工的使用和特殊保护实行登记制度。

①用人单位招收使用未成年工，除符合一般用工要求外，还须向所在地的县级以上劳动行政部门办理登记。劳动行政部门根据《未成年工健康

检查表》、《未成年工登记表》，核发《未成年工登记证》。

②各级劳动行政部门须按本规定第三、四、五、七条的有关规定，审核体检情况和拟安排的劳动范围。

③未成年工须持《未成年工登记证》上岗。

④《未成年工登记证》由国务院劳动行政部门统一印制。

9）未成年工上岗前，用人单位应对其进行有关的职业安全卫生教育、培训。未成年工体检和登记，由用人单位统一办理和承担费用。